Planejamento Tributário

Planejamento Tributário

CONSTITUIÇÃO DE EIRELI PARA SERVIÇOS MÉDICOS

2020

Thaís Soares de Oliveira Almeida

PLANEJAMENTO TRIBUTÁRIO
CONSTITUIÇÃO DE EIRELI PARA SERVIÇOS MÉDICOS
© Almedina, 2020
AUTOR: Thaís Soares de Oliveira Almeida
DIAGRAMAÇÃO: Almedina
DESIGN DE CAPA: Roberta Bassanetto
ISBN: 9788584935697

Dados Internacionais de Catalogação na Publicação (CIP)
(Câmara Brasileira do Livro, SP, Brasil)

Almeida, Thaís Soares de Oliveira
Planejamento tributário : constituição de EIRELI
para serviços médicos /
Thaís Soares de Oliveira Almeida. – São Paulo : Almedina, 2020.

Bibliografia.
ISBN 978-85-8493-569-7

1. Empresas individuais - Brasil 2. Planejamento
tributário 3. Planejamento tributário - Brasil
4. Sociedades de responsabilidade limitada - Brasil
I. Título.

19-31256

CDU-34.336.2:347.724(81)

Índices para catálogo sistemático:
1. Brasil : Planejamento tributário : Empresa
individual de responsabilidade limitada :
Direito tributário 34.336.2:347.724(81)

Maria Alice Ferreira - Bibliotecária - CRB-8/7964

Universidade Católica de Brasília – UCB
Reitor: *Prof. Dr. Ir. Jardelino Menegat*
Pró-Reitor Acadêmico: *Prof. Dr. Daniel Rey de Carvalho*
Pró-Reitor de Administração: *Prof. Me. Júlio César Lindemann*
Diretor de Pós-Graduação, Identidade e Missão: *Prof. Dr. Ir. Lúcio Gomes Dantas*
Diretora da Escola de Humanidades, Negócios e Direito: *Profa. Dra. Regina Helena Giannotti*
Coordenador do Programa de Pós-Graduação em Direito: *Prof. Dr. Maurício Dalri Timm do Valle*
Editor-Chefe do Convênio de Publicações: *Prof. Dr. Marcos Aurélio Pereira Valadão*

Este livro segue as regras do novo Acordo Ortográfico da Língua Portuguesa (1990).

Todos os direitos reservados. Nenhuma parte deste livro, protegido por copyright, pode ser reproduzida, armazenada ou transmitida de alguma forma ou por algum meio, seja eletrônico ou mecânico, inclusive fotocópia, gravação ou qualquer sistema de armazenagem de informações, sem a permissão expressa e por escrito da editora.

Fevereiro, 2020

EDITORA: Almedina Brasil
Rua José Maria Lisboa, 860, Conj.131 e 132, Jardim Paulista | 01423-001 São Paulo | Brasil
editora@almedina.com.br
www.almedina.com.br

"A lei estabelecida para dirimir o primeiro conflito foi interpretada de duas maneiras e gerou novo conflito."

Carlos Drummond de Andrade

À minha querida irmã, Evelin Soares, por ser minha Mestra na vida acadêmica.

AGRADECIMENTOS

Todo agradecimento soa, *a priori*, como clichê. Entretanto, sem a pretensão de me libertar desse lugar comum, não posso deixar de expressar o que preenche com tanta intensidade o meu estado de espírito: a gratidão por todas as dádivas que, ao longo da vida, venho experimentando, e que, nesta oportunidade, se materializa neste livro.

Digo ao longo da vida, porque me considero uma pessoa abençoada desde o meu nascimento no seio de uma família genuinamente boa, tendo sido sempre guiada por Deus e, veemente nessa fé viva, acredito que Ele permite todas as coisas, que formam a base do meu crescimento, amadurecimento e aprendizado, tendo me concedido sabedoria, capacidade e força para trilhar meus caminhos, em que, ao longo da jornada, tenho muito a comemorar e agradecer.

Agradecer, principalmente, aos meus pais, Geraldo e Verônica, que não me deram somente a vida no sentido literal, mas no sentido da própria existência e essência, porque me ensinaram, com amor, paciência e solidez – qualidades ímpares e inerentes somente à sua condição – os valores de uma vida, incluída a importância do estudo, o mais importante legado. Vocês são o meu exemplo eterno de força e bondade. Obrigada por toda a sua dedicação, cuidado, apoio e presença em cada momento da minha vida, me proporcionando a possibilidade de subir cada degrau das minhas conquistas. Obrigada por serem os melhores pais do mundo!

Agradecer ao meu marido, Fabio Henrique, por, muito além de ter compartilhado comigo seu nome para a construção da nossa família, ser meu grande companheiro diário e incentivador do meu crescimento pessoal e profissional. Te amo!

Agradecer à minha irmã, Evelin, minha amiga, consultora e companheira de uma vida, por toda a paciência em lidar com os rompantes de uma irmã mais nova e o compartilhamento de toda a sabedoria que só uma irmã mais velha tem.

Agradecer ao meu professor e orientador do Mestrado, Dr. Marcos Aurélio Pereira Valadão, por todos os ensinamentos, orientações e dedicação no desenvolvimento da minha Dissertação de Mestrado, objeto deste livro, sem o qual não seria possível a realização dessa conquista. Obrigada por todas as oportunidades que proporcionam meu crescimento acadêmico.

Agradecer à minha amiga, Beijanicy Valim, por compartilhar comigo rotinas diárias de trabalho e estudo, principalmente, no Mestrado.

Agradecer ao meu colega de Mestrado, Dr. Ricardo Bastos, pelo apoio, debates e inclusão em grupos de pesquisas.

Agradecer ao Dr. Elmo José Duarte de Almeida, um profissional notável e exemplar, com quem tive a honra de fazer meu primeiro estágio, por, com a gentileza que lhe é inerente, ter aceitado meu convite para escrever a apresentação deste livro.

Por fim, agradecer a todos os meus alunos, com quem, não apenas compartilho conhecimentos, mas troco experiências e aprendo constantemente.

O meu verdadeiro MUITO OBRIGADA!

PREFÁCIO

Escrever o prefácio de uma obra é, para além de uma grande honra, uma enorme responsabilidade. Isto porque as presentes linhas irão apresentar ao leitor o que está por vir, preparando-o para a leitura. É o momento de cativar o leitor, criar expectativas e aguçar o interesse pelo caminho, ainda desconhecido, que a sequência de palavras irá construir ao longo das páginas.

Alguns fatores tornam essa tarefa mais fácil e leve.

Uma delas é, na presente obra, apresentar a autora Thaís Soares de Oliveira Almeida, quem tive o prazer de conhecer nos idos de 2009, quando foi a primeira selecionada para fazer um estágio na recém-inaugurada Procuradoria-Seccional da Fazenda Nacional em Anápolis, Estado de Goiás. Se a vida nos oferece oportunidades, àquela estudante foi ofertada a chance, talvez única, de participar, desde os primeiros dias, da instalação de um órgão público federal, com todas as suas dificuldades e desafios.

Combativa e destemida, Thaís encontrou campo fértil para trabalhar, de forma técnica e aprofundada, com uma área que acabou se tornando sua paixão – o Direito Tributário. As discussões que envolviam a recuperação do crédito público, direitos dos contribuintes, justiça fiscal, arrecadação e receitas públicas saíram dos autos processuais e passaram a se tornar questionamentos acadêmicos. Já não bastavam mais as manifestações e peças jurídicas, a sua inquietude exigia estudo e este, a pesquisa.

Jovem idealista, estudiosa, dedicada e com um nítido talento para absorver e replicar o conhecimento, Thaís já mostrava, desde os bancos da graduação no curso de Direito, seu interesse pela pesquisa acadêmica e a docência.

PLANEJAMENTO TRIBUTÁRIO

Com exemplos vindos de casa, passou de uma aluna pesquisadora a uma jovem advogada e professora universitária.

E, como é uma pessoa que não se acomoda com o sucesso alcançado, hoje seu currículo fala por si só. É advogada, professora do Curso de Direito da Faculdade Anhanguera de Anápolis, Especialista em Direito Tributário pelo IBET e Mestre em Direito pela Universidade Católica de Brasília.

Dentre os vários frutos de seus anos de estudo, pesquisa e trabalho, a presente obra a eleva a um novo patamar – aquele ocupado pelos que se dispõem a fazer, com muito esforço e dedicação, a doutrina jurídica.

E o tema não poderia ser mais instigante e atual, pois envolve o planejamento tributário, analisado pela ótica da constituição de pessoas jurídicas para a prestação de serviços médicos.

Instigante, pois o contexto está intimamente ligado a aspectos trabalhistas, civis, tributários, empresariais e princípios constitucionais. Atual, pois a relação entre o Estado arrecadador e os contribuintes está em amplo debate nacional, seja através da necessária reforma tributária, com propostas encaminhadas por vários segmentos da sociedade, ou pelas várias propostas normativas que objetivam diminuir o peso estatal sobre a livre iniciativa e o empreendedorismo.

De forma bastante didática, o primeiro capítulo analisa o planejamento tributário, enfrentando os conceitos e a dialética sempre constante entre a elisão e a evasão fiscal. Passando por alguns princípios constitucionais tributários, são abordadas algumas balizas estruturantes do planejamento tributário, os aspectos que o desnaturam e a sempre exigida interpretação econômica das normas dessa espécie.

O segundo capítulo se dedica ao aprofundamento dos fatores que envolvem a constituição de pessoas jurídicas para a prestação de serviços intelectuais, fenômeno apontado neste estudo como pejotização. Caminhando por conceitos do direito trabalhista, civil e empresarial, são apresentados os meios jurídicos de prestação de serviços intelectuais, diante de uma lógica moderna de mercado e relações de trabalho.

O ponto alto deste capítulo está exatamente na intersecção que a autora faz entre os conceitos trabalhistas da prestação de serviços intelectuais e os seus possíveis reflexos no campo da sujeição passiva no direito tributário. São abordados pontos de distanciamento e aproximação entre dispositivos que, a depender do campo interpretativo, seja ele do Fisco ou do Judiciário, podem influenciar sobremaneira na carga tributária do prestador de serviços.

Marco desta obra, o terceiro capítulo centraliza o foco na prestação dos serviços médicos através da constituição de pessoas jurídicas (EIRELI). Para além de uma análise acadêmica, são apresentados vários entendimentos da Receita Federal do Brasil e de diversos tribunais sobre o tema, o que enriquece a obra com dados técnicos e a torna verdadeira fonte de consulta para profissionais das mais diversas áreas.

Comprovando não ser apenas uma compiladora de normas e entendimentos doutrinários e jurisprudenciais, Thaís finaliza seu profundo estudo colocando limites na atuação da Administração Tributária nos casos em que entende como incluídos dentre as possibilidades negociais lícitas do prestador de serviços médicos.

Interessantíssimo o caráter propositivo de sua obra, em que sugere até mesmo valores de alçada para facilitar os cálculos a serem ponderados pelo prestador de serviços médicos, quando da escolha pelo regime de tributação a que se dedicará.

Paro por aqui, de forma a não adiantar as conclusões ponderadas, assertivas e fundamentadas desta jovem e brilhante jurista, e que merecem a leitura atenta de cada página, tabela e até mesmo notas de rodapé desta notável obra.

Dada a sua abordagem e rigor técnico, recomendo à comunidade jurídica, contábil, acadêmica e profissionais da saúde em geral, que, assim como eu, terão orgulho em aprender com esta brasileira que, a despeito das adversidades educacionais e culturais de nosso país, fez todas suas opções pautadas no estudo.

Goiânia, primavera de 2019.

Elmo José Duarte de Almeida Júnior
Procurador da Fazenda Nacional
Especialista em Direito Constitucional pela Escola Paulista de Direito
Mestre em Direito, Relações Internacionais e Desenvolvimento pela PUC/GO
Secretário-Adjunto da Comissão Nacional do Exame de Ordem do Conselho Federal da OAB (2019/2021)

LISTA DE SIGLAS

ANOREG BRASIL	Associação dos Notários e Registradores do Brasil
ANVISA	Agência Nacional de Vigilância Sanitária
CARF	Conselho Administrativo de Recursos Fiscais
CC	Código Civil
CF	Constituição Federal
CFM	Conselho Federal de Medicina
CLT	Consolidação das Leis do Trabalho
CNAE	Classificação Nacional de Atividades Econômicas
CNPJ	Cadastro Nacional da Pessoa Jurídica
COFINS	Contribuição para o Financiamento da Seguridade Social
COSIT	Coordenação-Geral de Tributação
CREMEGO	Conselho Regional de Medicina do Estado de Goiás
CRM	Conselho Regional de Medicina
CSLL	Contribuição Social sobre o Lucro Líquido
CSRF	Câmara Superior de Recursos Fiscais
CTN	Código Tributário Nacional
EIRELI	Empresa Individual de Responsabilidade Limitada
FGTS	Fundo de Garantia do Tempo de Serviço
INSS	Instituto Nacional do Seguro Social
IPPJ	Imposto de Renda Pessoa Jurídica
IRPF	Imposto de Renda Pessoa Física
IRTDPJ BRASIL	Instituto de Registro de Títulos e Documentos e de Pessoas Jurídicas do Brasil
ISS	Imposto sobre Serviços de qualquer natureza

LC	Lei Complementar
MP	Medida Provisória
OIT	Organização Internacional do Trabalho
PIS	Programa de Integração Social
PJ	Pessoa Jurídica
PL	Projeto de Lei
PLV	Projeto de Lei de Conversão
RDC	Resolução de Diretoria Colegiada
RF	Receita Federal
RGPS	Regime Geral de Previdência Social
RIR	Regulamento do Imposto de Renda
RO	Recurso Ordinário
RPA	Recibo de Pagamento Autônomo
RPS	Regulamento da Previdência Social
RR	Recurso de Revista
SEJUR	Setor Jurídico
SRRF	Superintendência Regional da Receita Federal
STF	Supremo Tribunal Federal
STJ	Superior Tribunal de Justiça
SUS	Sistema Único de Saúde
TRF	Tribunal Regional Federal
TRT	Tribunal Regional do Trabalho
TST	Tribunal Superior do Trabalho

SUMÁRIO

1 Introdução 21

2 Planejamento Tributário 27

2.1 Delimitação do Conceito de Planejamento Tributário,
Elisão e Evasão Fiscal 27
2.2 Planejamento Tributário e Princípios Constitucionais 36
2.2.1 Princípio da Legalidade e da Segurança Jurídica
como Fundamento do Planejamento tributário 37
2.2.2 Princípio da Capacidade Contributiva e da Solidariedade
Social Inaplicáveis como Limite ao Planejamento Tributário 45
2.2.3 Princípio da Livre Iniciativa Econômica como Fundamento
do Direito e do Dever do Planejamento Tributário 57
2.3 Limites à Estruturação do Planejamento Tributário. 61
2.3.1 Patologias do Negócio Jurídico 64
2.3.1.1 Simulação e Dissimulação. 64
2.3.1.2 Fraude à Lei 67
2.3.1.3 Abuso do Direito 73
2.3.1.4 Abuso de Formas. 80
2.3.2 Causa do Negócio Jurídico: Causa, Motivo
e Propósito Negocial. 84
2.3.3 Interpretação Econômica da Lei Tributária 94
2.4 Norma Geral Antielisão: Art. 116, Parágrafo Único, do CTN 99

3 Serviços Intelectuais Prestados por Pessoas Jurídicas: Pejotização 115

PLANEJAMENTO TRIBUTÁRIO

3.1 Da Liberdade e dos Limites para Criação de Pessoas Jurídicas 115
3.2 Das Formas de Prestação de Atividades Intelectuais
ao Fenômeno da Pejotização. 120
    3.2.1 Trabalho Subordinado 125
    3.2.2 Trabalho Autônomo 130
    3.2.3 Autônomo Exclusivo: Art. 442-B da CLT, Inserido
        pela Lei 13.467/2017 135
    3.2.4 Serviço Intelectual Prestado por Pessoa Jurídica – Pejotização:
        Art. 129, da Lei 11.196/2005 150
3.3 Serviço Intelectual Prestado por Pessoa Jurídica:
    Formas Societárias Permitidas Antes e Após o Advento
    da Lei 12.441/2011 que Introduziu a EIRELI 165
3.4 Efeitos Tributários nas Diversas Formas de Prestação
    de Serviço Intelectual
    (Subordinado, Autônomo e por Pessoa Jurídica) 176

4 Planejamento Tributário: da Constituição de EIRELI
  para Prestação de Serviços Médicos e dos Limites
  para a Requalificação da Operação 191

4.1 Pejotização do Profissional Médico: Procedimento
    Lícito ou Ilícito? 191
4.2 Planejamento Tributário: da Constituição de EIRELI
    para a Prestação de Serviços Médicos 205
    4.2.1 Da Constituição de EIRELI para a Exploração
        de Atividade Médica 205
    4.2.2 Constituição e Registro da EIRELI Prestadora
        de Serviços Médicos 213
    4.2.3 Vantagens Tributárias da Constituição de EIRELI:
        Comparativo da Tributação do Médico
        como Pessoa Física e Jurídica. 218
4.3 Limites à Atuação da Administração Tributária à Luz
    do Art. 129, da Lei 11.196/05: Desconsideração
    da Pessoa Jurídica x Desconsideração dos Negócios Jurídicos
    para Requalificação da Operação 228
    4.3.1 Da Desconsideração da Personalidade Jurídica da EIRELI
        Constituída pelo Médico: Atuação Obrigatória
        do Poder Judiciário 231

SUMÁRIO

4.3.2 Da Desconsideração dos Atos e Negócios Jurídicos
para Requalificação dessa Operação: É Possível? 244

Conclusões. 257

Referências 263

1 Introdução

A pejotização, expressão decorrente da sigla PJ, é um fenômeno que compreende a constituição de pessoa jurídica para a prestação de serviços de natureza intelectual, e alinhando-se aos princípios da livre iniciativa e autonomia da vontade, sob os quais o indivíduo pode realizar o planejamento tributário, organizando a sua atividade, a despeito de outras razões profissionais, para incorrer em menor carga tributária, tem o seu fundamento no art. 966, parágrafo único, do CC/02 e sob a perspectiva tributária, foi ratificada pelo art. 129, da Lei 11.196/05.

A metodologia a ser utilizada na realização da pesquisa baseia-se na revisão bibliográfica, utilizando a análise de livros, trabalhos científicos, legislação e julgamentos administrativos e judiciais sobre o tema.

Sob o manto da autorização constitucional e legal, os médicos, que prestam serviços intelectuais e personalíssimos, seja em razão de não desejarem se submeter a uma relação de trabalho subordinada devido à sua especialização, seja em razão de buscar economia tributária como consequência da submissão a um regime tributário mais favorável, escolhem criar pessoa jurídica para prestação dos serviços. Essa opção pode ser concretizada por meio da constituição de uma sociedade, que pressupõe a associação de duas ou mais pessoas (art. 44, II, do CC/02); ou de uma EIRELI (art. 44, VI, do CC/02), que permite a sua atuação sozinho, cuja viabilidade de criação, abrangendo também os serviços de natureza intelectual, foi instituída pela Lei 12.441/11 e ratificada pela própria Receita Federal em diversas Soluções de Consulta da Coordenação-Geral de Tributação.

PLANEJAMENTO TRIBUTÁRIO

Ocorre que, à míngua da permissão legal para a prestação de serviços intelectuais por meio de pessoas jurídicas, a Receita Federal, em 2016, intensificou a fiscalização sobre a atividade médica desenvolvida sob essa roupagem, atribuindo à pejotização uma designação pejorativa. Para tanto, considerou esse fenômeno como um artifício para mascarar uma relação trabalhista e furtar-se do recolhimento dos tributos dela decorrentes, provocando um "desvirtuamento do uso da pessoa jurídica", que implica na imputação da tributação dos rendimentos provenientes dos serviços intelectuais à pessoa física do sócio, apontado como verdadeiro prestador dos serviços.[1]

Não se defende a precarização da relação de emprego dos médicos e a fuga de todas as responsabilidades a ela inerentes, fruto do oportunismo das contratantes. As pessoas jurídicas constituídas, muitas vezes de forma fictícia, como exigência da contratante, em detrimento da liberdade do profissional, a pejotização ilícita, para que este seja enquadrado no quadro de pessoal da clínica ou hospital, apenas para refletir a diminuição dos seus custos com encargos trabalhistas e tributários, mantendo, na realidade, o vínculo empregatício, devem ser rechaçadas.

Entretanto, não se deve admitir a generalização dos casos, tendente em considerar a existência apenas da pejotização ilícita, sob o fundamento da aplicação das normas protetivas do direito do trabalho e, sob a perspectiva tributária, dos princípios da capacidade contributiva e da solidariedade social. À vista desse pensamento restritivo, olvida-se da face lícita da pejotização, em que o profissional, com base na autonomia da vontade e livre iniciativa, pode escolher organizar a sua atividade sob o molde da pessoa jurídica, legalmente constituída e existente, e submeter-se ao regime tributário a ela aplicável, não podendo o Estado obrigar o contribuinte a desenvolver sua atividade pelos meios mais onerosos.

Sob essa perspectiva, a discussão sobre a legitimidade da constituição de pessoa jurídica para a prestação de serviços médicos, sob a forma de EIRELI, perpassa pela avaliação se a sua criação distorce uma relação de trabalho e furta-se à tributação pertinente; ou se realmente é criada para

---

[1] MINISTÉRIO DA FAZENDA. Receita Federal do Brasil. *O fenômeno da pejotização e a motivação tributária*. 25/04/2016. Disponível em: <http://idg.receita.fazenda.gov.br/dados/receitadata/estudos-e-tributarios-e-aduaneiros/estudos-e-estatisticas/estudos-diversos/o--fenomeno-da-pejotizacao-e-a-motivacao-tributaria.pdf/view>. Acesso em: 25. out. 2018.

INTRODUÇÃO

viabilizar a separação patrimonial, a limitação da responsabilidade do sócio no exercício da respectiva atividade e a economia tributária.

Nessa relação tensa entre Estado e contribuinte, marcada por expectativas opostas, mostra-se relevante o estudo dos limites a serem observados por ambas as partes, de modo a demonstrar que, de um lado, os profissionais liberais têm a liberdade, que não é absoluta e irrestrita, de realizar sua atividade de modo a reduzir a carga tributária; e, de outro, a administração pode requalificar essa operação, se observar e comprovar os requisitos descritos na lei, não podendo desconsiderar a personalidade jurídica, em razão de ser matéria afeta à jurisdição.

Por essa razão, no primeiro capítulo, será realizada uma abordagem sobre o conceito de planejamento tributário, elisão e evasão fiscal, bem como sobre os princípios constitucionais aplicáveis à matéria, manuseados tanto pelo contribuinte para validar seu direito de pagar menos tributo, quanto pela administração para rechaçar essa prática. Na sequência, considerando que o direito ao planejamento tributário não é absoluto, serão apresentados os limites legais ou fruto de interpretações, a ser considerados ou não, para sua estruturação. Tem-se que a prática de atos ou negócios jurídicos, mediante simulação, fraude à lei, abuso do direito ou abuso de formas, é considerada abusiva e inoponível ao fisco, que pode requalificá-los, discutindo-se a inaplicabilidade da teoria do propósito negocial e da interpretação econômica da lei tributária para afastar a operação estruturada com o objetivo de incorrer em menor carga tributária.

Por fim, discorrer-se-á sobre a aplicabilidade do parágrafo único, do art. 116, do CTN, incluído pela LC 104/2001, conhecido como norma geral antielisiva, em razão do seu intuito de reduzir as alternativas para a realização do planejamento tributário, ao permitir que as autoridades fiscais possam desconsiderar atos ou negócios jurídicos praticados com a finalidade de dissimular a ocorrência do fato gerador do tributo ou os elementos da obrigação tributária.

Para demonstrar a possibilidade de constituição de pessoa jurídica para prestação de serviços intelectuais, no segundo capítulo, serão expostos a liberdade e os limites para a criação de pessoas jurídicas. Ante as tendências do mercado de trabalho, em considerar a modernização dessas relações e superar a dicotomia trabalho subordinado vs. autônomo, serão apresentadas as formas como esses serviços podem ser oferecidos: i)- trabalho subordinado, revelado por um vínculo empregatício; ii)- trabalho autônomo, baseado na liberdade do prestador de definir como a atividade será realizada, sem qualquer subordinação; iii)- autônomo exclusivo, fruto da inserção recente do art. 442-B, na CLT, pela Lei 13.467/2017, permite que o trabalhador, pessoa física ou jurídica, mantendo sua autonomia, preste seus serviços com exclusividade e continuidade a um tomador de serviços, sem que essa relação configure o emprego. Em razão de não haver estudos robustos sobre essa figura, será realizada uma comparação com o trabalhador parassubordinado ou autônomo dependente, decorrente de legislação alienígena, aplicando as regras, no que couber, ao autônomo exclusivo, previsto no ordenamento jurídico brasileiro; iv)- por meio de pessoa jurídica (pejotização), conforme autorização do art. 129, da Lei 11.196/05 e das disposições do CC/02. Essas duas últimas hipóteses confirmam a atuação do legislador, atento às novas formas de prestação de serviços já desenvolvidas no mercado de trabalho, em promover a valorização do empreendedorismo e do próprio trabalho do profissional.

Assim, para o profissional liberal que pretender criar uma pessoa jurídica para prestar seu serviço, serão discutidas as formas societárias permitidas antes (em geral, sociedades simples) e após o advento da Lei 12.441/2011, que introduziu a EIRELI no ordenamento jurídico, figura esta, conforme será discutido, que pode ter como objeto atividade de natureza civil, na qual se inserem os serviços intelectuais.

Por fim, serão descritos os tributos incidentes sobre cada forma de prestação dos serviços intelectuais (empregado, autônomo ou pessoa jurídica), de modo a dar suporte à análise, no terceiro capítulo, se é vantajosa, sob o ponto de vista tributário, a prestação de serviços por meio de pessoa jurídica, quando comparada à sua prestação na condição de empregado ou autônomo.

No terceiro capítulo, analisando julgamentos no âmbito administrativo e judicial, discutir-se-á se a pejotização do médico é um procedimento lícito ou ilícito, ante as duas faces desse fenômeno. Sob a perspectiva da sua licitude, defender-se-á a constituição de EIRELI para a prestação da atividade médica, indicando as exigências legais para sua criação e realizando um comparativo da tributação do médico como pessoa física ou jurídica, de modo a determinar se a sua escolha na forma da prestação de seus serviços lhe trará vantagens tributárias. Finalmente, serão apresentados os limites da atuação da administração na análise dessa operação, demonstrando que seu poder

INTRODUÇÃO

para a desconsideração da pessoa jurídica prestadora de serviço intelectual foi mitigado, em razão da exigência de submissão da matéria à apreciação do Poder Judiciário, conforme a remissão ao art. 50, do CC/02, feita pelo art. 129, da Lei 11.196/05.

Considerando a importância da tributação para o desenvolvimento econômico e o funcionamento do Estado, a criação das pessoas jurídicas para a prestação de serviços médicos representa um impacto, sob a primeira vista para a administração pública, que perde receita; e, posteriormente, para quem realizou o planejamento tributário, quando considerado em desacordo com a legislação vigente, sendo importante estabelecer limites na relação entre fisco-contribuinte para se conquistar equilíbrio de interesses.

Portanto, o objetivo da pesquisa é demonstrar a legitimidade da constituição de EIRELI para a prestação de serviços médicos, cuja desconsideração somente pode ser realizada pela administração mediante a observância dos requisitos legais.

2 Planejamento Tributário

2.1 Delimitação do Conceito de Planejamento Tributário, Elisão e Evasão Fiscal

A delimitação do conceito de "planejamento tributário" e de "elisão fiscal" está estreitamente relacionada à posição teórica interpretativa adotada sobre direito tributário, exteriorizada pelas correntes da interpretação conceptualista, econômica e valorativa.

A interpretação conceptualista ou lógico-sistemática entende que o intérprete não deve se preocupar com dados empíricos, tendo em vista que a realidade social e econômica está contida na gênese da norma. Sob esse aspecto, no campo tributário, essa corrente defende a primazia do direito civil, a legalidade estrita, a superioridade do papel do legislador e a autonomia da vontade, refletindo a absoluta licitude do planejamento tributário, uma vez pautado na utilização de instrumentos jurídicos válidos.[2]

Em sentido oposto, a interpretação calcada na jurisprudência dos interesses, rompendo com os conceitos e categorias jurídicas, considera o aspecto econômico do fato gerador, estabelecendo a autonomia do direito tributário

---

[2] TORRES, Ricardo Lobo. *Planejamento tributário:* elisão abusiva e evasão fiscal. 2. ed. Rio de Janeiro: Elsevier, 2013, p. 11-16.
O autor apresenta como defensores dessa corrente no Brasil: CANTO, Gilberto de Ulhoa. Legislação tributária, sua vigência, sua eficácia, sua aplicação, interpretação e integração. RF 267: 25-30, 1979 e DÓRIA, Antônio Roberto Sampaio. Elisão e evasão fiscal. São Paulo: José Bushatsky, 1977.

PLANEJAMENTO TRIBUTÁRIO

sobre o privado, possibilidade de analogia, predomínio da capacidade contributiva oriunda diretamente dos fatos sociais, intervenção sobre a propriedade e regulamentação da vontade. Nesse sentido, quanto à realização do planejamento tributário, há genérica caracterização da ilicitude, revelada pelo abuso da forma jurídica escolhida pelo contribuinte para revestir juridicamente seus negócios jurídicos.[3]

Ocorre que as duas teorias descritas não se mostraram suficientes para nortear a interpretação do direito tributário, tendo em vista que a primeira corrente, do positivismo normativo, desconsidera a situação econômica e social na gênese da norma, como se a letra da lei fosse apta a captar inteiramente a realidade e expressar a plena correspondência entre linguagem e pensamento. Já a segunda, calcada na interpretação econômica, vincula-se à atividade arrecadatória do Estado, em defesa do seu incremento.[4]

Surge, então, a jurisprudência de valores, que marca a reaproximação da ética e do direito e a afirmação do Estado Democrático de Direito, trazendo novos contornos à interpretação do direito tributário. Ricardo Lobo Torres fixa os seguintes pontos:

a) preeminência dos princípios fundantes do Estado Democrático de Direito, que no Brasil se expressam no art. 1º da CF: soberania, cidadania, dignidade humana, autonomia da vontade, valor do trabalho, pluralismo;

b) ponderação entre o princípio da capacidade contributiva, vinculado à ideia de justiça e obtido por argumentação democrática, e o princípio da legalidade, vinculado à segurança jurídica em sua configuração de "segurança da regra";

---

[3] TORRES, Ricardo Lobo. *Planejamento tributário*: elisão abusiva e evasão fiscal. 2. ed. Rio de Janeiro: Elsevier, 2013, p. 11-16.
Como defensor dessa tese no Brasil, o autor indica: FALCÃO, Amílcar de Araújo. Introdução ao direito tributário. Rio de Janeiro: Forense, 1994.
[4] LEHNER, Moris. Consideração econômica e tributária conforme a capacidade contributiva. Sobre a possibilidade de uma interpretação teleológica de normas com finalidades arrecadatórias. In: SCHOUERI, Luís Eduardo; ZILVETI, Fernando Aurélio (Coords.). Direito Tributário. Estudos em homenagem a Brandão Machado. São Paulo: Dialética, 1998, p. 148 apud TORRES, Ricardo Lobo. *Planejamento tributário*: elisão abusiva e evasão fiscal. 2. ed. Rio de Janeiro: Elsevier, 2013, p. 13.

c) equilíbrio entre os poderes do Estado, com possibilidade de controle jurisdicional de políticas fiscais adotadas pelo legislador;
d) harmonização entre direito e economia, tendo em vista que, além de a economia viver *sub specie juris*, ambos exibem o coeficiente ético comum;
e) a simbiose entre interpretação finalística e sistemática, eis que, de acordo com o pluralismo metodológico, o sistema jurídico já segrega a finalidade.[5]

O planejamento tributário visto na concepção dos valores e do pós-positivismo é admitido como forma de economizar tributos, sempre condicionado às práticas que não representem abuso de direito.[6]

A terminologia "planejamento tributário" associa-se à elisão fiscal e é uma atividade preventiva, realizada pelo contribuinte – pessoa física ou jurídica – antes da ocorrência do fato gerador da obrigação tributária, pautada na melhor organização administrativa, contábil, societária e tributária, visando à legítima economia fiscal, sem burla à legislação tributária[7], pressupondo o manejo inteligente do direito positivo confrontado com os negócios.

Nesse sentido, expõe Roque Antônio Carrazza:

> Na elisão fiscal o contribuinte consegue evitar a prática do fato imponível tributário deixando de praticar o fato jurídico que a lei considerou necessário e suficiente ao nascimento do tributo (hipótese de

---

[5] TORRES, Ricardo Lobo. *Planejamento tributário*: elisão abusiva e evasão fiscal. 2. ed. Rio de Janeiro: Elsevier, 2013, p. 14.

[6] TORRES, Ricardo Lobo. *Planejamento tributário*: elisão abusiva e evasão fiscal. 2. ed. Rio de Janeiro: Elsevier, 2013, p. 14-15.
O autor indica como defensores dessa corrente do Brasil: GRECO, Marco Aurélio. Planejamento fiscal e interpretação da lei tributária. São Paulo: Dialética, 1988; HUCK, Marcelo Hermes. Evasão e elisão. Rotas nacionais e internacionais do planejamento tributário. São Paulo: Saraiva, 1997; RIBEIRO, Ricardo Lodi. Justiça, interpretação e elisão tributária. Rio de Janeiro: Lumen Juris, 2003; GODOI, Marciano Seabra de. A figura da fraude à lei tributária na jurisprudência do Supremo Tribunal Federal. RDDT 79: 75, 2001; CATÃO, Marcos. O método sistemático. In: TORRES, Ricardo Lobo (org.). Temas de interpretação do direito tributário. Rio de Janeiro: Renovar, 2003.

[7] FABRETTI, Láudio Camargo. *Código Tributário Nacional Comentado*. 5. ed. rev. e atual. São Paulo: Atlas, 2005, p. 32.

incidência tributária) ou praticando outro a que a mesma lei não atribui consequências fiscais ou lhe atribui consequências menos gravosas. Como vemos, constitui um recurso legítimo, inobjetável tanto sob o ponto de vista do Direito quanto o puramente ético, pois pressupõe a natureza lícita dos meios utilizados, a eficácia destes (no sentido de produzirem resultados próprios) e sua utilização antes da verificação do fato imponível (fato gerador "*in concreto*") da obrigação tributária.[8]

Marco Aurélio Greco distingue as expressões "planejamento tributário" de "elisão fiscal", entendendo que embora sejam conceitos que se reportam à mesma realidade, distanciam-se quanto ao referencial adotado e à repercussão que atribuem a determinados elementos. No planejamento, a análise centra-se na conduta do indivíduo, suas qualidades e elementos, tais como: liberdade contratual, licitude da conduta, momento em que ela ocorre; já na elisão, a investigação pauta-se no efeito da conduta em relação à incidência e cobrança do tributo.[9]

O assunto apresenta muitas divergências terminológicas, que em razão da objetividade deste estudo, deixamos de replicar, trazendo a lume o posicionamento conceitual que será adotado ao logo dessa pesquisa, que se alinha à consideração de que planejamento tributário e elisão fiscal[10] são expressões sinônimas.

---

[8] CARRAZA, Roque Antônio. *Curso de direito constitucional tributário*. 26. ed. São Paulo: Malheiros Editores, 2011, p. 349.

[9] GRECO, Marco Aurélio. *Planejamento tributário*. 2. ed. São Paulo: Dialética, 2008, p. 81-82.

[10] Luís Eduardo Schoueri alerta que, tecnicamente, seria mais adequado utilizar o termo elusão, ao invés de elisão. Isso porque, o contribuinte que se desvia dos fatos geradores, elude o surgimento da obrigação tributária, e não elide, o que tecnicamente significaria esconder. O sujeito passivo não esconde ou elide a obrigação tributária, mas sim a elude, ou seja, se desvia dela. Por isso seria mais correto falar elusão em oposição à evasão fiscal. Entretanto, habitualmente se considerou o termo elisão, no sentido de eludir, ou seja, desviar-se da ocorrência do fato gerador da obrigação tributária. Cf. SCHOUERI, Luís Eduardo, Planejamento tributário – Elisão e evasão fiscal – Simulação – Abuso de forma – Interpretação econômica – Negócio jurídico indireto – Norma antileisiva. In: AMARAL, Antônio Carlos Rodrigues do (Corrd.). *Curso de direito tributário*. São Paulo: Celso Bastos Editor, 2002, p. 287-300.
Já Heleno Taveira Tôrres classifica a conduta do contribuinte como elisiva, aquela pautada na economia lícita de tributos e, em contrapartida, a elusiva, como sendo uma figura autônoma indicativa da organização planejada de atos ilícitos, mas desprovidos de causa, incluindo-se

Não raras vezes, o planejamento tributário, caracterizado com preconceito e censura social[11], vem relacionado às análises de evasão ou sonegação fiscal[12], assim considerada como toda ação ou omissão dolosa com o intuito de ocultar, de maneira fraudulenta e ilícita, operações tributárias concomitantes ou posteriores à ocorrência do fato gerador, por meio da utilização de formas defesas em lei, caracterizando infração administrativa ou crime contra a ordem tributária.

Gerd Willi Rothmann e Gaetano Paciello afirmam que "(...) a evasão é a realização do fato imponível ocultado ao fisco, ou seja, o inadimplemento culposo da pretensão tributária, validamente nascida em decorrência da realização do pressuposto de fato."[13]

---

a simulação e a fraude à lei. Cf. TÔRRES, Heleno Taveira. *Direito tributário e direito privado*: autonomia privada, simulação, elusão tributária. São Paulo: Revista dos Tribunais, 2003, p. 173-198.

Sob essa perspectiva, na elusão, a licitude é apenas aparente, ferindo indiretamente o ordenamento jurídico, ocupando assim, uma zona cinzenta entre a economia de tributos materialmente lícita (elisão) e aquela que fere o ordenamento jurídico (evasão), revelando-se como uma terceira categoria que distingue tais conceitos. Cf. GERMANO, Lívia de Carli. *Planejamento tributário e limites para a desconsideração dos negócios jurídicos*. São Paulo: Saraiva, 2013, p. 61-63. Ante as divergências terminológicas e semânticas, esclarece-se que este trabalho tratará planejamento tributário e elisão, como sinônimas e abrangentes deste comportamento lícito descrito, seguindo a linha de Edmar Oliveira Andrade Filho.

[11] ANDRADE FILHO, Edmar Oliveira. *Planejamento Tributário*. 2. ed. rev., ampl. e atual. São Paulo: Saraiva, 2016, p. 19.

[12] Segundo Edmar Oliveira Andrade Filho expõe que "A expressão 'sonegação fiscal surgiu com a Lei 4.502/64 e foi posteriormente utilizada pela já revogada Lei n. 4.729/65, substituída pela Lei n. 8.137/91. De acordo com o preceito normativo citado, sonegação fiscal é o resultado de ação dolosa tendente a impedir ou retardar, total ou parcialmente, o conhecimento por parte da autoridade fazendária (a) da ocorrência do fato gerador da obrigação principal, da sua natureza ou circunstâncias materiais e (b) das condições pessoais do contribuinte, suscetíveis de afetar a obrigação tributária principal ou o crédito tributário correspondente." Cf. ANDRADE FILHO, Edmar Oliveira. *Planejamento Tributário*. 2. ed. rev., ampl. e atual. São Paulo: Saraiva, 2016, p. 21-22.

[13] ROTHMANN, Gerd Willi; PCIELLO, Gaetano. Caderno de Pesquisas Tributárias. Volume 13. Elisão e Evasão Fiscal. Coordenador Ives Gandra da Silva Martins. São Paulo: Editora Resenha Tributária, 1988, p. 393-422 apud ANDRADE, Leonardo Aguirra de. *Estruturação Elusiva de Atos e Negócios Jurídicos no Direito Tributário Brasileiro*: Limites ao Planejamento Tributário. Dissertação (Mestrado em Direito) – Faculdade de Direito, Universidade de São Paulo. São Paulo, p. 364. 2014.

Na doutrina pode ser percebido o esforço de padronização terminológica, tendo Hugo Marcelo Huck afirmado que a corrente majoritária distingue as expressões de modo a compreender a "evasão fiscal" como o artifício doloso, utilizado pelo agente para esquivar-se do pagamento do tributo devido; e a "elisão fiscal" como a técnica com aparência legal para evitar a aplicação da lei tributária.[14]

Ocorre que, embora esteja presente nos dois fenômenos, elisão e evasão fiscal, o objetivo de obter o menor custo tributário possível, há límpida distinção sobre a forma utilizada para se alcançar esse resultado. Na elisão, o escopo pretendido – diminuição da carga tributária – é atingido por meios lícitos e anteriores à ocorrência do fato gerador, uma vez que o ordenamento jurídico não proíbe aquele comportamento, considerado a partir de uma interpretação mais elaborada dos textos legais. De outro modo, na evasão, a mesma finalidade está presente, entretanto, o meio utilizado para o fim colimado, concomitante ou posterior ao nascimento da obrigação tributária, é vedado pelo ordenamento jurídico e, portanto ilícito.[15]

Assim, a distinção da elisão e evasão perpassa pela análise do critério cronológico, bem como da licitude dos meios utilizados para atingir o resultado pretendido.

Sob a perspectiva do aspecto temporal ou cronológico, tem-se que a elisão ocorreria sempre antes da ocorrência do fato gerador, seja impedindo-o ou excluindo a conduta do âmbito de abrangência da norma. A evasão fiscal ocorre com a prática de atos ilícitos e fraudulentos, concomitantes ou posteriores à ocorrência do fato gerador, com a finalidade de livrar-se do ônus tributário. Nesse sentido, Rubens Gomes de Souza foi o precursor deste critério afirmando ser:

> o único critério seguro (para distinguir a fraude da elisão) é verificar se os atos praticados pelo contribuinte para evitar, retardar ou reduzir o pagamento de um tributo foram praticados antes ou depois da

---

[14] HUCK, Hugo Marcelo. Evasão e elisão no direito tributário internacional. In: *Planejamento fiscal:* teoria e prática, v. 2, São Paulo: Dialética, 1998, p. 11.

[15] QUEIROZ, Luís Cesar Souza de. Limites do Planejamento Tributário. In: SCHOUERI, Luís Eduardo (Coord.). *Direito Tributário:* Homenagem a Paulo de Barros Carvalho. São Paulo: Quartier, 2008, p. 736-779.

PLANEJAMENTO TRIBUTÁRIO

ocorrência do respectivo fato gerador: na primeira hipótese, trata-se de elisão; na segunda trata-se de fraude fiscal.[16]

Hugo de Brito Machado questiona a eficácia do critério cronológico que, embora seja aceitável, sob o ponto de vista de pretender contrapor a conduta em que o indivíduo evitou a ocorrência do fato gerador àquela em que ocultou o fato gerador ocorrido, não necessariamente corresponde à prática de atos antes ou depois do fato gerador, não contribuindo para a determinação do planejamento tributário. Desse modo, essa distinção não revela quaisquer elementos concretos para identificar a legitimidade do planejamento tributário.[17]

Essa situação havia sido percebida por Alfredo Augusto Becker que, ao adotar o critério cronológico para verificar a regularidade do planejamento tributário, acrescentou o critério relativo à licitude e os meios adotados pelo contribuinte, porque tal critério distingue apenas as práticas evidentemente evasivas das demais condutas do contribuinte, mostrando-se imprestável para qualificar as condutas praticadas antes do fato gerador como irregulares de acordo com o Direito Privado.[18]

Isso porque tal critério não oferece subsídios concretos para diferenciar os atos e negócios jurídicos legítimos dos ilegítimos dentre as situações em que a realização do fato gerador foi supostamente evitada.[19]

Desse modo, o que é crucial para se determinar se a atitude do contribuinte exterioriza-se como elisão ou evasão é a precisa identificação dos critérios informadores do campo da licitude e da ilicitude do procedimento adotado. Isso porque, cumpre ressaltar que o simples fato de uma pessoa eleger certo procedimento, em detrimento a outro, motivada pela redução da carga tributária, não implica em qualquer ilicitude. A própria legislação, em sua literalidade e de forma expressa e inequívoca, tal como o favor fiscal, permite que o contribuinte utilize certas alternativas para incorrer em menor carga

---

[16] SOUZA, Rubens Gomes. Compêndio de legislação tributária. Rio de Janeiro: Financeiras, 1960. apud COÊLHO, Sacha Calmon Navarro. *Teoria da Evasão e da Elisão em Matéria Tributária.* Planejamento Fiscal – Teoria e Prática. São Paulo: Dialética, 1998, p. 174.

[17] MACHADO, Hugo de Brito. Introdução ao planejamento tributário. In: *Planejamento fiscal: teoria e prática.* São Paulo: Dialética, 1995, p. 53.

[18] BECKER, Alfredo Augusto. *Teoria geral do direito tributário.* 3. ed. São Paulo: Lejus, 1998, p. 138.

[19] MACHADO, Hugo de Brito. *Crimes contra a ordem tributária.* São Paulo: Atlas, 2008, p. 279.

PLANEJAMENTO TRIBUTÁRIO

tributária, com o exclusivo propósito de alcançar este resultado, não se cogitando de qualquer ato ilícito.[20]

Disso decorre que o planejamento tributário representa uma legítima manifestação da liberdade dos interesses individuais, em que o sujeito passivo, dentro dos contornos da norma jurídica, tem o direito subjetivo de adotar condutas que tornem menos onerosos, sob a perspectiva fiscal, seus negócios, selecionando alternativas oferecidas pelo próprio ordenamento jurídico para suportar menor carga tributária, seja conformando os fatos para que eles possam submeter-se a um esquema jurídico menos oneroso ou escolhendo um regime jurídico dentre os vários disponibilizados pelo direito positivo.

Tomamos, no sentido mais amplo o planejamento tributário, definido nas palavras de James Marins:

> Denomina-se planejamento fiscal ou tributário lato sensu a análise do conjunto de atividades atuais ou dos projetos de atividades econômico-financeiras do contribuinte (pessoa física ou jurídica), em relação ao seu conjunto de obrigações fiscais com o escopo de organizar suas finanças, seus bens, negócios, rendas e demais atividades com repercussões tributárias, de modo que venha a sofrer o menor ônus fiscal possível.
>
> O planejamento tributário pode se dar através da adoção de variadas formas. Pode ser meio do uso de mecanismos administrativos próprios como o redirecionamento de atividades, a reorganização contábil e a reestruturação societária, ou por intermédio de mecanismos fazendários de elisão induzida ou permitida, como a utilização de opção para regimes fiscais mais benéficos, e também o aproveitamento de prerrogativas e incentivos fiscais gerais ou setoriais, como imunidades, isenções, zonas francas, incentivos estaduais ou municipais, ou até mesmo através da escolha de tratados internacionais (treaty shopping).[21]

---

[20] QUEIROZ, Luís Cesar Souza de. Limites do Planejamento Tributário. In: SCHOUERI, Luís Eduardo (Coord.). *Direito Tributário:* Homenagem a Paulo de Barros Carvalho. São Paulo: Quartier, 2008, p. 736-779, p. 739.

[21] MARINS, James. *Elisão Tributária e sua Regulação*. São Paulo: Dialética, 2002, p. 33-34.

No mesmo sentido, cumpre trazer à baila as palavras de Ricardo Lobo Torres:

> O contribuinte tem plena liberdade para conduzir os seus negócios do modo que lhe aprouver. O combate à elisão não pode significar restrições ao planejamento tributário. O campo da liberdade de iniciativa é o ponto de partida para a vida econômica e não pode sofrer interferência por parte do Estado. O contribuinte é livre para optar pela estruturação dos seus negócios e pela formatação da sua empresa de modo que lhe permita a economia do imposto. Como diz J. Hey, 'não há nenhum dever patriótico que leve alguém a pagar o imposto mais alto'.[22]

Desse modo, o direito de executar o planejamento tributário encontra fundamento nos direitos individuais previstos Constituição Federal, fundados na livre iniciativa (art. 1º, IV, da CF/88); no direito de propriedade (art. 5º, XXII, da CF/88); e na ordem econômica (art. 170, da CF/88). A busca pela continência de gastos e custos mostra-se como uma disposição natural ou mesmo exigência de um ambiente econômico extremamente competitivo[23], sendo, por exemplo, o dever legal do administrador de uma pessoa jurídica com fins lucrativos, zelar pelo atingimento dos objetivos sociais da maneira mais eficiente o possível[24] para permanecer no mercado. Sob esse ponto de vista, o planejamento tributário está inserido em um cenário de legitimação de medidas de autoproteção, permanência da atividade e potencialização da eficiência, conforme o histórico socioeconômico do contribuinte.[25]

Logicamente que as escolhas devem sempre ser pautadas no princípio da legalidade[26], na acepção do art. 5º, II, art. 37, *caput* e art. 150, I, todos da CF/88 que, por um lado, pressupõe que o contribuinte tem a liberdade para

---

[22] TORRES, Ricardo Lobo. *Planejamento tributário:* elisão abusiva e evasão fiscal. 2. Ed. Rio de Janeiro: Elsevier, 2013, p. 36.

[23] BOGO, Luciano Alaor. *Elisão Tributária:* licitude e abuso do direito. Curitiba: Juruá, 2009, p. 13.

[24] QUEIROZ, Luís Cesar Souza de. Limites do Planejamento Tributário. In: SCHOUERI, Luís Eduardo (Coord.). *Direito Tributário:* Homenagem a Paulo de Barros Carvalho. São Paulo: Quartier, 2008, p. 736-779, p. 739.

[25] CARVALHO, Ivo César de Barreto de. *Elisão tributária no ordenamento jurídico brasileiro.* São Paulo: MP Editora, 2007, p. 112.

[26] ANDRADE FILHO, Edmar Oliveira. *Planejamento Tributário.* 2. ed. rev., ampl. e atual. São Paulo: Saraiva, 2016, p. 20-23.

optar pela estruturação dos seus negócios e formação de sua empresa visando à economia de tributos[27]; por outro lado, limita a atuação do sujeito passivo, que não pode usar a seu favor apenas a observância do formalismo legal para desenvolver atos e negócios jurídicos, que devem existir de fato e concretamente na realização do planejamento tributário, de modo a imprimir-lhe legitimidade e oponibilidade ao fisco.[28]

Nesse sentido, Sampaio Dória defende que a licitude é uma verificação preliminar do comportamento do contribuinte, sendo imprescindível a análise da conformidade da forma com o conteúdo e a produção dos efeitos próprios.[29]

Nesta análise, não se coloca em discussão o direito do contribuinte à realização do planejamento tributário, mas sim a verificação, analisando-se o ordenamento como um todo, de uma eventual incompatibilidade entre os atos ou negócios jurídicos praticados pelo contribuinte, seu regramento civil e sua conformidade com princípios constitucionais.[30]

Portanto, na realização do planejamento tributário, a licitude do comportamento, em estrita observância do princípio da legalidade tributária, associado aos princípios da autonomia da vontade e da livre iniciativa, que permeiam a prática dos atos e negócios jurídicos menos gravosos conduz à consequência de que não devem sofrer nenhuma objeção por parte do fisco, salvo excepcional e específica proibição legal que restringe a liberdade do contribuinte.

2.2 Planejamento Tributário e Princípios Constitucionais

A realização do planejamento tributário suscita discussões acirradas sobre os valores incorporados na ordem jurídica, vez que se posiciona entre o direito

---

[27] TORRES, Ricardo Lobo. *Planejamento tributário:* elisão abusiva e evasão fiscal. 2. Ed. Rio de Janeiro: Elsevier, 2013, p. 10.

[28] GRECO, Marco Aurélio. *Planejamento tributário.* 2. ed. São Paulo: Dialética, 2008, p. 115.

[29] DÓRIA, Antônio Roberto. Elisão e Evasão Fiscal. 2. ed. São Paulo: José Buskatsky, 1977, p. 84 apud ANDRADE, Leonardo Aguirra de. *Estruturação Elusiva de Atos e Negócios Jurídicos no Direito Tributário Brasileiro:* Limites ao Planejamento Tributário. Dissertação (Mestrado em Direito) – Faculdade de Direito, Universidade de São Paulo. São Paulo, p. 364. 2014, p. 45-46.

[30] ANDRADE, Leonardo Aguirra de. *Estruturação Elusiva de Atos e Negócios Jurídicos no Direito Tributário Brasileiro:* Limites ao Planejamento Tributário. Dissertação (Mestrado em Direito) – Faculdade de Direito, Universidade de São Paulo. São Paulo, p. 364. 2014, p. 38.

individual da liberdade e os valores de solidariedade social e justiça, todos albergados pela CF/88.

Tem-se que o poder de tributar age na esfera privada de maneira impositiva, obrigando o sujeito passivo, que pratica o fato gerador, ao pagamento do tributo, independentemente da sua vontade. Por isso mesmo, é crível que esse poder seja delimitado e que o contribuinte tenha conhecimento prévio das "regras do jogo", ou seja, do que é proibido, permitido e obrigatório, de modo que possa avaliar as consequências de sua conduta.

As normas tributárias devem, sempre que possível, buscar a realização de justiça, visando à distribuição equitativa dos encargos e ao bem-estar social, mas sempre limitadas pelos direitos e garantias da pessoa individual.

Sob a perspectiva do confronto entre a liberdade do contribuinte, de um lado, e a igualdade, solidariedade e justiça sociais, de outro, que pairam sobre a realização do planejamento tributário, necessário o estudo de princípios que refletem na prática dessa atividade.

2.2.1 Princípio da Legalidade e da Segurança Jurídica como Fundamento do Planejamento tributário

O princípio da legalidade é próprio do Estado de Direito, apresentando como conteúdo normativo que as relações obrigacionais estejam delimitadas em: i. *lex previa*, significando a anterioridade da lei em relação aos fatos por ela regidos; ii. *lex promulgata*, que pressupõe o conhecimento das normas jurídicas por todos, de modo que possam concluir se estão ou não submetidas às suas prescrições; iii. *lex manifesta* ou *lex scripta*, determinando que as normas jurídicas devem prescrever, de forma precisa, clara e compreensível, quem deve observá-las, a conduta a ser adotada e as consequências da realização do fato jurídico referido. Exige-se, portanto, que as normas jurídicas apresentem critérios suficientes para que as pessoas saibam se estão ou não submetidas às suas disposições e possam prever as consequências dos seus atos e omissões.[31]

---

[31] ANDRADE FILHO, Edmar Oliveira. *Planejamento Tributário*. 2. ed. rev., ampl. e atual. São Paulo: Saraiva, 2016, p. 58-60.

PLANEJAMENTO TRIBUTÁRIO

No campo do Direito Tributário, o princípio da legalidade é anterior ao próprio Estado de Direito, tendo em vista que resta assentado no consentimento prévio dos contribuintes, que só se legitima se decorrente de lei votada e aprovada por seus representantes eleitos; e no controle da aplicação dos recursos arrecadados.[32] Nesse sentir, "o tributo deve ser cobrado segundo normas objetivamente postas, de sorte a garantir plena segurança nas relações entre o fisco e o contribuinte."[33]

Sobre o tema, Alberto Xavier destaca:

> O princípio da legalidade tributária, nos quadros do Estado de Direito, é essencialmente um critério de realização da justiça; mas é, do mesmo passo, um critério da sua realização em termos seguros e certos. A ideia de segurança jurídica é, decerto, bem mais vasta do que a de legalidade; mas posta em contato com esta não pode deixar de a modelar, de lhe imprimir um conteúdo, que há de necessariamente revelar o grau de segurança ou certeza imposto ou pelas concepções dominantes, ou pelas peculiaridades do setor a que respeita. Ora, o direito tributário é de todos os ramos do Direito aquele em que a segurança jurídica assume a sua maior intensidade possível, e é por isso que nele o princípio da legalidade se configura como uma reserva absoluta de lei formal.[34]

Na Constituição Federal de 1988, o princípio da legalidade vem insculpido como limitação ao poder de tributar no art. 150, I, vedando aos entes políticos "exigir ou aumentar tributo sem lei que o estabeleça", o que significa que a exigência do tributo está condicionada à existência de lei. Mas o princípio não se resume somente a isso.

A norma tributária é rígida, pois requer que, além da exigência do tributo ser prevista genericamente na lei, da tipificação do fato gerador da obrigação

---

[32] SCHOUERI, Luís Eduardo. *Direito Tributário*. 5. ed. São Paulo: Saraiva, 2015, p. 291.

[33] MACHADO, Hugo de Brito. *Os princípios jurídicos na tributação na Constituição de 1988*. 4. ed. São Paulo: Dialética, 2001, p. 17.

[34] XAVIER, Alberto. *Os Princípios da Legalidade e da Tipicidade da Tributação*. São Paulo: RT, 1978, p. 43-44.

tributária, o dever de pagá-lo deve ter todos os seus elementos especificados[35], tais como: alíquotas, base de cálculo, penalidades e hipóteses de exclusão, suspensão e extinção do crédito tributário, nos termos do art. 97, do Código Tributário Nacional – CTN.

Heleno Taveira Tôrres sustenta que no Direito Tributário Brasileiro, a legalidade cumpre três finalidades relevantes: i)- como princípio da "reserva de lei" formal, em relação às matérias que a CF/88 impõe a elaboração de lei ordinária e lei complementar; ii)- como princípio da "tipicidade", em razão de a lei ordinária dever prever exaustivamente os critérios materiais para a aplicação da lei tributária; e iii)- como princípio de vinculação, no qual a prática de todos os atos administrativos resta adstrita à lei, nos ditames do art. 37, da CF/88.[36]

Sob esse prisma, o princípio da estrita legalidade ou tipicidade cerrada preceitua que a lei tributária deve descrever uma situação de possível ocorrência necessária e suficiente (conforme art. 114, do CTN) para estabelecer a relação jurídica, que pode ser decomposta em cinco aspectos: i)- pessoal, no qual são indicados os sujeitos da relação, ativo e passivo; ii)- espacial, no qual se estabelece onde surge e extingue-se relação jurídico-tributária; iii)- temporal, em que é estabelecido quando a relação tributária nasce; iv)- material, com a descrição dos critérios substanciais do fato, ou conjunto de fatos, e que servirão de base para a formação da relação; v)- quantitativo, no qual são definidas as alíquotas e base de cálculo, chegando-se ao *quantum* da prestação.

Alberto Xavier explica que o princípio da tipicidade cerrada

> exige que os elementos integrantes do tipo sejam de tal modo precisos e determinados na sua formulação legal que o órgão de aplicação do direito não possa introduzir critérios subjetivos de apreciação na sua aplicação correta. Por outras palavras: exige a utilização de conceitos determinados, entendendo-se por estes (e tendo em vista a indeterminação imanente a todo o conceito) aqueles que não afetam a segurança

---

[35] COÊLHO, Sacha Calmon Navarro. *Curso de Direito Tributário Brasileiro*. 9. ed. rev. e atual. Rio de Janeiro: Forense, 2006, p. 220.

[36] TÔRRES, Heleno Taveira. *Direito tributário e direito privado*: autonomia privada, simulação, elusão tributária. São Paulo: Revista dos Tribunais, 2003, p. 70-73.

jurídica dos cidadãos, isto é, a sua capacidade de previsão objetiva dos seus direitos e deveres tributários.[37]

Desse modo, o princípio da legalidade guarda estreita relação com o princípio da segurança jurídica, no qual resta estabelecido que as normas devem ter um conteúdo semântico suficiente, de modo que os cidadãos tenham capacidade, com razoável clareza, de entender seus modais deônticos na ordenação e motivação de suas condutas. Tal princípio apresenta dupla função: de um lado, representa um instrumento de proteção e conformação da liberdade e, de outro, um limite ao arbítrio estatal na intervenção na esfera particular.[38]

Nesse sentido, Alberto Xavier, correlacionando a tipicidade tributária com a liberdade de contratar, defende que a realização do planejamento tributário decorre do raciocínio de que determinadas situações concretas não se subsumem perfeitamente às definições da lei tributária, permitindo aos contribuintes auto-organizarem-se, baseados no direito de propriedade e liberdade econômica.[39]

Em contrário, Marco Aurélio Greco argumenta que o direito de auto-organização, pautado na legalidade tributária não é absoluto, encontrando limites em valores constitucionais, tais como: função social da propriedade, solidariedade social, dignidade da pessoa humana, capacidade contributiva, isonomia geral (art. 5º, *caput*, da CF/88) e isonomia tributária (art. 150, II, da CF/88).[40]

A ideia da legalidade estrita encontra seu alicerce na busca da certeza do direito e maximização da segurança jurídica.[41] Entretanto, essa certeza não é absoluta, parecendo arriscado dizer que o princípio da tipicidade é capaz de regular um sistema normativo isento de ambiguidades, tendo em vista

---

[37] XAVIER, Alberto. *Tipicidade da tributação, simulação e norma antielisiva*. São Paulo: Dialética, 2001, p. 19.

[38] ANDRADE FILHO, Edmar Oliveira. *Planejamento Tributário*. 2. ed. rev., ampl. e atual. São Paulo: Saraiva, 2016, p. 61-62.

[39] XAVIER, Alberto. *Tipicidade da tributação, simulação e norma antielisiva*. São Paulo: Dialética, 2001, p. 119, 130-134.

[40] GRECO, Marco Aurélio. *Planejamento tributário*. 2. ed. São Paulo: Dialética, 2008, p. 180.

[41] ABRAHAM, Marcus. *O Planejamento Tributário e o Direito Privado*. São Paulo: Quartier Latin, 2007, p. 302-303.

que a existência de enunciados vagos e ambíguos é natural na linguagem lógica.[42]

Com o próprio passar do tempo, a realidade fática, sobre as quais a norma se projeta, altera, transformando os valores que permeiam o sentido das palavras e levando à modificação dos fatos jurídicos. Assim, por mais exaustiva e minuciosa que seja a norma tributária, não será possível distanciar-se da importância da sua interpretação, caracterizada como uma atividade de ponderação, de modo a se atribuir o sentido à previsão normativa conformado com as regras e princípios constitucionais[43].

Sob o enfoque do planejamento tributário, a segurança jurídica pretendida está diretamente relacionada à suficiência dos instrumentos interpretativos, que valorizam a análise concomitante da forma e dos efeitos dos atos e negócios jurídicos adequados ao ordenamento, em contraponto à tipicidade estrita e o suposto caráter absoluto da liberdade individual, que servem de fundamento para análise sob o ponto de vista exclusivamente formal.

A análise do planejamento tributário, sob essa perspectiva, se justifica diante da desaprovação, muitas vezes ilegal, dos atos e negócios jurídicos praticados pelos contribuintes com o objetivo de economia fiscal, baseados na incerteza por parte da Administração Fiscal na eleição de critérios para a aplicação da legislação tributária e na dissonante utilização dos conceitos de abuso de direito e fraude à lei, principalmente pela jurisprudência, em prejuízo dos particulares e do fisco quanto à segurança e previsibilidade jurídica da prática daquela conduta.[44]

Essa insegurança decorre, principalmente, da edição de normas gerais antielisivas em combate ao planejamento tributário que, muitas vezes, não especificam os elementos da conduta, mas cingem-se a conferir, à administração, poderes gerais de (re)qualificação de atos e negócios jurídicos sem critérios previamente definidos para resolver as lacunas e imperfeições da

---

[42] ANDRADE FILHO, Edmar Oliveira. *Planejamento Tributário*. 2. ed. rev., ampl. e atual. São Paulo: Saraiva, 2016, p. 62.
[43] ANDRADE FILHO, Edmar Oliveira. *Planejamento Tributário*. 2. ed. rev., ampl. e atual. São Paulo: Saraiva, 2016, p. 57-58.
[44] TUDISCO, Flávio. A Causa do Negócio Jurídico, a Prevalência da Substância sobre a Forma e o Direito Tributário Brasileiro. In: *Direito Tributário Atual*, v. 22, 2008, p. 207-218.

ordem jurídica, pretendendo legitimar a tributação com base na analogia, que inova o sistema a partir da interpretação econômica dos fatos.[45]

Ocorre que, no Direito Brasileiro, ao contrário do Alemão[46], existe vedação expressa no art. 108, § 1º, do CTN para a utilização desse método, quando implicar na exigência de tributo não previsto em lei, revelando o prestígio dado pelo ordenamento jurídico ao Princípio da Legalidade.

Nesse sentido, Humberto Ávila expõe sobre tridimensionalidade do princípio da legalidade, como regra, princípio e postulado, que apontam para a segurança jurídica e previsibilidade:

> É preciso esclarecer, desde já, que a legalidade possui, no seu aspecto material, conteudístico, sentido normativo indireto tanto de princípio, na medida em que estabelece o dever de buscar um ideal de previsibilidade e de determinabilidade para o exercício das atividades do contribuinte frente ao poder de tributar, quanto de postulado, porquanto exige do aplicador a fidelidade aos pontos de partida estabelecidos na própria lei.[47]

---

[45] ANDRADE FILHO, Edmar Oliveira. *Planejamento Tributário*. 2. ed. rev., ampl. e atual. São Paulo: Saraiva, 2016, p. 63, 235-236.

[46] Luís Eduardo Schoueri explica que: "Assim, diante da inexistência de dispositivo permitindo ou proibindo o emprego da analogia gravosa em matéria tributária na Alemanha, a questão é resolvida, naquele país, a partir da ponderação de princípios. Os Princípios da Segurança Jurídica e do Estado de Direito viriam impedir o emprego da analogia, enquanto capacidade contributiva falaria em seu favor. Daí a solução, proposta pela doutrina acima referida, de se admitir a analogia apenas em casos extremos, como o do abuso de formas jurídicas, já que (i) tais casos são, afinal, previstos pelo legislador; e (ii) não ofende o Princípio da Segurança Jurídica uma tributação previsível: quem abusa das formas jurídicas deveria antever qual seria o resultado da sua conduta.

Extrai-se daí a distinção entre os casos em que o raciocínio analógico, posto que estendendo a norma além do sentido possível das expressões utilizadas pelo legislador, ainda se encontra na intenção deste, diversamente daquelas situações que foram deixadas de lado. Ou seja, não seria qualquer analogia aceitável: o primado da legalidade não permite que o intérprete/aplicador substitua o legislador; a analogia se restringiria aos casos em que o legislador, posto buscando regular uma situação, fê-lo inadequadamente. A analogia, nesse caso, seria mera descoberta do sentido da norma, criada pelo legislador." Cf. SCHOUERI, Luís Eduardo. *Direito Tributário*. 5. ed. São Paulo: Saraiva, 2015, p. 757-758.

[47] ÁVILA, Humberto. *Sistema Tributário Nacional*. 5. ed. São Paulo: Saraiva, 2012, p. 178.

É próprio do ordenamento jurídico que alguns fenômenos que impliquem capacidade contributiva sejam tributados e outras escapem a tal ônus, porque é impossível ao legislador alcançar todas as manifestações reveladoras da capacidade contributiva. Por isso, a mera averiguação da capacidade contributiva não se mostra suficiente para pretender atingir situação não prevista abstratamente pelo legislador, que gera conflito na relação fisco-contribuinte: de um lado, o contribuinte pratica uma conduta não prevista pelo legislador, entendendo não dever qualquer tributo; e de outro, o Fisco sustenta ser inaceitável a fuga da carga tributária, a que sujeitam seus concidadãos, tendo em vista estar em situação equivalente aos últimos.[48]

Por um lado, as normas antielisivas visam obedecer ao princípio da isonomia e da capacidade contributiva com a desqualificação de condutas que levem à economia fiscal; mas, por outro, esvaziam o conteúdo do princípio da legalidade e menosprezam a segurança jurídica, conferindo poderes excepcionais e subjetivos à administração pública, para que, com base em conceitos fluidos e indeterminados, utilizem-se da analogia, para desconsiderar atos e negócios jurídicos lícitos não referidos na hipótese de incidência de qualquer norma tributária.

Nesse sentir, é justamente a proibição de exigência de tributo não previsto em lei que viabiliza a realização do planejamento tributário, tendo em vista que as práticas lícitas têm como base justamente o reconhecimento de situações não tributáveis, que sejam análogas (não idênticas, porém) àquelas previstas em lei[49], imprimindo, portanto, uma certa segurança à interpretação e escolha realizadas.

A liberdade – sempre conformada com a ordem jurídica e sem abuso – e os direitos fundamentais só podem ser exercidos plenamente quando existe o mínimo de segurança jurídica.

Disso decorre que a legalidade, a segurança jurídica e a tipicidade investem o legislador na função principal de esgotar os elementos que compõem a relação tributária, considerando conceitos e tipos que, conquanto tendam a ser fechados, não exaurem todas as possibilidades interpretativas. Em razão da

---

[48] SCHOUERI, Luís Eduardo. *Direito Tributário*. 5. ed. São Paulo: Saraiva, 2015, p. 755-756, 760.

[49] FOSSATI, Gustavo. *Planejamento tributário e interpretação econômica*. Porto Alegre: Livraria do Advogado, 2006, p. 137.

possibilidade de interpretação, caso se despontem hipóteses situadas em uma zona de incerteza, a tributação só será justificada mediante fundamentação racional, fulcrada na mesma legalidade, segurança e tipicidade, de modo a evitar surpresas.[50]

Nesse sentido, Edmar Oliveira Andrade Filho:

> O direito existe para conformar a liberdade, para proteger as pessoas contra o arbítrio. Ele é um índice de justiça (logicamente, não estou falando da mera legalidade) e um produto da cultura humana no qual as pessoas confiam e, com base nessa confiança, estimam as suas ações ou omissões. Assim, se não existir a anterioridade da norma, os efeitos gerados pelos negócios privados não podem ser conhecidos de antemão. Note-se que exigência não é simples norma (ou qualquer espécie de norma); é imprescindível *lex scripta* e certa.[51]

Diante disso, tem-se que, para a estruturação do planejamento tributário válido e eficaz, deve-se levar em consideração o estudo dos conceitos indeterminados, empregando a ponderação, razoabilidade e proporcionalidade, bem como o aperfeiçoamento do conjunto probatório que lastreia a realidade concreta verificada, com vistas a analisar o alcance da lei, as formas utilizadas e os efeitos dos atos e negócios jurídicos integrantes da estrutura elisiva.[52] Isso porque, se os atos ou negócios, não alcançados pela legislação tributária, existem, foram praticados dentro dos limites legais e todos os seus efeitos foram suportados por seus agentes, estão protegidos contra a atuação do Estado, que somente pode exigir tributo de negócios que foram realizados e não sobre aqueles que ele gostaria que o "fossem".

---

[50] LOPES FILHO, Juraci Mourão. O planejamento tributário no âmbito dos direitos e garantias fundamentais dos contribuintes. In: MACHADO, Hugo de Brito (Coord.). *Planejamento Tributário*. São Paulo: Malheiros: ICET, 2016, p. 422.

[51] ANDRADE FILHO, Edmar Oliveira. *Planejamento Tributário*. 2. ed. rev., ampl. e atual. São Paulo: Saraiva, 2016, p. 76.

[52] ANDRADE, Leonardo Aguirra de. *Estruturação Elusiva de Atos e Negócios Jurídicos no Direito Tributário Brasileiro:* Limites ao Planejamento Tributário. Dissertação (Mestrado em Direito) – Faculdade de Direito, Universidade de São Paulo. São Paulo, p. 364. 2014, p. 59.

2.2.2 Princípio da Capacidade Contributiva e da Solidariedade Social Inaplicáveis como Limite ao Planejamento Tributário

A discussão sobre os limites do planejamento tributário no Brasil evolui sensivelmente, seja em razão das alterações legislativas[53], seja das correntes doutrinárias que surgem sobre o tema. Marco Aurélio Greco verifica que de um cenário inicial que sustentava a liberdade absoluta e ilimitada do contribuinte, salvo simulação, a questão evoluiu para a desconsideração do planejamento tributário por fraude à lei, abuso do direito e abuso de formas, de modo que o desafio atual é determinar o peso e a eficácia do princípio da capacidade contributiva.[54]

No caso do ordenamento jurídico brasileiro, a pretensão de imprimir eficácia positiva à igualdade ou à capacidade contributiva, em matéria tributária, deve ser vista com cautela, por se tratarem de direitos individuais dos contribuintes, postos como "limitações constitucionais ao poder de tributar", analisados à frente, cuja aplicação não pode se dar em detrimento do princípio da legalidade.

Corolário do Princípio da Igualdade, previsto no art. 5º, *caput* e, na seara tributária, no art. 150, II, ambos da CF/88, exsurge o Princípio da Capacidade Contributiva (art. 145, § 1º, da CF/88), calcado no Princípio da Solidariedade, consagrado no art. 3º, I, da CF/88 como um dos objetivos da República.

O Princípio da Igualdade foi alçado, no Brasil, a direito e garantia individual, conforme explicitado por José Souto Maior Borges:

> A isonomia é o protoprincípio, o mais originário na ordem axiológica (valor Justiça, imanente e não transcendente ao ordenamento jurídico). Porque a legalidade isonômica (CF, art. 5º, caput e itens I e II) condiciona a efetividade de todos – nenhum excetuado – os demais critérios individuais e suas garantias constitucionais.[55]

---

[53] Lei Complementar n. 104, de 10 de janeiro de 2001 e Medida Provisória n. 66, de 29 de agosto de 2002.

[54] GRECO, Marco Aurélio. *Planejamento tributário*. 2. ed. São Paulo: Dialética, 2008, p. 126 ss.

[55] BORGES, José Souto Maior. Relações Hierárquicas do Contraditório Tributário com outros Princípios Constitucionais. In: BRITO, Edvaldo; ROSAS, Roberto. *Dimensão Jurídica do Tributo*: Homenagem ao Professor Dejalma de Campos, p. 429-439.

Aliomar Baleeiro expõe que o Princípio da Igualdade Tributária exige o tratamento semelhante para situações similares, impedindo discriminações sem justificativa válida, bem como impõe o tratamento diferenciado frente à verificação de desigualdades econômicas relacionadas à capacidade contributiva.[56]

Nesse sentido, os ensinamentos de Klaus Tipke sobre como o princípio da igualdade deve nortear a atividade do legislador:

> A ideia da generalidade do conceito de justiça fundamenta-se no Princípio da Igualdade. Por isso, o Princípio da Igualdade exige substancialmente consequência valorativa ou coerência. O legislador deve seguir até o fim os princípios materiais pelos quais ele se decidiu com coerência sistêmica ou valorativa; uma vez tendo ele tomado decisões valorativas, deve mantê-las coerentemente. Inconsequência é medir com duas medidas, é uma ruptura sistêmica e leva a tratamento desigual de grupos que se encontram em situação equivalente, se medidas de acordo com os critérios materiais que servem para a comparação.[57]

Para que o Princípio da Igualdade seja concretizado, necessária a correlação lógica dos critérios do *discrímen* (identificação de quem são os iguais e de quem são os desiguais) com o reconhecimento das propriedades que autorizem a aplicação de tratamentos tributários diferentes. Ou seja, a igualdade somente é atingida, quando verificada a adequação dos critérios de discriminação com os interesses constitucionalmente protegidos.[58]

Nesse sentido, Celso Antônio Bandeira de Mello explica que o Princípio da Igualdade se consuma com a concorrência de quatro elementos, aqui transcritos: i. a discriminação não pode atingir de modo atual e absoluto um só indivíduo; ii. as situações e pessoas discriminadas pela regra de direito

---

[56] BALEEIRO, Aliomar. *Limitações constitucionais ao poder de tributar.* Atualizado por Mizabel Abreu Machado Derzi. 7. ed. Rio de Janeiro: Forense, 1999, p. 574-575.

[57] TIPKE, Klaus. Princípio de igualdade e ideia de sistema no Direito Tributário. In: MACHADO, Brandão (coord.). Direito Tributário. Estudos em homenagem ao professor Ruy Barbosa Nogueira. São Paulo: Saraiva, 2005, p. 407-439 apud SCHOUERI, Luís Eduardo. *Direito Tributário.* 5. ed. São Paulo: Saraiva, 2015, p. 342.

[58] VELLOSO, André Pitten. *Constituição Tributária Interpretada.* São Paulo: Atlas, 2007, p. 134.

devem ser distintas entre si, possuindo características e traços diferençados; iii. deve existir, *in abstrato*, uma correlação lógica entre os critérios diferenciais existentes e a distinção do regime jurídico em razão deles, determinada pela norma jurídica; e iv. em concreto, o vínculo de correlação deve ser pertinente aos valores constitucionalmente protegidos.[59]

No Direito Tributário, a correlação entre a apuração dos fatores de diferenciação e a identificação das propriedades autorizadoras da discriminação deve estar submetida às regras e princípios constitucionais, principalmente o da capacidade contributiva[60], que valoriza e materializa o Princípio da Igualdade, conforme expõe oportunamente o Ministro José Augusto Delgado:

> A Capacidade Contributiva é um critério de diferenciação utilizado no postulado da igualdade, para fins de promoção do princípio da igualdade no Direito Tributário, inserido no § 1º do art. 145 da Constituição. Determina, assim, que a tributação, através de impostos, observe as particularidades de cada contribuinte consoante sua Capacidade Contributiva.[61]

A capacidade contributiva está atrelada à demonstração de signos de riquezas, capazes de expressá-la, a serem identificados pelo legislador. Assim, com um olhar sobre fatos que tenham relevância adequada para fazer nascer a obrigação tributária, o legislador procura aqueles que possam ser avaliados segundo parâmetros econômicos e que traduzam valor em dinheiro, de modo que possa distribuir a carga tributária uniformemente dentre os contribuintes, sempre atrelado ao princípio da igualdade, já que poderá estabelecer proporcionalmente o grau de contribuição daqueles que praticaram o fato

---

[59] MELLO, Celso Antônio Bandeira de. *Conteúdo Jurídico do Princípio da Igualdade*. 3. ed. São Paulo: Malheiros, 1993, p. 41.

[60] FERRAGUT, Maria Rita. *Presunções no Direito Tributário*. São Paulo: Dialética, 2001, p. 95.

[61] DELGADO, José Augusto. Os Postulados e os Princípios na Constituição Federal de 1988. Aspectos Conceituais. In: VELLOSO, Carlos Mário da Silva; ROSAS, Roberto e outros (coord.). *Princípios Constitucionais Fundamentais:* Estudos em Homenagem ao Professor Ives Gandra da Silva Martins, p. 621-643.

imponível.[62] Neste caso, estamos diante da capacidade contributiva em sua acepção objetiva.

Luís Eduardo Schoueri entende que a capacidade contributiva, sob a perspectiva objetiva, abrange "o momento que concerne à delimitação da base imponível, ou seja, a escolha de quais elementos aferidores da economia individual formam a fonte do tributo."[63]

Sob o ponto de vista subjetivo, a capacidade contributiva expressa a aptidão de determinada pessoa contribuir, conforme suas possibilidades econômicas, funcionando, de um lado, como critério de graduação do imposto; e de outro, como limite ao poder de tributar.[64]

Nesse sentido, José Casalta Nabais observa que a capacidade contributiva abrange duas vertentes: por um lado, é concebida como pressuposto, condição, fonte ou substrato da tributação e, por outro, como parâmetro da tributação.[65]

Desse modo, esse princípio revela a exigência de que a tributação deve ser moldada a partir das riquezas dos contribuintes e "implica que cada lei tributária tenha por efeito atingir manifestações, ou aspectos dessa riqueza, sem destruir sua base criadora"[66], visando à consecução das finalidades do Estado.

Juraci Mourão Lopes Filho esclarece que:

> Nesse jogo de equilíbrio, a capacidade contributiva pesa em favor da liberdade do contribuinte, pois é um princípio (também em ambos os sentidos, de norma fundamental e mandado de otimização) que restringe as possibilidades de tributação apenas e tão somente aos

---

[62] CARVALHO, Paulo de Barros. *Direito Tributário*: linguagem e método. 4. ed. São Paulo: Noeses, 2011, p. 331-335.

[63] SCHOUERI, Luís Eduardo. *Normas Tributárias Indutoras e de Intervenção Econômica*. Rio de Janeiro: Forense, 2005, p. 282-283.

[64] COSTA, Regina Helena. *Praticabilidade e Justiça Tributária*: Exequibilidade de Lei Tributária e Direitos do Contribuinte. São Paulo: Malheiros, 2007, p. 26.

[65] NABAIS, José Casalta. *O dever fundamental de pagar impostos*. Coimbra: Almedina, 2004, p. 481.

[66] ATALIBA, Geraldo. Progressividade e capacidade contributiva. In: Princípios constitucionais tributários. Separata da Revista de Direito Tributário. São Paulo: IDEPE, 1991, p. 50 apud ANDRADE FILHO, Edmar Oliveira. *Planejamento Tributário*. 2. ed. rev., ampl. e atual. São Paulo: Saraiva, 2016, p. 82-83.

atos do contribuinte que demonstrem vigor econômico. Destaque-se: o Estado não é obrigado a tributar por causa da capacidade contributiva do particular, ele o é em função do dever que possui de implementar as políticas públicas inerentes às suas várias competências constitucionais, nos diversos níveis federativos.[67]

O princípio da capacidade contributiva orienta a interpretação das leis tributárias, não podendo representar um avanço do Fisco sobre o patrimônio do particular, tendo em vista não ser causa do poder tributante, e sim limite a ele, no sentido de autorizar a tributação sobre quem manifeste disposição econômica. Por isso, não se pode contrapor o princípio da capacidade contributiva ao planejamento tributário como se ambos estivessem em conflito, porque a discussão pauta-se não na busca da solução entre o choque de dois direitos fundamentais (liberdade *versus* capacidade contributiva), e sim, na identificação de como a liberdade individual pode ser restringida e sob qual justificativa.[68]

Em sentido divergente, Marco Aurélio Greco defende que o princípio da capacidade contributiva dirige-se, além do legislador, ao aplicador, servindo, no processo de interpretação, como critério iluminador do alcance concreto da lei, de modo a assegurar a maior eficácia possível aos preceitos existentes. E arremata:

> Quando digo que a capacidade contributiva vai iluminar a interpretação significa que ao interpretar determinado artigo da lei, não devo fazê-lo isoladamente, nem apenas como elemento que está conectado dentro de um conjunto formal. É preciso verificar qual manifestação de capacidade contributiva ele quer alcançar. A pergunta a fazer é se a previsão legal está qualificando o nome do contrato ou o perfil do contrato. Assim, da perspectiva da capacidade contributiva, quando

---

[67] LOPES FILHO, Juraci Mourão. O planejamento tributário no âmbito dos direitos e garantias fundamentais dos contribuintes. In: MACHADO, Hugo de Brito (Coord.). *Planejamento Tributário*. São Paulo: Malheiros: ICET, 2016, p. 418.

[68] LOPES FILHO, Juraci Mourão. O planejamento tributário no âmbito dos direitos e garantias fundamentais dos contribuintes. In: MACHADO, Hugo de Brito (Coord.). *Planejamento Tributário*. São Paulo: Malheiros: ICET, 2016, p. 418.

PLANEJAMENTO TRIBUTÁRIO

a lei estiver se referindo a compra e venda pode ser que ela não esteja se referindo ao nome "compra e venda", mas ao tipo de manifestação de capacidade contributiva que se dá através da compra e venda.[69]

Sob essa perspectiva, assim entende o referido doutrinador:

> Vale dizer, ambas (=igualdade geral e capacidade contributiva) estão informadas pelo princípio da solidariedade social; e as próprias liberdades individuais não são absolutas, encontrando seu temperamento, também, na solidariedade social.
> (...)
> Neste contexto, a igualdade tributária deixa de ser um princípio informador da tributação para se transformar em critério de distribuição da carga tributária, à vista da mesma manifestação de capacidade contributiva. Ou seja, a capacidade contributiva deixa de ser um desdobramento da igualdade, para se vincular diretamente à liberdade e à solidariedade no sentido da busca da justiça. Detectada a capacidade contributiva a ser captada pelo imposto, o poder de tributar deverá ser exercido positivamente no sentido de alcançá-la, ao mesmo tempo em que deverá atender a uma limitação, qual seja, fazê-lo com isonomia, sem discriminações. Em suma, isonomia é critério de atingimento da capacidade contributiva (pelo menos em se tratando de impostos) e parâmetro de aplicação e interpretação das normas que disciplinam o tributo.[70]

Nesse sentido, a capacidade contributiva teria atingido uma posição estrutural relevante, se desvinculando da igualdade tributária, porque inserida no art. 145, § 1º da CF/88 no âmbito dos princípios gerais da tributação, e não no das "limitações do poder de tributar", sendo utilizada pelo constituinte como "critério para implementação concreta o sistema". Sob esse enfoque, sob a égide da CF/46 e da CF/67, para se cumprir a igualdade tributária, deveria

---

[69] GRECO, Marco Aurélio. *Planejamento tributário*. 2. ed. São Paulo: Dialética, 2008, p. 328-329.
[70] GRECO, Marco Aurélio. *Planejamento tributário*. 2. ed. São Paulo: Dialética, 2008, p. 217-218.

PLANEJAMENTO TRIBUTÁRIO

ser observada a capacidade contributiva; com a vigência da CF/88, os impostos se justificam se respeitada a capacidade contributiva[71].

Por isso, a elisão fiscal deveria ser combatida, na medida em que seria um entrave para a realização, da melhor maneira possível, do princípio da capacidade contributiva.

Ocorre que essa linha, mesmo reconhecendo a existência do princípio da legalidade, propõe a restrição da função protetora desta ao exercício legal da liberdade de contratar, revelando o princípio da capacidade contributiva como fundamento positivo da tributação para além do exercício abusivo daquela liberdade[72], constrangendo o contribuinte que demonstre aptidão econômica à tributação[73], o que pode levar à pretensão de tributação por analogia, proibida pelo art. 108, § 1º, do CTN, alterando sua feição de limitação ao poder de tributar.

A capacidade contributiva não serve para autorizar o esgotamento de todas as possibilidades de tributação, que decorrem da legalidade, tendo em vista que cabe somente ao legislador escolher e pormenorizar os fatos sob o alcance da norma. Assim, havendo insuficiência da lei, não será a capacidade contributiva, como orientação interpretativa, que permitirá a invasão da liberdade, que somente poderá ser restringida, mediante lei.[74]

Sob essa perspectiva, não se deve permitir a desconsideração de formas jurídicas, manejadas pelo contribuinte, adequadas formal e materialmente com o ordenamento jurídico, sob pena de desequilibrar a relação entre os princípios da capacidade contributiva e da legalidade, em prejuízo deste.

Por isso mesmo, o princípio da capacidade contributiva não opera sem a lei tributária que lhe imprima máxima efetividade, otimizando o quanto possível a sua potencialidade normativa. Ocorre que essa intensificação deve ser promovida pelo legislador em razão de critérios valorativos orientados

---

[71] GRECO, Marco Aurélio. *Planejamento tributário*. 2. ed. São Paulo: Dialética, 2008, p. 215-216.

[72] XAVIER, Alberto. *Tipicidade da tributação, simulação e norma antielisiva*. São Paulo: Dialética, 2001, p. 105.

[73] LOPES FILHO, Juraci Mourão. O planejamento tributário no âmbito dos direitos e garantias fundamentais dos contribuintes. In: MACHADO, Hugo de Brito (Coord.). *Planejamento Tributário*. São Paulo: Malheiros: ICET, 2016, p. 419.

[74] LOPES FILHO, Juraci Mourão. O planejamento tributário no âmbito dos direitos e garantias fundamentais dos contribuintes. In: MACHADO, Hugo de Brito (Coord.). *Planejamento Tributário*. São Paulo: Malheiros: ICET, 2016, p. 419.

PLANEJAMENTO TRIBUTÁRIO

pela equidade geral. Por isso, se a lei admite certos casos ou situações não alcançados pela exação, cabe a mudança pela forma e instrumentos legítimos.[75]

Sob esse enfoque, no direito tributário, os negócios jurídicos privados "valem como 'fatos juridicamente qualificados', por serem objeto da materialidade descrita na hipótese normativa da norma tributária"[76], devendo seus efeitos serem respeitados, se em conformidade com o ordenamento jurídico. Se a lei tiver tributado o fato "X" e não houver fundamento legítimo para tratamento diferenciado, é o contribuinte que pode invocar a igualdade para se equiparar com o indivíduo que esteja na situação "Y"; e não o Estado pretender invocar a igualdade, sem a existência de lei, para tributar também o fato "Y".[77]

A superação da teoria da interpretação funcional da legislação tributária foi um alerta promovido por Antônio Roberto Sampaio Dória que rejeitava o fato de o intérprete, sob o argumento de aplicar o princípio da capacidade contributiva, tanto estende a lei que, na prática, substitui o próprio legislador.[78] Alberto Xavier elucida:

> Permitir-se que os princípios da capacidade contributiva e da igualdade tributária exorbitem das suas atuais funções de limites ao legislador ordinário, para conferir amplos poderes aos órgãos administrativos e jurisdicionais com vista a reprimir na fase da interpretação e da aplicação do Direito o negócio indireto fiscalmente menos oneroso, é porventura legítima preocupação da justiça material ou de engrossamento das receitas do Tesouro; mas é do mesmo passo, enfraquecer o significado político e econômico do princípio da legalidade tributária, retrocedendo no caminho da construção de uma sociedade em que o reconhecimento das liberdades civis e políticas, as vinculações

---

[75] ANDRADE FILHO, Edmar Oliveira. *Planejamento Tributário*. 2. ed. rev., ampl. e atual. São Paulo: Saraiva, 2016, p. 84.

[76] TÔRRES, Heleno Taveira. *Direito tributário e direito privado:* autonomia privada, simulação, elusão tributária. São Paulo: Revista dos Tribunais, 2003, p. 76.

[77] AMARO, Luciano da Silva. Planejamento tributário e evasão. In: *Planejamento fiscal:* teoria e prática. São Paulo: Dialética, 1995, p. 129.

[78] DÓRIA, Antônio Roberto Sampaio. Elisão e Evasão Fiscal. 2. ed. São Paulo: José Buskatsky, 1977, p. 93 apud ANDRADE, Leonardo Aguirra de. *Estruturação Elusiva de Atos e Negócios Jurídicos no Direito Tributário Brasileiro:* Limites ao Planejamento Tributário. Dissertação (Mestrado em Direito) – Faculdade de Direito, Universidade de São Paulo. São Paulo, p. 364. 2014.

das intervenções públicas e um melhor funcionamento da economia do mercado permitam uma mais plena expressão dos valores da personalidade.[79]

Alfredo Augusto Becker, no mesmo sentido, também criticando o posicionamento que utiliza a capacidade contributiva para elastecer a aplicação da incidência tributária, explica e exemplifica:

> mas dizer a priori e como regra geral, que – só porque a justificação do imposto é a existência de uma determinada capacidade contributiva – uma empreitada que produza efeitos econômicos análogos aos da venda deve, só por tal circunstância, ser tributada como venda porque demonstra uma igual capacidade contributiva, seria como dizer que um gato soriano deve ser considerado com um cão, para os feitos da aplicação do imposto sobre cães, unicamente porque o imposto sobre cães é um imposto direto que repercute a capacidade contributiva não menor que a demonstrada pela posse de um cão felpudo. É claro que um tal esquema lógico de raciocínio pode ser autorizado e concludente no plano econômico-financeiro, contudo é inadmissível no plano jurídico.[80]

Não se deve atribuir ao princípio da capacidade contributiva uma supremacia que implique a exterminação de todos os outros, abandonando-se o juízo de ponderação dos princípios para abraçar uma ideologia permeada pela arbitrariedade. No que se refere à capacidade contributiva, a lei mostra-se como filtro para impedir o arbítrio em detrimento da certeza jurídica, não podendo sobressair-se à própria lei, pois cabe somente ao legislador realizar sua revisão. Assim, embora seja lícito ao intérprete formular interpretação

---

[79] XAVIER, Alberto. A evasão fiscal legítima: o negócio jurídico indireto em direito fiscal. In: Revista de Direito Público, ano VI, n. 23, p. 251, jan./mar. 1973 apud NISHIOKA, Alexandre Naoki. *Planejamento Fiscal e Elusão Tributária na constituição e gestão de sociedades*: os limites da requalificação dos atos e negócios jurídicos pela Administração. Tese (Doutorado em Direito) – Faculdade de Direito, Universidade de São Paulo. São Paulo, p. 225. 2010.

[80] BECKER, Alfredo Augusto. *Teoria geral do direito tributário*. 3. ed. São Paulo: Lejus, 1998, p. 124.

PLANEJAMENTO TRIBUTÁRIO

valorativa, não pode menosprezar a existência da lei como norma geral e abstrata que confere direitos e deveres aos cidadãos e ao Estado.

Miguel Reale concebe importante reflexão sobre esse tema:

> Por mais que interpretação possa tirar partido da elasticidade normativa, preenchendo os vazios inevitáveis do sistema, deve ela sempre manter compatibilidade lógica e ética com o ordenamento jurídico positivo, excluída a possibilidade, *verbi gratia*, de recusar-se eficácia de uma regra de direito positivo a pretexto de colisão com ditames de uma justiça natural ou uma pesquisa sociológica. Não se pode, em suma, recusar eficácia às estruturas normativas objetivadas no processo concreto da história, sob pena de periclitar o valor da certeza jurídica, ao sabor de interpretações que refletem, não raro, posições subjetivas variáveis e incertas.[81]

Portanto, em razão da existência de alternativas interpretativas inerentes à lei, o Estado não pode adotar uma perspectiva hermenêutica que avance em direções que, ainda que tendo como ponto de partida o texto legal, imponham surpresas ou rompam com as expectativas legítimas dos contribuintes, sob a justificativa de ver fatos alcançados, em razão de sua expressão econômica e/ou dever de solidariedade social.

Isso porque a capacidade contributiva é vista como mecanismo de proteção da distribuição da carga tributária de maneira razoável, bem como mecanismo de determinação de critérios indispensáveis à preservação da fonte produtora de riqueza, referenciando-se como concretizadora da justiça do sistema tributário.[82] Ricardo Lobo Torres, nesse sentido, entende que "[...] cada um deve contribuir na proporção de suas rendas e haveres, independentemente de sua eventual disponibilidade financeira."[83]

---

[81] REALE, Miguel. Estados de filosofia e ciência do direito. São Paulo: Saraiva, 1978, p. 80 apud ANDRADE FILHO, Edmar Oliveira. *Planejamento Tributário*. 2. ed. rev., ampl. e atual. São Paulo: Saraiva, 2016, p. 84.

[82] ANDRADE FILHO, Edmar Oliveira. *Planejamento Tributário*. 2. ed. rev., ampl. e atual. São Paulo: Saraiva, 2016, p. 83.

[83] TORRES, Ricardo Lobo. *Curso de Direito Financeiro e Tributário*. 11. ed. Rio de Janeiro: Renovar, 2004, p. 79.

PLANEJAMENTO TRIBUTÁRIO

Assim, a ideia de justiça social em função da tributação relaciona-se ao princípio da solidariedade social, revelada como um vetor, previsto como princípio fundamental, para justificação e legitimação da imposição dos tributos àqueles que possuem mais capacidade de participar do rateio das despesas do Estado, que proporciona serviços e ações em prol do bem estar da coletividade, introduz um juízo comum de reprovação às práticas elisivas.

Nesse sentido, Marco Aurélio Greco afirma que "o fundamento do tributo é o dever social ou cívico de solidariedade que se atende pelo ato de contribuir para as despesas públicas de acordo com a capacidade contributiva", entendendo que a liberdade do contribuinte ao planejamento tributário não pode atropelar a capacidade contributiva pura e simplesmente para escapar à tributação, que deve haver se e na medida em que ocorrer manifestação da capacidade contributiva.[84]

Ocorre que, no campo do direito tributário, o valor da solidariedade não exsurge da consciência altruística de cada uma na contribuição de cada um com seu patrimônio individual para satisfazer as despesas do estado, sendo fruto de imposição por meio de normas jurídicas, que estabelece o dever de todos participarem dos encargos que o Estado suporta para atingir o interesse público, mediante coerção. Disso decorre que a solidariedade não tem nenhuma relação com o dever de pagar tributos, consequência de uma exigência legal, que surge com a prática do fato gerador e cujo descumprimento implicará na aplicação da sanção prevista.

Nessa seara, não existe solidariedade fraternal, mas sim fiscal ou tributária, em que o sujeito contribui em razão de uma circunstância externa que independe de sua vontade, a partir da prática do fato gerador previsto em lei. Assim, o sujeito é requisitado, por meio da lei, a ser solidário, de maneira objetiva a participar com suas riquezas do custo social suportado pelo Estado, não sendo necessário seu conhecimento sobre o sentido de alteridade intrínseco à solidariedade, que se apresenta vazia de conteúdo moral ou ético. Sobre o assunto, explica Edmar Oliveira Andrade Filho:

---

[84] GRECO, Marco Aurélio. Do poder à função In: FERRAZ, Roberto (Coord.). *Princípios e Limites da Tributação 2 – Os Princípios da Ordem Econômica e a Tributação*. São Paulo: Quartier Latin, 2009, p. 165-176.

Antes de discorrer sobre a função desse princípio na ordem jurídica, é conveniente salientar que ele não legitima *prima facie* um suposto dever fundamental de pagar impostos; afinal, a vida em comunidade exige a observância da ordem jurídica legitimamente posta e de onde provêm obrigações e direitos do Estado e dos cidadãos. Logo, é razoável inferir que o dever tributário não está colocado em posição de proeminência perante a sociedade, na medida em que é uma simples decorrência do princípio do *neminen laedere*, segundo o qual as pessoas que vivem em comunidade não devem causar dano a outrem. O Estado tem o direito de arrecadar os tributos nos limites da lei; logo o dever tributário consiste em respeitar esse direito, que – convém insistir – decorre da lei posta pelos próprios representantes dos cidadãos e não porque o tributo é algo sacro ou divino. Enfim, o tributo foi feito para o homem e não o homem para o tributo.[85]

As concepções de solidariedade e de capacidade contributiva, mesmo quando relacionadas à busca do interesse público pelo Estado, não o coloca, enquanto arrecadador, em posição de superioridade em detrimento dos contribuintes. Isso porque a soberania fiscal não decorre da vontade do Estado, mas da lei.[86]

Humberto Ávila expõe com clareza essa linha de raciocínio:

Os contribuintes jamais podem ser tributados com base em considerações gerais sobre igualdade ou solidariedade; eles somente podem ser tributados com base naquilo que foi instituído na lei instituidora do encargo ou da desoneração.[87]

---

[85] ANDRADE FILHO, Edmar Oliveira. *Planejamento Tributário*. 2. ed. rev., ampl. e atual. São Paulo: Saraiva, 2016, 41.

[86] NAWIASKY, Hans. *Cuestiones fundamentales de derecho tributario*. Madrid: IEF, 1982, p. 53 apud ANDRADE FILHO, Edmar Oliveira. *Planejamento Tributário*. 2. ed. rev., ampl. e atual. São Paulo: Saraiva, 2016, p. 45.

[87] ÁVILA, Humberto. Ágio com fundamento em rentabilidade futura. Empresas do mesmo grupo. Aquisição mediante conferência em ações. Direito à amortização. Licitude formal e material do planejamento. *Revista Dialética de Direito Tributário*. RDDT 205/174. São Paulo: Dialética, 2012.

PLANEJAMENTO TRIBUTÁRIO

Desse modo, como no Sistema Tributário Nacional as obrigações tributárias decorrem da lei, mostra-se inviável a aplicação da regra de "dever fundamental de pagar impostos"[88], tendo o princípio da solidariedade, que dá suporte à capacidade contributiva, pouca aplicabilidade no que tange à realização de planejamento tributário.

2.2.3 Princípio da Livre Iniciativa Econômica como Fundamento do Direito e do Dever do Planejamento Tributário

Elemento essencial ao Estado Democrático de Direito, a liberdade do contribuinte de auto-organizar-se vem consagrada no art. 170, da CF/88, que estatui o princípio da livre iniciativa econômica; no art. 5º, XXII, da CF/88 que trata do direito de propriedade, permitindo a disposição do seu patrimônio da maneira que entender cabível; bem como encontra fundamento na autonomia privada, que confere poderes aos particulares de normatizar as relações jurídicas das quais participam.[89]

Assegura Alberto Xavier:

O direito de liberdade econômica, de livre iniciativa ou de liberdade de empresa – reconhecido como fundamento da República Federativa do Brasil, logo no art. 1º, e como fundamento da ordem econômica, no art. 170 da Constituição – tem como corolário o princípio da liberdade de contratar, que é também direito fundamental. Liberdade significa alternativa de comportamentos, pelo quê a liberdade de contratar é não só a possibilidade de opção entre uma pluralidade de

---

[88] SACHIETTO, Cláudio. "O Dever de Solidariedade no Direito Tributário: o Ordenamento Italiano" In: GRECO, Marco Aurélio; GODOI, Marciano SEABRA de. (Coord.). *Solidariedade Social e Tributação*. São Paulo: Dialética, 2005, p. 9-52.

[89] CAMINHOTO, Rita Diniz. A livre iniciativa e a autonomia privada no direito tributário: elisão e evasão fiscais e planejamento tributário versus art. 116, parágrafo único, do CTN. In: MENDONÇA, Maria Lírida Calou de Araújo; MURTA, Antônio Carlos Diniz; GASSEN, Valcir. *Direito Tributário e Financeiro II*. Organização COMPEDI/UFMG/FUMEC/ Dom Helder Câmara. Florianópolis: COMPEDI, 2015, p. 359-360. Disponível em: <file:///F:/ DISSERTAÇÃO%20PLANEJAMENTO%20TRIBUTÁRIO/DISSERTAÇÃO%20-%20CAPÍ-TULO%20I/LIVRE%20INICIATIVA%20E%20PLANEJAMENTO%20TRIBUTÁRIO%20 COMPEDI.pdf>. Acesso em: 07 set. 2018.

tipos ou modelos negociais (as "formas" de que fala o Direito Alemão) que o direito privado oferece para a realização do escopo prático dos particulares, mas também a liberdade de configuração dos mesmos (Gestaltungsfreiheit) ao abrigo da autonomia da vontade. A liberdade fiscal ou liberdade de opção fiscal é precisamente a garantia de que as opções alternativas no terreno do direito privado têm como únicas consequências tributárias aquelas que resultam taxativamente da lei (princípio da tipicidade), com exclusão de quaisquer outras, pelo quê os particulares se podem mover livremente, com segurança, para além das zonas rigidamente demarcadas pelos tipos legais de tributos.[90]

A livre iniciativa e livre concorrência, que permitem o direito de empreender, são vistas como favorecedoras das eficiências alocativa e produtiva[91], conferindo legitimidade e fundamento ético ao planejamento tributário, tendo em vista que ninguém pode ser censurado por objetivar buscar a eficiência e, respeitados os limites da ordem jurídica, reduzir o quanto possível o montante da carga tributária. O direito de ser eficiente é direito fundamental e, ao mesmo tempo, se revela como uma imposição da ordem social, que premia os eficientes e exclui os ineficientes. Dessa forma, o planejamento tributário situa-se como um direito de proteção eficiente aos interesses individuais, que permite a busca de redução de valores e aumento da lucratividade, sempre dentro dos limites da legislação, tendo em vista que a ordem jurídica os protege, tal como o faz com os interesses da coletividade.[92]

Disso decorre que as empresas têm o direito de perseguir o lucro e escolher livremente qual a estruturação do ato ou negócio jurídico adotará para atingir esse objetivo. Sendo lícitos e permitidos, os objetivos empresariais, que promovam efetiva produção e circulação de riquezas, resultarão uma economia legítima. Ou seja: se houver dois ou mais meios para desenvolver

---

[90] XAVIER, Alberto. *Tipicidade da tributação, simulação e norma antielisiva.* São Paulo: Dialética, 2001, p 42.

[91] SZTAJN, Rachel. *Teoria jurídica da empresa.* Atividade empresária e mercados. 2. ed. São Paulo: Atlas, 2010, p. 11.

[92] ANDRADE FILHO, Edmar Oliveira. *Planejamento Tributário.* 2. ed. rev., ampl. e atual. São Paulo: Saraiva, 2016, p. 93-94.

PLANEJAMENTO TRIBUTÁRIO

um negócio válido, será lícito, e até recomendável, que a empresa escolha o menos oneroso em termos tributários.

Conforme ensina Mary Elbe Queiroz, o planejamento tributário é "a prática ou comportamento adotado para a boa gestão dos negócios, no sentido da auto-organização administrativo-financeira da empresa, com vista à obtenção da maximização de resultados (lucros)." Isso pode ser concretizado com políticas de gestão empresarial que reduzam custos de mão de obra, custos administrativos e financeiros e custo tributário, de maneira que a empresa tenha condições de obter um resultado mais favorável, prevenindo-se de uma diminuição patrimonial e colocando-se de forma mais competitiva no mercado[93].

Os administradores, curvados à essência da sociedade empresária que visa lucro, estão obrigados a agir para a realização, da melhor forma possível, do princípio da lucratividade, imanente do próprio direito positivo, como prescreve o art. 981, do Código Civil – CC/02. Da mesma forma, o art. 966, parágrafo único, do CC/02, que prevê a criação de sociedade simples por pessoas que intentam exercer atividade econômica típica de profissão intelectual de natureza científica, literária ou artística, podem fazê-lo de forma empresarial ou não, mas de qualquer forma, está presente a obtenção de lucro. Na sociedade por ações, o princípio da lucratividade vem disposto no art. 2º, da Lei 6.404/76, que institui o lucro como parâmetro de verificação da responsabilidade dos administradores e do acionista controlador, em face dos demais acionistas e titulares de direitos de participação em resultados, sendo contrário ao interesse da sociedade ato ou negócio que diminua seu patrimônio sem justa contrapartida ou que vise a subtrair da sociedade qualquer espécie de rendimento que lhe pertença, em detrimento da lucratividade.[94]

Nessa seara, o planejamento tributário converte-se em um dever, tendo em vista que cabe ao administrador da empresa adotar todas as medidas que,

---

[93] QUEIROZ, Mary Elbe. O planejamento tributário: procedimentos lícitos, o abuso, a fraude e a simulação. In: GRUPENMACHER; CAVALCANTE; RIBEIRO; QUEIROZ (org.). *Novos horizontes da tributação:* um diálogo luso-brasileiro. Cadernos IDEFF Internacional. Coimbra: Almedina, 2012, p. 359.

[94] ANDRADE FILHO, Edmar Oliveira. *Planejamento Tributário.* 2. ed. rev., ampl. e atual. São Paulo: Saraiva, 2016, p. 95-96.

PLANEJAMENTO TRIBUTÁRIO

em observância ao ordenamento jurídico, lhe sejam favoráveis, uma vez que sempre deve visar o crescimento e cumprimento da função social da sociedade empresária, não podendo, dessa forma, ser compelido a escolher entre alternativas que alcance a maior carga tributária.[95] O art. 1.011, do CC/02, cujo teor com tal prescrição também é encontrado no art. 153, da Lei 6.404/76, dispõe que: "O administrador da sociedade deverá ter, no exercício de suas funções, o cuidado e a diligência que todo homem ativo e probo costuma empregar na administração de seus próprios negócios."

Esse dever de eficiência atribuído a todo administrador revela a finalidade de que, adequando-se à ordem jurídica segundo critérios de boa-fé e lealdade, seja eficiente, ou seja, além do respeito ao princípio da economicidade (a melhor relação entre custo/benefício), abrange a busca pela melhoria contínua dos processos econômicos de produção e distribuição de bens, impondo a adoção de medidas de planejamento tributário. Nas palavras de Edmar Oliveira Andrade Filho:

> afinal, se este pressupõe – sempre – ações ou omissões lícitas que sejam adotadas antes da ocorrência do fato gerador e que observa as formas e as condições exigidas em lei e não causa prejuízo ao estado arrecadador, ele está inserido no âmbito do "dever de diligência" e lealdade que é inerente à condição de administrador.[96]

Desse modo, a estruturação preventiva dos negócios jurídicos é permitida, uma vez que a livre iniciativa está prevista na ordem econômica e o autogoverno da esfera privada se traduz no direito de escolher a melhor forma dos atos que possuem repercussão econômica, mormente aqueles que não se enquadrem nas normas jurídico-tributárias. Obviamente que, se não se enquadrar na hipótese da regra matriz de incidência tributária, tendo em vista o princípio da estrita legalidade e da tipicidade fechada, desde que não verificadas condutas abusivas, não podem ser considerados inválidos e ilícitos,

[95] ANDRADE FILHO, Edmar Oliveira. *Planejamento Tributário*. 2. ed. rev., ampl. e atual. São Paulo: Saraiva, 2016, p. 97.
[96] ANDRADE FILHO, Edmar Oliveira. *Planejamento Tributário*. 2. ed. rev., ampl. e atual. São Paulo: Saraiva, 2016, p. 100.

somente por apresentar resultado econômico semelhante àqueles que ensejariam o nascimento da obrigação tributária.[97]

O combate ao abuso é uma opção de política fiscal, cuja aplicação necessita de autorização legislativa, não podendo simplesmente resultar de ativismo administrativo ou jurisprudencial.[98] Disso decorre que a limitação da liberdade de auto-organização do contribuinte só pode ser realizada mediante lei que traga uma ponderação abstrata dos princípios que fundamentam direitos concorrentes (legalidade, tipicidade, segurança jurídica, autonomia privada e livre iniciativa *versus* isonomia e capacidade contributiva), não podendo autorizar a tributação sem prévia cominação legal, em razão de estar proibida por regra fundamental que não pode ser relativizada.[99]

2.3 Limites à Estruturação do Planejamento Tributário

Subjacente às discussões sobre o planejamento tributário, estão as questões ligadas às patologias dos negócios jurídicos, tais como simulação, abuso de direito, abuso de formas, fraude à lei, bem como à causa do negócio jurídico na investigação do seu propósito negocial e à interpretação econômica da legislação tributária, com o objetivo de verificar sua eventual compatibilidade com o ordenamento jurídico.

---

[97] CAMINHOTO, Rita Diniz. A livre iniciativa e a autonomia privada no direito tributário: elisão e evasão fiscais e planejamento tributário versus art. 116, parágrafo único, do CTN, p. 364-365. In: MENDONÇA, Maria Lírida Calou de Araújo; MURTA, Antônio Carlos Diniz; GASSEN, Valcir. *Direito Tributário e Financeiro II*. Organização COMPEDI/UFMG/FUMEC/Dom Helder Câmara. Florianópolis: COMPEDI, 2015. Disponível em: <file:///F:/DISSERTAÇÃO%20PLANEJAMENTO%20TRIBUTÁRIO/DISSERTAÇÃO%20-%20CAPÍTULO%20I/LIVRE%20INICIATIVA%20E%20PLANEJAMENTO%20TRIBUTÁRIO%20COMPEDI.pdf>. Acesso em: 07 set. 2018.

[98] QUEIROZ, Mary Elbe. O planejamento tributário: procedimentos lícitos, o abuso, a fraude e a simulação. In: GRUPENMACHER; CAVALCANTE; RIBEIRO; QUEIROZ (org.). *Novos horizontes da tributação:* um diálogo luso-brasileiro. Cadernos IDEFF Internacional. Coimbra: Almedina, 2012, p. 335.

[99] LOPES FILHO, Juraci Mourão. O planejamento tributário no âmbito dos direitos e garantias fundamentais dos contribuintes. In: MACHADO, Hugo de Brito (Coord.). *Planejamento Tributário*. São Paulo: Malheiros: ICET, 2016, p. 417.

PLANEJAMENTO TRIBUTÁRIO

Apresentando um rompimento com o formalismo legalista, muitas vezes utilizado em matéria tributária, o argumento é de que os atos e negócios não devem ser interpretados com base no texto de suas cláusulas, mas devem ser analisados em razão da sua causa, finalidade e funcionalidade.[100]

Para a análise de fatos geradores relacionados a "situações de fato" seria permitida uma verificação mais aprofundada da materialidade concreta exteriorizada pelas formas jurídicas eleitas pelo contribuinte. Em razão do princípio da autonomia privada, atos e negócios jurídicos, que sejam formal e materialmente adequados à ordem jurídica, devem ser respeitados, afastando--se a possibilidade da Administração qualificar as situações concretas examinadas de maneira desvinculada dos atos e negócios realizados.

Pode-se afirmar, assim, que apenas quando forem constatados e, efetivamente, comprovados os vícios ou os defeitos nos negócios jurídicos determinantes para a configuração da situação de fato tida como fato gerador, é que poderá haver a investigação a ela inerente para tributá-la desconsiderando as formas jurídicas empregadas.

Nesse caso, a legitimidade do planejamento tributário estaria submetida à validação da relação existente entre a forma e substância, estabelecendo as condições jurídicas acerca da existência, validade e eficácia dos atos e negócios jurídicos. No caso concreto, se o aplicador ou intérprete concluir que a intenção das partes não corresponde ao que está declarado por elas, pode afastar a forma em prol da substância.[101]

Para Heleno Taveira Tôrres, o princípio da autonomia privada poderia ser relativizado nos casos em que os contribuintes, na busca pela economia fiscal, realizam atos ou negócios simulados, fraudulentos ou destituídos de causa que, tendo a natureza de ilícitos atípicos, seriam ineficazes perante o fisco. Para tanto, seria necessário analisar a idoneidade do negócio jurídico realizado, "sua adequação e licitude e se ele é instrumento hábil para alcançar o objetivo pretendido", ou seja, deve-se "confirmar a funcionalidade da forma

---

[100] TÔRRES, Heleno Taveira. *Direito tributário e direito privado*: autonomia privada, simulação, elusão tributária. São Paulo: Revista dos Tribunais, 2003, p. 140-141.

[101] ANDRADE FILHO, Edmar Oliveira. *Imposto de Renda das Empresas*. 7. ed. São Paulo: Atlas, 2010, p. 767.

PLANEJAMENTO TRIBUTÁRIO

em relação à 'causa' do negócio jurídico, visado pelas partes, em relação ao qual o resultado auferido estaria sujeito à tributação."[102]

A ineficácia dos atos e negócios jurídicos praticados, tendo em conta a sua dissociação entre forma e conteúdo, "contamina" a conduta do contribuinte, retirando a proteção jurídica do que foi por ele realizado.[103] Sendo assim, a forma utilizada pelo contribuinte seria insuficiente para garantir o impedimento de o fisco investigar as manifestações de capacidade contributiva para fatos submetidos à hipótese de incidência, de maneira a desconsiderá-la.

Ressalte-se, ainda, que a jurisprudência, principalmente administrativa, não se limita a conceitos fechados das patologias dos negócios jurídicos. Em outras palavras, os conceitos jurídicos como "simulação", "fraude à lei" e "abuso de direito" não são absolutamente fechados e os julgadores decidem dando prioridade à principiologia em detrimento ao conceito, revelando um alinhamento à evolução da fase da jurisprudência dos conceitos para a jurisprudência dos valores. Dessa forma, a consequência é a incidência da lei pertinente sobre o "negócio real", ou melhor, daquele negócio que o julgador pensa ser o real – "ideologia da incidência", o que muitas vezes atribui-lhe uma discricionariedade exacerbada, podendo ser instaurada uma insegurança jurídica ao ordenamento.[104]

Nessa senda, importante destacar, no que se refere ao tema abordado nessa pesquisa, que a administração, julgando pelo abuso de direito e simulação na constituição de pessoas jurídicas para prestação de serviços de natureza artística, cultural, científica e intelectual – profissão regulamentada, como a dos médicos –, visando somente à redução de tributos, consideram que os rendimentos auferidos na prestação das atividades devem ser tributados na pessoa física.

Ocorre que o art. 129, da Lei 11.196/2005, esclarece que os rendimentos decorrentes da prestação de serviços intelectuais, mesmo de caráter personalíssimo, sujeitam-se à tributação aplicável à pessoa jurídica, seja sociedade ou EIRELI. Nesse último caso, a EIRELI foi criada (art. 980-A, do CC/02),

---

[102] TÔRRES, Heleno Taveira. *Direito tributário e direito privado:* autonomia privada, simulação, elusão tributária. São Paulo: Revista dos Tribunais, 2003, p. 198.

[103] GRECO, Marco Aurélio. *Planejamento tributário.* 2. ed. São Paulo: Dialética, 2008, p. 114.

[104] NOBRE, César Augusto Di Natale. *A terceirização como planejamento tributário.* São Paulo: Verbatim, 2011, p. 42-43.

PLANEJAMENTO TRIBUTÁRIO

justamente, para que o único sócio possa explorar atividade individual e pessoal sem colocar em risco seu patrimônio pessoal, não havendo óbice atribuir direitos personalíssimos a essa pessoa jurídica (art. 980-A, §5º, do CC/02) e a tributação recair sobre ela.

A discussão sobre a legitimidade da constituição da pessoa jurídica, sob a forma de EIRELI, nesses casos, perpassa pela avaliação se ela distorce uma relação de trabalho e busca incorrer em menor carga tributária – cuja consequência seria sua desconsideração para tributação na pessoa física; ou se realmente é criada para viabilizar a separação patrimonial e a limitação da responsabilidade do sócio no exercício da respectiva atividade.

Em razão disso, buscando entender quais os limites que devem ser observados tanto pelo fisco quanto pelos contribuintes, no que tange à estruturação de planejamento tributário, se faz necessária a análise dos critérios aplicáveis aos atos e negócios jurídicos a ele inerentes.

2.3.1 Patologias do Negócio Jurídico

2.3.1.1 Simulação e Dissimulação

Clóvis Beviláqua expõe que "simulação é uma declaração enganosa da vontade visando produzir efeito diverso do ostensivamente indicado."[105] O negócio simulado é aquele que tem uma aparência contrária à realidade, ou porque não existe em absoluto ou porque é diferente em sua aparência.[106] Antônio Roberto Sampaio Dória ensina que a simulação apresenta-se na deformação consciente e desejada da declaração de vontade, produzida com o concurso das partes que participaram da edição do negócio a qual se dirige, com o objetivo de induzir terceiros em engano, que sob o ponto de vista tributário, seria o próprio Estado.[107]

---

[105] BEVILÁQUA, Clóvis. Teoria Geral do direito civil. 3. Ed. Rio de Janiro: MJNI, 1966, p. 239 apud ANDRADE FILHO, Edmar Oliveira. *Planejamento Tributário*. 2. ed. rev., ampl. e atual. São Paulo: Saraiva, 2016, p. 188.

[106] FERRARA, Francesco. A simulação dos negócios jurídicos. Campinas: Red Livros, 1999, p. 51 apud ANDRADE FILHO, Edmar Oliveira. *Planejamento Tributário*. 2. ed. rev., ampl. e atual. São Paulo: Saraiva, 2016, p. 188.

[107] DÓRIA, Antônio Roberto Sampaio. Elisão e Evasão Fiscal. 2. ed. São Paulo: José Buskatsky, 1977, p. 62 apud ANDRADE, Leonardo Aguirra de. *Estruturação Elusiva de Atos e Negócios*

Oriunda do Direito Civil, especificamente do art. 167, do CC/02, a simulação compreende a celebração de um negócio jurídico aparente pelas partes (simulado), que se sobrepõe a outro negócio não aparente (dissimulado), ou seja, o negócio jurídico aparente celebrado entre as partes encoberta a sua vontade real.

Nas palavras de Carlos Roberto Gonçalves, "a simulação é uma declaração falsa, enganosa da vontade, visando a aparentar negócio diverso do efetivamente desejado." E continua: "simular significa fingir, enganar. Negócio simulado, assim, é o que tem aparência contrária à realidade."[108]

Caio Mário da Silva Pereira entende que o cerne da simulação redunda-se no conteúdo da manifestação de vontade. Assim, pode-se fazer uma distinção entre simulação absoluta e relativa. Na primeira, o ato é inexistente, ou seja, o agente aparentemente fez algo, mas na realidade, não o fez. Na simulação relativa, ou dissimulação, o ato é mentiroso quanto a seu conteúdo, contemplando a situação em que o negócio tem por objeto encobrir outro de natureza distinta (contrato de compra e venda realizado para encobrir uma doação), bem como a situação de atribuição ou transmissão de direitos a pessoas diversas daquelas às quais realmente se atribuem ou se transmitem (venda realizada a terceiro para que transmita o bem ao descendente do vendedor, a quem este buscava transferir).[109]

O adjetivo "relativa" atribuído à simulação se justifica em razão de um ato relativamente inexistente, pois inexiste como se exterioriza, entretanto existe de outra maneira, ou seja, o negócio dissimulado é aquele que oculta o que na realidade se quis construir, apresentando-se com um aspecto que não é real ou verdadeiro.

Cumpre destacar que na dissimulação, a par da forma que exterioriza o negócio simulado, cuja constituição cabe às partes, é possível que haja sua desconsideração pela Administração, quando verificado o negócio jurídico efetivamente encoberto pelo embuste. Reconhece-se que não é fácil o trabalho

---

Jurídicos no Direito Tributário Brasileiro: Limites ao Planejamento Tributário. Dissertação (Mestrado em Direito) – Faculdade de Direito, Universidade de São Paulo. São Paulo, p. 364. 2014.

[108] GONÇALVES, Carlos Roberto. *Direito Civil Brasileiro – Parte Geral*, vol. I. São Paulo: Saraiva, 2003, p. 436.

[109] PEREIRA, Caio Mário da Silva. *Instituições de Direito Civil*. Volume I. Rio de Janeiro: Forense, 2005, p. 637.

PLANEJAMENTO TRIBUTÁRIO

de comprovar, mediante linguagem das provas, a existência de eventual desvirtuamento de vontade das partes envolvidas no negócio, não sendo suficiente aduzir a suposta aparência de um comportamento ou negócio.[110] Nesse passo, a prova assume destacada importância, uma vez que devem ser considerados aspectos cruciais como a legalidade na sua produção e a observância de critérios objetivos na instrução do processo administrativo de apuração da simulação.

Pertinente, portanto, a interpretação combinada do art. 167 e art. 170, ambos do CC/02, para se entender que a razão determinante da subsistência do negócio dissimulado não é a vontade das partes, mas o fim que visaram, dando prioridade aos elementos que indicam o que realmente foi por elas realizado, e não o que elas quiseram realizar. Sob essa perspectiva, no entendimento de Marco Aurélio Greco, o novo critério que se deve analisar no vício simulatório não é o vício de vontade, mas o vício do motivo ou da causa do negócio jurídico.[111]

Nessa linha, verificar a causa e a finalidade do negócio jurídica passa a ser o paradigma para constatar a ocorrência ou não da simulação. Aplicar essa regra na qualificação dos atos e negócios jurídicos, substratos do planejamento tributário, implica em analisar necessariamente se há, além de uma dualidade de vontades, um motivo real que não corresponda a um motivo aparente. Em outras palavras, admite-se como prova da simulação a comprovação cabal de que o negócio jurídico não possui motivo para sua justificação ou que sua finalidade é inexistente ou distancia daquela apresentada pelas partes.[112]

José Juan Ferrero Laptza entende que os negócios sem causa equivalem a negócios simulados:

> Ou a causa típica, geral, abstrata e suficiente de um negócio existe e, portanto, só se pode falar, neste caso – porque o negócio existe e configura o "fato" tipificado como fato imponível pela lei – de "economia

---

[110] TOMÉ, Fabiana Del Padre. *A Prova no Direito Tributário*. São Paulo: Noeses, 2005, p. 305.

[111] GRECO, Marco Aurélio. *Planejamento tributário*. 2. ed. São Paulo: Dialética, 2008, p. 523.

[112] GRECO, Marco Aurélio. *Planejamento tributário*. 2. ed. São Paulo: Dialética, 2008, p. 267.

PLANEJAMENTO TRIBUTÁRIO

de opção"; ou a causa não existe e tampouco existe o negócio, e com isso só se poderá falar de simulação.[113]

Sob o ponto de vista tributário, o parágrafo único do art. 116, do CTN incluído pela Lei Complementar 104/2001[114], se compatibiliza com a sistemática da preservação do negócio dissimulado – apesar da nulidade do negócio simulado – conforme as previsões do CC/02, na medida em que confere à autoridade tributária o poder de ignorar o ato ou negócio simulado e considerar, para fins tributários, o negócio dissimulado. Sob essa perspectiva, o parágrafo único, do art. 116, do CTN somente poderá ser aplicado nos casos em que a administração tributária comprovar a prática de conduta que visa afastar a incidência da norma tributária, por meio da dissimulação, ou seja, da prova de que o negócio aparente esconde o negócio verdadeiro que dá origem à obrigação tributária.

O exame da simulação ganha relevo no estabelecimento de limites à estruturação do planejamento tributário, ao se considerar a concepção segundo a qual a simulação teria um vício de causa. A análise dos atos e negócios jurídicos, à luz das relações entre vontade do negócio e finalidade da norma mostra-se necessária para se compreender a causa como critério de legitimação da estruturação do planejamento tributário.

2.3.1.2 Fraude à Lei

A fraude à lei consiste na violação do ordenamento jurídico, utilizando-se de manobra ardilosa para acobertar o descumprimento de norma jurídica.[115] O agente pratica ato aparentemente lícito, porém com a intenção de burlar

---

[113] LAPTZA, José Juan Ferrero. *Direito tributário*: teoria geral do tributo. Barueri: Manole; Espanha: Marcial Pons, 2007, p. 99.

[114] Art. 116. Parágrafo único. A autoridade administrativa poderá desconsiderar atos ou negócios jurídicos praticados com a finalidade de dissimular a ocorrência do fato gerador do tributo ou a natureza dos elementos constitutivos da obrigação tributária, observados os procedimentos a serem estabelecidos em lei ordinária. (Incluído pela Lcp nº 104, de 2001)

[115] QUEIROZ, Luís Cesar Souza de. Limites do Planejamento Tributário. In: SCHOUERI, Luís Eduardo (Coord.). *Direito Tributário*: Homenagem a Paulo de Barros Carvalho. São Paulo: Quartier, 2008, p. 736-779, p. 742-743.

PLANEJAMENTO TRIBUTÁRIO

uma norma imperativa ou cogente do ordenamento jurídico, conforme prescrito no art. 166, VI, do CC/02[116], que o fulmina com a nulidade.

O ato jurídico praticado em fraude à lei possui defeito por não respeitar a vontade exteriorizada, preocupando-se apenas com sua finalidade. Portanto, a fraude manifesta-se como um vício que contamina o negócio, culminando com a ilegalidade do fim almejado e, consequentemente, com sua nulidade.[117]

Heleno Taveira Tôrres difere "fraude à lei" de "fraude contra a lei". Configura atos *contra legem* quando o agente o pratica de forma deliberada para violar preceito leal cogente; enquanto na fraude à lei, o ato violador à lei é praticado de modo indireto, na tentativa de afastar-se de sua incidência para se acobertar em outra mais benéfica.[118]

Nessa seara, surgem duas teorias para explicar o instituto de fraude à lei: a subjetivista, que se prende ao elemento intelectual ou volitivo, ou seja, à prova de que as partes agiram com a intenção de esquivar à aplicação da lei; e a objetivista relaciona-se com o negócio jurídico, afirmando que a simples existência do ato fraudulento é motivo para sua qualificação.

No direito tributário, a fraude à lei teve sua gênese na Espanha, estando, no Brasil, descrita no art. 72, da Lei 4.502/64[119], como sendo "toda ação ou omissão dolosa tendente a impedir ou retardar, total ou parcialmente, a ocorrência do fato gerador da obrigação tributária principal, ou a excluir ou modificar as suas características essenciais, de modo a reduzir o montante do imposto devido a evitar ou diferir o seu pagamento."

A fraude referida no texto normativo traduz-se em comportamento (omissivo ou comissivo) doloso, mediante a utilização de manobras pérfidas e traiçoeiras que contrariam, frontalmente normas prescritivas de natureza tributária, com a finalidade de ludibriar o Estado, ora impedindo ou postergando

---

[116] Art. 166. É nulo o negócio jurídico quando:
VI – tiver por objetivo fraudar lei imperativa;
[117] CARVALHO, Ivo César Barreto de. Planejamento Tributário. In: MACHADO, Hugo de Brito (Coord.). *Planejamento Tributário*. São Paulo: Malheiros: ICET, 2016, p. 323.
[118] TÔRRES, Heleno Taveira. *Direito tributário e direito privado*: autonomia privada, simulação, elusão tributária. São Paulo: Revista dos Tribunais, 2003, p. 338-339.
[119] Cf. entre outros dispositivos: art. 652, do decreto 7.212/2010 (IPI); art. 957, II, do Decreto 3.000/1999 (RIR); art. 618, V, do decreto 6.759/2009 (Imposto de Importação e Imposto de Exportação).

(no todo ou em parte) a ocorrência do fato jurídico tributário, ora excluindo ou alterando os critérios da relação jurídico-tributária (quantitativo, pessoal, territorial ou temporal) para diminuir o *quantum* do tributo devido ou para postergar seu recolhimento.[120] Cometer fraude é alterar propositalmente a verdade; é expor algo que não existe concreta e juridicamente.

Conforme ensina Emílio Betti, negócio com "fraude à lei" revela-se "quando o ato do indivíduo, embora ressalvadas as aparências e respeitando a letra da lei, consegue violar-lhe o preceito, segundo o seu espírito."[121] A fraude à lei pode ser decomposta em dois elementos: i. a analogia do resultado obtido com aquele que é proibido; e ii. a evasão dos efeitos da norma imperativa.[122]

Luís Eduardo Schoueri leciona que não há norma que não seja imperativa, devendo esse comando ser compreendido como a intolerância a outro comportamento que não aquele contemplado na lei. Desse modo, a concepção de "fraude à lei imperativa" se aplicaria apenas às normas cujo antecedente contém conteúdo imperativo, consubstanciado no comando determinante de conduta obrigatória ou proibitória. Assim, a fraude à lei não seria aplicável em matéria tributária, tendo em vista que a imperatividade da lei estaria apenas no seu consequente – na determinação do pagamento do tributo, não havendo imperatividade no antecedente da norma, já que seu comando normativo não determina a realização do fato gerador.[123]

Sob o ponto de vista do planejamento tributário, para que se compreenda fraude à lei tributária, é necessário que se considere a existência de duas normas: uma de amparo (ou de cobertura) e uma outra norma que será elidida. A fraude consubstanciaria em alguém agir de acordo com a norma de

---

[120] CINTRA, Carlos César Sousa; MATTOS, Thiago Pierre Linhares. Planejamento Tributário à luz do direito brasileiro. In: MACHADO, Hugo de Brito (Coord.). *Planejamento Tributário*. São Paulo: Malheiros: ICET, 2016, p. 120.

[121] BETTI, Emílio. Teoria geral do negócio jurídico. Coimbra: Coimbra, 1969, p. 344 apud ANDRADE FILHO, Edmar Oliveira. *Planejamento Tributário*. 2. ed. rev., ampl. e atual. São Paulo: Saraiva, 2016, p. 195.

[122] BATALHA, Wilson de Souza Campos. Defeitos dos negócios jurídicos. Rio de Janeiro: forense, 1988, p. 208 apud ANDRADE FILHO, Edmar Oliveira. *Planejamento Tributário*. 2. ed. rev., ampl. e atual. São Paulo: Saraiva, 2016, p. 195.

[123] SCHOUERI, Luís Eduardo. *Planejamento tributário*: limites à norma antiabuso. Direito Tributário Atual, v. 24, 2010, p. 355.

amparo para esquivar-se dos efeitos tributários, que surgiriam se houvesse a observância da norma que foi contornada.[124]

Nesse sentido, Marco Aurélio Greco assim dispõe:

> Há muitos séculos, doutrina e jurisprudência (mesmo algumas legislações) conhecem a figura que se convencionou denominar de "fraude civil" ou "fraude à lei", que corresponde à hipótese em que alguém busca, no próprio ordenamento, uma norma na qual enquadre seu comportamento, para o fim de, assim fazendo, contornar a aplicabilidade de uma norma imperativa.
>
> (...)
>
> Na fraude à lei o contribuinte monta determinada estrutura negocial que se enquadre na norma de comando para, desta forma, numa expressão coloquial, "driblar" a norma contornada. Com isso pretende fazer com que a situação concerta seja regulada pela norma de contorno, com o que ficaria afastada a aplicação da norma de tributação (ou de tributação mais onerosa).
>
> Neste caso, não estamos perante conduta ilícita. Não há violação direta à norma contornada. Ela vê sua aplicação frustrada pela conduta, mas não foi a rigor violada. Por isso, aliás, o artigo 166, VI do Código Civil de 2002 prevê claramente que fraude à lei é hipótese de nulidade do negócio jurídico e não de ilicitude. A fraude à lei está colocada ao lado de negócio celebrado por pessoa absolutamente incapaz (art. 166, I0 ou que tem objeto impossível (art. 166, iI) que são também hipótese de nulidade, mas não de ilicitude.[125]

Na linguagem utilizada por Greco, os agentes do fato "driblam" a imperatividade da lei, utilizando de contratos e condutas individualmente lícitos, mas que no contexto do planejamento tributário, o torna viciado e fraudulento.

Ocorre que a simples escolha de uma forma jurídica para adequá-la à norma tributária menos onerosa não implica, por si só, a configuração de fraude à

---

[124] GUTIERREZ, Miguel Delgado. *Planejamento Tributário:* Elisão e Evasão Fiscal. 1. ed. São Paulo: Quartier Latin, 2006, p. 241.

[125] GRECO, Marco Aurélio. *Planejamento tributário.* 2. ed. São Paulo: Dialética, 2008, p. 240-242.

lei, tendo em vista que só ocorrerá, quando houver violação legal do dever de suportar os efeitos da norma tributária que não foi eleita. Entretanto, para que reste caracterizada a violação, deve haver preexistência de fato ou circunstância (obrigação ou proibição ou condição) que torna inválida a escolha do ato ou negócio jurídico que tenha a finalidade de evadir-se da anterior obrigação ou proibição, com o propósito deliberado de elidir a submissão à norma cogente. Não há fraude nos casos em que a escolha entre regimes jurídicos postos à disposição do sujeito passivo, já que esta requer a consciência da ilicitude e o desígnio deliberado de obter o resultado proibido.[126]

Se o fato não se realiza, a norma não se torna imperativa, porquanto apenas hipotética. Nesse sentido, ensina Lourival Vilanova:

> Se o fato que corresponde à hipótese normativa não se verificou, nenhuma relação jurídica propriamente (mesmo em sentido amplo) se deu. A norma permanece em seu *status* de proposição, numa relação de pertinência ao sistema, que também tem seu *status*, o de um conjunto de enunciados preceptivos da conduta humana.[127]

A caracterização da fraude pressupõe a proibição expressa no texto da lei da conduta realizada no contexto do ato ou negócio jurídico, requerendo também a proibição de resultado semelhante quando praticado por qualquer outro ato que atinja resultado idêntico ou semelhante. Em consequência, o resultado do ato praticado é revestido de legalidade, não fosse semelhante ou equivalente a um ato expressamente contemplado na norma proibitiva. O resultado buscado pelo agente é o mesmo, mas a forma utilizada para atingi-lo é diferente, sendo-lhe proibida tal prática. Enfim, para a configuração da fraude à lei, necessita-se da prática do ato com o intuito mediato de afastar a aplicação da norma proibitiva, sendo que a sua ilicitude atrela-se a esse ponto, o de subtrair-se ao âmbito da incidência da norma que o veda.[128]

---

[126] ANDRADE FILHO, Edmar Oliveira. *Planejamento Tributário*. 2. ed. rev., ampl. e atual. São Paulo: Saraiva, 2016, p. 198.
[127] VILANOVA, Lourival. *Causalidade e relação no direito*. 4. ed. São Paulo: Saraiva, 2000, p. 132.
[128] CARVALHO, Ivo César de Barreto de. *Elisão tributária no ordenamento jurídico brasileiro*. São Paulo: MP Editora, 2007, p. 324-325.

Lívia De Carli Germano sustenta que fraude à lei, pertinente ao planejamento tributário, não seria "fraude à lei imperativa", mas sim "fraude à lei intrínseca", a qual não demanda a existência de uma norma imperativa. Desse modo, na elisão tributária pode ser considerada a "fraude à lei intrínseca" quando os atos praticados com base na autonomia da vontade, a *priori* permitidos e lícitos, são considerados ilícitos no plano concreto se verificado que estão despidos de causa e foram engendrados de forma a se obter como único resultado a economia de tributos.[129]

Em matéria tributária, a concepção de fraude à lei intrínseca teria aplicabilidade como efeito ou consequência lógica de uma irregularidade na estruturação de atos e negócios jurídicos, cujo vício impede a verificação, sob o manto da perspectiva não formalista, da efetiva ocorrência do fato gerador. Nesse sentido, os vícios na conduta do contribuinte implicam no comando imperativo situado no consequente da norma, já que atos e negócios jurídicos viciados podem acobertar fato gerador ocorrido.[130]

A presença de fraude pressupõe a ocorrência do fato gerador, não restando configurada, ante a sua não realização mediante escolhas admitidas pela ordem jurídica e com a realização de atos ou fatos marcados pela legalidade ou efetividade. Disso decorre que o afastamento da lei tributária, por si só, deve ser permitido como uma prática lícita, desde que se utilizando atos e negócios jurídicos em conformidade com as regras e princípios do Direito Privado.

Assim, a fraude à lei, no que se refere ao Direito Tributário, é inaplicável à relação jurídico-tributária, sendo relevante para a qualificação dos atos e fatos passíveis de tributação, de modo a verificar a regularidade da conduta do contribuinte perante o ordenamento jurídico, devendo-se aplicar a lei contornada em caso de planejamento tributário abusivo.

---

[129] GERMANO, Lívia de Carli. *Planejamento tributário e limites para a desconsideração dos negócios jurídicos*. São Paulo: Saraiva, 2013, p. 90.

[130] ANDRADE, Leonardo Aguirra de. *Estruturação Elusiva de Atos e Negócios Jurídicos no Direito Tributário Brasileiro:* Limites ao Planejamento Tributário. Dissertação (Mestrado em Direito) – Faculdade de Direito, Universidade de São Paulo. São Paulo, p. 364. 2014, p. 220.

2.3.1.3 Abuso do Direito

O abuso do direito pode ser entendido, nas palavras de Edmar Oliveira Andrade Filho, como i)- exercício de direito que traga prejuízo a terceiros, em razão de uma desproporção objetiva entre a utilidade e as consequências do ato (teoria subjetivista) e ii)- todo exercício de um direito de forma anormal em sua intensidade (teoria objetivista).[131]

O surgimento da doutrina do abuso do direito, fundamento da teoria subjetivista, é atribuído à resistência ao liberalismo individualista ou exercício unilateral de um direito subjetivo, fortemente influenciado pelo direito romano, conferindo à expressão o sentido de ato emulativo, no qual o titular exerce o direito sem necessidade ou qualquer interesse econômico apenas com a intenção de prejudicar e causar dano a terceiro.[132]

De outro modo, a teoria objetivista preconiza que o abuso do direito resultaria do exercício anormal do direito, retirando do dano concreto, os elementos da intenção do agente para a prática do ato danoso, a partir da análise dos dados concretos e circunstâncias de fato, suscetíveis de comprovação imediata.[133]

Louis Josserand, estudando sobre o tema, contribui para a compreensão da doutrina do abuso do direito, sendo expoente da teoria finalista, em que o abuso surge da resistência ao elemento axiológico-normativo dos direitos subjetivos (exercício contrário ao fim socialmente relevante), confrontado com o Direito, entendido como instrumento a serviço dos fins sociais que a sociedade pretende alcançar.[134] Nessa teoria, o abuso do direito é reconhecido

---

[131] ANDRADE FILHO, Edmar Oliveira. *Planejamento Tributário*. 2. ed. rev., ampl. e atual. São Paulo: Saraiva, 2016, p. 111.

[132] NETO, Inácio de Carvalho. *Abuso de Direito*. 5. ed. Curitiba: Juruá, 2009, p. 69-86.

[133] MARTINS, Pedro Baptista. O abuso do direito e o ato ilícito. 3. ed. Rio de Janeiro: Forense, 1997, p. 123-124 apud ANDRADE, Leonardo Aguirra de. *Estruturação Elusiva de Atos e Negócios Jurídicos no Direito Tributário Brasileiro:* Limites ao Planejamento Tributário. Dissertação (Mestrado em Direito) – Faculdade de Direito, Universidade de São Paulo. São Paulo, p. 364. 2014, p. 198.

[134] JOSSERAND, Louis. *De l'Esprit dês Droits et de leur Relativité – Théoriedite de l'Abus dês Droits*. Paris: *Daloz*, 1927, p. 341 apud ANDRADE, Leonardo Aguirra de. *Estruturação Elusiva de Atos e Negócios Jurídicos no Direito Tributário Brasileiro:* Limites ao Planejamento Tributário. Dissertação (Mestrado em Direito) – Faculdade de Direito, Universidade de São Paulo. São Paulo, p. 364. 2014, p. 200.

PLANEJAMENTO TRIBUTÁRIO

como fenômeno social, tendo como fundamento o conteúdo ético e moral do direito.[135] Assim, há abuso do direito, quando o seu exercício viola regras sociais, vez que os direitos subjetivos estão permeados de funções sociais que devem ser observadas, não havendo violação do direito de um terceiro específico, mas dos interesses da coletividade.

Sob a perspectiva de Bruno Miragem, o art. 187, do CC/02[136] consagrou a teoria finalista sobre o abuso do direito, abandonando o dano como critério para sua configuração, na previsão outrora trazida pelo art. 160, I, do Código Civil de 1916, e acolhendo o entendimento de que se deve avaliar a existência, ou não, de um motivo legítimo, independente da verificação da lesão a outrem.[137]

Em sentido contrário, tem-se que o abuso do direito, com o advento do art. 187, do CC/02, insere-se na categoria dos atos ilícitos, perpetrados com violação à finalidade de uma ou mais normas, ou em flagrante contrariedade a valores protegidos e consagrados pelo ordenamento jurídico, ofendendo, assim, regra de conduta ou princípio.[138] Sendo modalidade de ato ilícito, o dano ao interesse protegido juridicamente exsurge como um dos seus elementos, como consequência de uma ação ou omissão derivada de uma atuação com base em normas que proíbem o comportamento abusivo.

Da leitura do art. 187, do CC/02, podem ser detectadas duas espécies de abuso: i)- abuso-desvio, resultado de uma ação ou omissão contrária ao direito, consubstanciada nos casos em que o agente exerce um direito em desacordo com a finalidade prevista no ordenamento jurídico ou em dissonância à boa-fé e aos bons costumes, caracterizados como valores inerentes à ordem jurídica que balizam o campo material teleológico de cada direito individual; e ii)- abuso-excesso, corresponde à inexistência do direito, de modo que o ato praticado vai além do razoável segundo cada circunstância ou situação

---

[135] NETO, Inácio de Carvalho. *Abuso de Direito*. 5. ed. Curitiba: Juruá, 2009, p 84.

[136] Art. 187. Também comete ato ilícito o titular de um direito que, ao exercê-lo, excede manifestamente os limites impostos pelo seu fim econômico ou social, pela boa-fé ou pelos bons costumes.

[137] MIRAGEM, Bruno. *Abuso de Direito*. Rio de Janeiro: Forense, 2009, p. 51.

[138] ATIENZA, Manuel; MANERO, Juan Ruiz. *Los ilícitos atípicos*. Madrid: Trotta, 2000, p. 33 apud ANDRADE FILHO, Edmar Oliveira. *Planejamento Tributário*. 2. ed. rev., ampl. e atual. São Paulo: Saraiva, 2016, p. 119.

de fato. Nesse sentido, aquele que age com excesso, o faz em contrariedade à norma, porquanto age sem direito.[139]

Em matéria tributária, podem ser verificados dois posicionamentos quanto à aplicabilidade da teoria do abuso do direito em matéria tributária.

A aplicação do "abuso do direito" mostrou-se inadequada, sendo defensor desse posicionamento Alfredo Augusto Becker. Segundo o Autor, uma vez constatado o uso abusivo de um direito, restaria configurada sua ilegalidade ou ilicitude, o que implicaria a inexistência do direito. Ou seja, se a conduta estivesse de acordo com o direito, seria lícita; se ilícita, então não haveria sentido em falar em abuso, ante a própria inexistência do direito. Sob a perspectiva da existência de dano, no campo tributário não seria aplicável, tendo em vista que não haveria prejuízo ao Estado se o contribuinte não praticou o fato gerador. Por fim, entende que a juridicização da moral é atividade afeta exclusivamente ao Poder Legislativo, como "criador de regras jurídicas" que, no campo tributário, deve ser específica, sob pena de ter de se recorrer à analogia, não permitida nessa seara para cobrança de tributo não previsto em lei.[140]

Sob essa perspectiva, o abuso do direito filia-se à ideia liberalista do direito subjetivo, em que a lei em sentido estrito seria o único instrumento para delimitar o exercício dos direitos. Caso contrário, em razão de omissão de legislação específica, admitir-se-ia o seu exercício ilimitado, mesmo que impertinente a valores insculpidos no ordenamento jurídico.[141]

A sua inaplicabilidade justifica-se também na inexistência de direito do Estado (direito ao recebimento – objeto da relação jurídico-tributária), antes da ocorrência do fato gerador, não havendo direito passível de violação mediante a prática de conduta abusiva, privilegiando a segurança jurídica nas relações tributárias.[142-143]

---

[139] ANDRADE FILHO, Edmar Oliveira. *Planejamento Tributário*. 2. ed. rev., ampl. e atual. São Paulo: Saraiva, 2016, p. 118.

[140] BECKER, Alfredo Augusto. *Teoria geral do direito tributário*. 3. ed. São Paulo: Lejus, 1998, p. 132.

[141] CARPENA, Heloísa. *Abuso de direitos nos contratos de consumo*. Rio de Janeiro: Renovar, 2001, p. 44.

[142] SCHOUERI, Luís Eduardo. *Planejamento tributário*: limites à norma antiabuso. Direito Tributário Atual, v. 24, 2010, p. 348.

[143] XAVIER, Alberto. *Tipicidade da tributação, simulação e norma antielisiva*. São Paulo: Dialética, 2001, p. 106-109.

Luciano da Silva Amaro, nesse sentido, entende que a aplicação da teoria do abuso do direito faria um desvio do foco do que tem que ser "legal" para "normal", ferindo a certeza e segurança jurídica.[144] Não há ilicitude na conduta de escolher um caminho fiscalmente menos oneroso, mesmo sendo a única finalidade, não havendo norma que obrigue o contribuinte ao contrário, o que produziria um "autorregramento da vontade"[145], indevido no campo do direito tributário, tendo em vista serem tais tipos de normas cogentes e não dispositivas.

Corroborando esse entendimento, Sacha Calmon Navarro Coêlho repele a teoria do abuso do direito na seara tributária, tendo em vista que sua aplicabilidade "somente é possível no campo dos direitos privados potestativos, de livre disposição pelos titulares dos mesmos, em prejuízo evidente de terceiros." No direito tributário, a aplicação dessa teoria não é possível, em razão do princípio da legalidade.[146]

Assim, caberia ao direito tributário, que não pode recepcionar o abuso do direito instituído mediante cláusula geral, sem deter-se às especialidades pertinentes a si, estabelecer-lhe conceito normativo próprio e previsão dos elementos necessários à qualificação dos fatos como abusivos, em atendimento à segurança jurídica. Isso porque, o sujeito passivo deve ter a previsibilidade necessária para escolher entre fazer e não fazer – de tornar-se ou não sujeito passivo, bem como a definição de critérios objetivos para se determinar os atos abusivos imprimiria atuação mais eficaz pelo Estado.[147]

O abuso do direito, na lição de Edmar Oliveira Andrade Filho:

---

[144] AMARO, Luciano da Silva. *Direito tributário brasileiro*. 15. ed. São Paulo: Saraiva, 2009, p. 226-228.

[145] TÔRRES, Heleno Taveira. *Direito tributário e direito privado*: autonomia privada, simulação, elusão tributária. São Paulo: Revista dos Tribunais, 2003, p. 337-338.

[146] CÔELHO, Sacha Calmon Navarro. Os limites atuais do planejamento tributário (apreciação crítica da Lei Complementar 104, de 10.1.2001, que procura introduzir no Brasil a 'interpretação econômica do direito tributário' ou a chamada 'norma geral antielisiva'). In: ROCHA, Valdir de Oliveira (Coord.). *Planejamento Tributário e a Lei Complementar 104*. São Paulo: Dialética, 2001, p. 298.

[147] ANDRADE FILHO, Edmar Oliveira. *Planejamento Tributário*. 2. ed. rev., ampl. e atual. São Paulo: Saraiva, 2016, p. 121-122.

Só pode ser concebido como a consequência do comportamento de alguém numa dada relação jurídica plena, isto é, em que todos os elementos estruturais já são identificados; logo o fato de alguém não entrar numa relação jurídica não é, em si, abusivo, mas pode ser catalogado como uma outra espécie de infração se houver um dever antecedente de nela entrar, em razão de um fato ou uma norma que já incidiu anteriormente.[148]

Por outro lado, a corrente favorável à aplicação da teoria do abuso do direito em matéria tributária, fundamenta-se na utilização das normas de direito civil na seara tributária, principalmente do art. 187, do CC/02, bem como na ideia de que essa teoria é pertinente à interpretação dos atos e negócios jurídicos com impactos fiscais e, não propriamente ao direito objeto da relação jurídico-tributária.[149-150]

Marco Aurélio Greco sustenta que:

> Neste passo, tem pertinência o temo do "abuso de direito", categoria constituída para inibir práticas que, embora possam encontrar-se no âmbito da licitude (se o ordenamento positivo assim tratar o abuso), implicam, no seu resultado, uma distorção no equilíbrio do relacionamento entre as partes, (i) seja pela utilização de um poder ou de um direito em finalidade diversa daquela para a qual o ordenamento assegura sua existência, (ii) seja pela sua distorção funcional, por implicar inibir a eficácia da lei incidente sobre a hipótese sem uma razão suficiente para que a justifique. De qualquer modo, seja o ato abusivo considerado lícito ou lícito a consequência perante o Fisco será sempre a sua inoponibilidade e de seus efeitos.[151]

---

[148] ANDRADE FILHO, Edmar Oliveira. *Planejamento Tributário*. 2. ed. rev., ampl. e atual. São Paulo: Saraiva, 2016, p. 123.

[149] YAMASHITA, Douglas. *Elisão e Evasão de Tributos* – Planejamento Tributário à luz do Abuso do Direito e da Fraude à Lei. São Paulo: Lex, 2005, p. 99-100.

[150] RIBEIRO, Ricardo Lodi. *Justiça, Interpretação e Elisão Tributária*. Rio de Janeiro: Lumen Juris, 2003, p.145.

[151] GRECO, Marco Aurélio. *Planejamento tributário*. 2. ed. São Paulo: Dialética, 2008, p. 195.

PLANEJAMENTO TRIBUTÁRIO

De igual modo, o referido autor entende que os negócios jurídicos que não tiverem causa real ou predominante, a não ser a finalidade de conduzir a uma menor carga tributária ou fim exclusivamente fiscal, são contrários ao próprio perfil objetivo do negócio, assumindo assim, caráter abusivo, o que permite a qualificação e requalificação do ato pelo Fisco. Acrescenta ainda que, com o advento do art. 187, do CC/02, que considerou o abuso do direito como ato ilícito, a configuração de um ato ilícito por abusivo, implica estarmos diante à evasão fiscal e não elisão.[152]

Ricardo Lodi Ribeiro também defende a aplicabilidade da teoria do abuso do direito no campo tributário, sob o argumento de que, modernamente, os direitos não são absolutos, sendo o seu exercício limitado à sua função social e econômica. Assim, se o contribuinte realiza um negócio jurídico com objetivo fundamental de economizar tributo, restaria configurado o abuso de direito. Para tanto, elenca as seguintes características para a configuração da prática abusiva:

> Prática de um ato jurídico, ou um conjunto deles, cuja forma escolhida não é adequada à finalidade da norma que o ampara, ou à vontade e aos efeitos dos atos praticados esperados pelo contribuinte; intenção, única ou preponderante, de eliminar ou reduzir o montante do tributo devido; identidade ou semelhança de efeitos econômicos entre os atos praticados e o fato gerador do tributo; proteção, ainda que sob o aspecto formal, do ordenamento jurídico à forma escolhida pelo contribuinte para elidir o tributo; forma que represente uma economia fiscal em relação ao ato previsto em lei como hipótese de incidência tributária.[153]

Conforme delineado no item anterior, que tratou da simulação, verificando-se a nulidade do negócio jurídico pelo abuso do direito, em razão da inobservância das regras do Direito Privado, caberia a realização de seu confronto

---

[152] GRECO, Marco Aurélio. *Planejamento tributário*. 2. ed. São Paulo: Dialética, 2008, p. 199.
[153] RIBEIRO, Ricardo Lodi. O abuso de direito no planejamento fiscal e a cláusula geral antielisiva. In: CARVALHO, Fábio Augusto Junqueira de; MURGEL, Maria Inês (Coords.). *(Mini) Reforma Tributária:* Reflexões sobre a Lei 10.637/2002 (Antiga Medida Provisória 66). Belo Horizonte: Mandamentos, 2003, 333-334.

com os limites do Direito Tributário, à luz do art. 109 e art. 118, do CTN, de maneira que a teoria do abuso do direito fosse uma "regra de calibração" do sistema, baseada no princípio de proibição de excessos, imanente de qualquer ordenamento jurídico moderno.[154] Disso decorre que, uma vez caracterizado o abuso no âmbito do Direito Privado, observa-se a nulidade dos respectivos atos e negócios jurídicos, podendo ser reconhecida pelo direito tributário, conforme previsão do art. 118, do CTN.

Admite-se que na relação entre Estado (como instrumento da sociedade) e particular, os parâmetros impostos para a interpretação dos fatos e a qualificação do fato jurídico-tributário considerem a observância dos fins econômicos e sociais dos atos e negócios jurídicos com efeitos fiscais praticados pelo contribuinte.

Isso porque, todo direito subjetivo é passível de excesso, seja em prejuízo de terceiro, seja em prejuízo da sociedade, bem como os interesses legítimos da sociedade, no que tange ao modo como o direito é exercido também configura um limite passível de abuso. Assim, mesmo que as partes ainda não estejam conectadas por uma relação obrigacional, existem limites, decorrentes da ordem jurídica, a ser observados na condução da sua atividade privada.[155]

A regularidade da conduta do contribuinte, nos termos do art. 188, I, do CC/02, está submetida à observância dos fins econômicos e sociais dos atos e negócios jurídicos (art. 187, do CC/02), nos limites do art. 421, do CC/02 e art. 1.228, § 1º, que tratam da "função social do contrato" e "finalidades econômicos e sociais" do direito de propriedade, respectivamente.

Sob esse enfoque, o simples fato da escolha legal menos onerosa, por si só, não representa irregularidade ou abuso do exercício do direito, muito pelo contrário, o motivo – economia fiscal – é protegido pelo ordenamento jurídico. O cerne da questão assenta-se na observância dos limites materiais e formais na estruturação dos atos e negócios jurídicos, em relação à legislação

---

[154] SCHOUERI, Luís Eduardo. *Planejamento tributário:* limites à norma antiabuso. Direito Tributário Atual, v. 24, 2010, p. 367.

[155] AZEVEDO, Antônio Junqueira. Princípios do Novo Direito Contratual e Desregulamentação do Mercado, Direito de Exclusividade nas Relações Contratuais de Fornecimento, Função Social do contrato e Responsabilidade Aquiliana do terceiro que contribui para o inadimplemento contratual. *Revista dos Tribunais*. nº. 750. São Paulo: Revista dos Tribunais, 1998, p. 119-120.

PLANEJAMENTO TRIBUTÁRIO

a que estão submetidos, empregados na elisão fiscal e, uma vez verificado o descompasso com sua finalidade econômica ou social, devem ser qualificados de acordo com sua verdadeira finalidade.

Não se trata de um juízo de normalidade, que consideraria, de maneira indevida, a irregularidade dos atos e negócios jurídicos atípicos, tampouco a permissão da tributação de qualquer manifestação de capacidade contributiva, sem a respectiva previsão legal e ocorrência do respectivo fato gerador. Trata-se da possibilidade de o intérprete da norma tributária reconhecer e qualificar a realidade concreta, ao verificar a ausência de produção de efeitos de um negócio jurídico, em razão de sua nulidade, consubstanciada na violação do art. 187, do CC/02, considerando, exatamente, a limitação do exercício de direitos subjetivos pelos particulares, submetidos aos elementos essenciais e fins socioeconômicos.[156]

2.3.1.4 Abuso de Formas

O art. 104, do CC/02 estabelece que a validade do negócio jurídico requer i)- agente capaz, ii)- objeto lícito, possível, determinado ou determinável; e iii)- forma prescrita ou não defesa em lei. Por outro lado, o art. 107, do mesmo Diploma, prescreve que "a validade da declaração de vontade não dependerá de forma especial, senão quando a lei expressamente a exigir." Assim sendo, constata-se que o ordenamento jurídico brasileiro consagra o princípio da liberdade das formas, salvo quando a lei exigir expressamente forma típica.

Antônio Junqueira de Azevedo ensina sobre a forma do negócio jurídico:

> (...) é o meio através do qual o agente expressa a sua vontade. A forma poderá ser oral, escrita, mímica, consistir no próprio silencia, ou, ainda, em atos dos quais se deduz a declaração de vontade. Não há negócio sem forma. Que haja negócios com forma prescrita em lei e negócios com forma livre é questão que diz respeito ao plano de validade.[157]

---

[156] ANDRADE, Leonardo Aguirra de. *Estruturação Elusiva de Atos e Negócios Jurídicos no Direito Tributário Brasileiro:* Limites ao Planejamento Tributário. Dissertação (Mestrado em Direito) – Faculdade de Direito, Universidade de São Paulo. São Paulo, p. 364. 2014., 211-213.

[157] AZEVEDO, Antônio Junqueira de. *Negócio Jurídico* – Existência, validade e Eficácia. 4. ed. São Paulo: Saraiva, 2002, p. 124.

Considerando o art. 118, do CTN[158], que traz em seu bojo a definição de fato gerador, tem-se que é permitida a desconsideração da forma jurídica atribuída aos negócios jurídicos, condicionada a atividade administrativa inquisitória na busca da verdade material para identificar a real "causa" do negócio jurídico.[159]

Sob esse aspecto, ressai o estudo sobre o abuso de formas, sob influência do direito alemão, consubstanciado na "prática de um ato ou negócio jurídico indireto que produza o mesmo resultado econômico do ato ou negócio jurídico dissimulado."[160]

Amílcar de Araújo Falcão, influenciado pelo direito alemão, admite a possibilidade de o contribuinte realizar seus negócios "de modo a pagar menos tributos", desde que não adote uma "forma jurídica anormal, atípica e inadequada":

> Em Direito Tributário, autoriza-se o intérprete, quando o contribuinte comete um abuso de forma jurídica ('Missbrauch Von Formen und Gestaltungsmöglichkeiten des burgerlichen Rechts'), a desenvolver considerações econômicas para a interpretação da lei tributária e o enquadramento do caso concreto em face do comando resultante não só da literalidade do texto legislativo, mas também do seu espírito da *mens* ou *ratio legis*.
>
> Para que tal aconteça, é necessário que haja uma atipicidade de forma jurídica adotada em relação ao fim, ao intento prático visado.[161]

O posicionamento desse trabalho coaduna-se com esse raciocínio, questionando apenas os critérios de anormalidade e atipicidade utilizados para compreender atos e negócios como irregulares, uma vez que não contribuem

---

[158] Art. 118. A definição legal do fato gerador é interpretada abstraindo-se:
I – da validade jurídica dos atos efetivamente praticados pelos contribuintes, responsáveis, ou terceiros, bem como da natureza do seu objeto ou dos seus efeitos;
II – dos efeitos dos fatos efetivamente ocorridos.

[159] TÔRRES, Heleno Taveira. *Direito tributário e direito privado:* autonomia privada, simulação, elusão tributária. São Paulo: Revista dos Tribunais, 2003, p. 153-154.

[160] Art. 14, § 3º da Medida Provisória nº. 66/02, rejeitada pelo Congresso Nacional.

[161] FALCÃO, Amílcar de Araújo. *Fato gerador da obrigação tributária.* 7. ed. São Paulo: Noeses, 2013, p. 46-47.

PLANEJAMENTO TRIBUTÁRIO

para a averiguação de sua conformidade quando confrontados com o ordenamento jurídico. O problema está em definir o que seja forma atípica ou anormal, tendo em vista que essa característica pode variar ao longo do tempo, não existindo no ordenamento jurídico brasileiro norma com conteúdo parecido ao Código Tributário Alemão, que originou a doutrina das "formas anormais ou insólitas".[162]

O cerne para se compreender as possíveis concepções das formas atípicas ou anormais está na configuração, ou não, de fraude à lei, em que a forma adotada (a estruturação fática do ato ou negócio jurídico) é proibida por uma norma jurídica que é contrariada por meios aparentemente lícitos. Ou seja, a doutrina do abuso de formas visa a coibir a utilização de formas jurídicas fora do perfil normativo teleológico, cuja finalidade nem sempre vem claramente proibida na lei. As situações relacionadas à forma, em razão de estarem diretamente ligadas ao conteúdo dos atos e negócios jurídicos em geral, devem ser abrangidas na lei, que determinará o que pode ou não ser feito.[163] Nesse sentido, Amílcar de Araújo Falcão:

> Convém entender que nem toda vantagem fiscal alcançada pelo contribuinte constitui uma evasão. Para tanto é indispensável que haja uma distorção da forma jurídica, uma atipicidade ou anormalidade desta única em confronto com a relação econômica que através dela se exterioriza. De outro modo, evasão não há. Pode ocorrer que o contribuinte disponha seus negócios, de modo a pagar menos tributos. Nada o impede, desde que não ocorra aquela manipulação do fato gerador, no que toca ao seu revestimento jurídico.[164]

Como no direito brasileiro, conforme visto alhures, vigora o princípio da liberdade das formas, salvo prescrição legal, o contribuinte não está obrigado a empregar formas que conduzam à maior carga tributária. Assim, a

---

[162] ANDRADE FILHO, Edmar Oliveira. *Planejamento Tributário*. 2. ed. rev., ampl. e atual. São Paulo: Saraiva, 2016, p. 128-129.

[163] ANDRADE FILHO, Edmar Oliveira. *Planejamento Tributário*. 2. ed. rev., ampl. e atual. São Paulo: Saraiva, 2016, p. 130.

[164] FALCÃO, Amílcar de Araújo. *Fato gerador da obrigação tributária*. 7. ed. São Paulo: Noeses, 2013, p. 73-74.

PLANEJAMENTO TRIBUTÁRIO

desconsideração da forma utilizada pela autoridade fiscal somente seria possível ante à verificação de fraude. Nesse sentido, Wilhelm Hartz:

> O direito tributário não está para influir nas formas do direito civil. Pelo contrário, ele se liga às formas que as partes produzirem segundo a sua vontade, no pressuposto, naturalmente, de que se trata de formulações jurídicas sérias, na aparência e na realidade, e que o contrato e sua execução compatíveis entre si. O contribuinte não é obrigado a escolher a forma jurídica através da qual o fisco possa contar com o máximo de receita.[165]

Ensina Ricardo Mariz de Oliveira que somente caberia a aplicação da teoria do abuso de formas no direito tributário, em hipóteses de simulação ou falsidade ideológica, pois nesses casos, haveria ocultamento da realidade concreta, mostrando a dissonância entre a estrutura empregada pelo contribuinte e a finalidade por ele pretendida.[166]

Os debates sobre "abuso de formas" na elaboração do planejamento tributário objetivam a verificação da validade das escolhas feitas pelo contribuinte na estruturação ou revestimento jurídico de suas operações para se submeter a menor carga tributária. Na seara do direito tributário, não importa a exteriorização formal em si dos atos e negócios, pois se pretende atingir os efeitos destes, já que a norma não incide sobre a forma, mas sobre o fato, sendo que sua divergência – forma e fato ocorrido – constitui fraude. Em razão disso, as discussões incidem sobre abuso do direito, simulação ou fraude à lei.

De qualquer forma, mostra-se complicado estabelecer o abuso de formas, onde a forma tem pouco valor, uma vez que os negócios jurídicos podem ser comprovados por diversos modos e, mesmo pactos não formalizados são captados pelo direito tributário. Sob esse ponto de vista, Edmar Oliveira Andrade

---

[165] HARTZ, Wilhelm. Interpretação da lei tributária: conteúdo e limites do critério econômico. São Paulo: Resenha Tributária, 1993, p. 100 apud ANDRADE FILHO, Edmar Oliveira. *Planejamento Tributário*. 2. ed. rev., ampl. e atual. São Paulo: Saraiva, 2016, p. 131.

[166] OLIVEIRA, Ricardo Mariz de. In: Martins, Ives Gandra da Silva (Coord.). Caderno de Pesquisas Tributárias. Vol. 13. Elisão e Evasão Fiscal. São Paulo: Resenha Tributária, 1988, p. 155 apud ANDRADE, Leonardo Aguirra de. *Estruturação Elusiva de Atos e Negócios Jurídicos no Direito Tributário Brasileiro*: Limites ao Planejamento Tributário. Dissertação (Mestrado em Direito) – Faculdade de Direito, Universidade de São Paulo. São Paulo, p. 364. 2014, p. 226-227.

Filho esclarece que somente a lei pode estabelecer a forma que seja relevante ou não para fins de incidência da norma tributária, sendo que os casos não abrangidos por ela, ficariam submetidos à liberdade de escolha do contribuinte, já que tributo nasce do fato previsto em lei e não do revestimento formal com que o fato porventura venha a adotar.[167]

Antônio Roberto Sampaio Dória entende que a teoria do abuso de formas propõe, em última análise, uma verificação das formas jurídicas utilizadas e do seu conteúdo, resolvendo qualquer incongruência com a aplicação da simulação, sendo desnecessária a utilização de conceitos de "normalidade, anomalia ou puro e simples abuso das categorias formais."[168]

Considerando a proximidade das teorias do abuso do direito, abuso de formas e ausência de propósito negocial, Hermes Marcelo Huck leciona que seriam inadmissíveis os negócios jurídicos em desconformidade com o perfil do negócio supostamente realizado, ou seja, aqueles negócios sem "causa real distinguível, a não ser sua finalidade tributária."[169]

Importante ressaltar, por fim, que como na simulação, dissimulação, abuso do direito e fraude à lei, o abuso de formas também é inaplicável à relação jurídico-tributária em si, sendo relevante para a qualificação da materialidade concreta, ou seja, da conformidade entre conteúdo e forma na realização dos atos e negócios jurídicos, a ser avaliada pelo intérprete da lei tributária.

2.3.2 Causa do Negócio Jurídico: Causa, Motivo e Propósito Negocial

Ao mesmo tempo em que são consagrados os direitos de liberdade individual, autonomia da vontade e a propriedade, são estabelecidos limites ao seu exercício, tais como o atendimento à função social e boa-fé objetiva, rompendo a análise da mera vontade abstrata nos negócios jurídicos, para investigar a sua "causa" correspondente a uma necessidade prática legítima.

---

[167] ANDRADE FILHO, Edmar Oliveira. *Planejamento Tributário*. 2. ed. rev., ampl. e atual. São Paulo: Saraiva, 2016, p. 132-133.

[168] DÓRIA, Antônio Roberto Sampaio. Elisão e Evasão Fiscal. 2. ed. São Paulo: José Buskatsky, 1977, p. 117 apud ANDRADE, Leonardo Aguirra de. *Estruturação Elusiva de Atos e Negócios Jurídicos no Direito Tributário Brasileiro:* Limites ao Planejamento Tributário. Dissertação (Mestrado em Direito) – Faculdade de Direito, Universidade de São Paulo. São Paulo, p. 364. 2014.

[169] HUCK, Marcelo Hermes. *Evasão e Elisão:* Rotas Nacionais e Internacionais. São Paulo: Saraiva, 1997, p. 151.

Emílio Betti entende que a autonomia privada está limitada por fins sociais e jurídicos e que "o instituto do negócio jurídico não consagra a faculdade de 'querer' no vácuo, como apraz afirmar a certo individualismo, que ainda não foi extirpado da hodierna dogmática." E arremata: "já não é apenas ilícito o comportamento que vá de encontro a uma norma específica, imperativa ou proibitiva, mas também aquele que, pondo em movimento o mecanismo do negócio, contradiga a função típica do interesse social a que ele é destinado."[170]

O CC/02 não indicou expressamente a "causa" como requisito de validade do negócio jurídico, o que, no entender de Paulo Barbosa de Campos Filho, seria irrelevante, uma vez que ela é indispensável como uma "daquelas verdades universais", decorrentes de princípios do direito que não precisam estar expressos na lei, definindo-a como "escopo jurídico, prático ou razão econômico-jurídica do negócio, que jamais lhe poderia faltar."[171] Nesse mesmo sentido, Luís Eduardo Schoueri aponta a possibilidade da utilização da "causa" para os negócios jurídicos, em razão de diversos dispositivos do CC/02 indicarem o seu acolhimento pelo sistema jurídico brasileiro.[172]

Moreira Alves faz a diferenciação entre "causa subjetiva", que seria o motivo ou a intenção do agente para a realização do negócio; e "causa objetiva", que seria a função econômico-social ou prático-social do negócio jurídico, nos seguintes termos:

> (...) a causa de um negócio jurídico difere dos motivos que levaram as partes a realizá-lo. Com efeito, a causa se determina objetivamente (é a função econômico-social que o direito objetivo atribui a determinado negócio jurídico); já o motivo se apura subjetivamente

---

[170] BETTI, Emílio. Teoria geral do negócio jurídico. Coimbra: Coimbra, 1969, p. 104-112 apud ANDRADE FILHO, Edmar Oliveira. Planejamento Tributário. 2. ed. rev., ampl. e atual. São Paulo: Saraiva, 2016.

[171] CAMPOS FILHO, Carlos Barbosa de. O problema da causa no Código Civil Brasileiro. São Paulo: Maxlimonad, s.d., p. 44.

[172] SCHOUERI, Luís Eduardo. Direito Tributário. 5. ed. São Paulo: Saraiva, 2015, p. 519 (nota de rodapé 70). Schoueri afirma que, no texto do CC/02, que entrou em vigor em 2003, o termo "causa" aparece em várias acepções nos artigos: 3º, 57, 145, 206, 335, 373, 395, 414, 598, 602 a 604, 624, 625, 669, 685, 689, 705, 715, 717, 791, 834, 869, 884, 885, 1019, 1035, 1038, 1044, 1051, 1085, 1087, 1148, 1217, 1244, 1275, 1360, 1481, 1523, 1524, 1529, 1538, 1577, 1580, 1641, 1661, 1723, 1767, 1818, 1848, 1962 a 1965, 2020 e 2042.

PLANEJAMENTO TRIBUTÁRIO

(diz respeito aos fatos que induzem as partes a realizar negócio jurídico). No contrato de compra e venda, a causa é a permuta entre a coisa e o preço (essa é a função econômico-social que lhe atribui o direito objetivo; essa é a finalidade prática a que visam, necessária e objetivamente, quaisquer que sejam os vendedores e quaisquer que sejam os compradores); os motivos podem ser infinitos (assim, por exemplo, alguém pode comprar uma coisa para presentear com ela um amigo). (...) A distinção entre causa e motivo é importante porque, em regra, a ordem jurídica não leva em consideração o último.[173]

Na acepção objetiva, Heleno Taveira Tôrres afirma que a "causa", como elemento essencial aos negócios jurídicos, corresponderia à "função prática que o contrato pretende efetivar", isto é, "a finalidade, a função, o fim que as partes pretendem alcançar com o ato que põem em execução."[174]

Assim, na interpretação dos negócios jurídicos, não se cabe perscrutar os motivos que determinaram sua realização, uma vez que são de ordem subjetiva e não possuem relevância para o direito, cabendo verificar o interesse, em termos objetivos, que se busca satisfazer com a conduta praticada no exercício da autonomia privada.

Esse ponto de vista está em consonância com o art. 170, do CC/02[175], que prevê o enquadramento jurídico de um negócio em razão dos seus elementos fáticos e os fins pretendidos pelas partes independente dos motivos ou vontade que suportaram sua prática. Sob esse aspecto, o negócio jurídico, mesmo eivado de nulidade por qualquer vício, com motivo determinante ilícito, permanece como outro se compreender seus requisitos e finalidade, ainda que as partes nada tenham manifestado dessa forma, porque o que importa não é o que desejaram, mas o fim que almejaram. Valoriza-se, portanto, a essência do negócio, em detrimento da sua forma, abandonando a análise exclusiva da

---

[173] MOREIRA ALVES, José Carlos. *O Direito*. Introdução e Teoria Geral. 13. ed. Coimbra: Almedina, 2005, p. 153.

[174] TÔRRES, Heleno Taveira. *Direito tributário e direito privado*: autonomia privada, simulação, elusão tributária. São Paulo: Revista dos Tribunais, 2003, p. 142-146.

[175] Art. 170. Se, porém, o negócio jurídico nulo contiver os requisitos de outro, subsistirá este quando o fim a que visavam as partes permitir supor que o teriam querido, se houvessem previsto a nulidade.

vontade manifestada para se verificar a adequação dessa manifestação com o fim a que visavam as partes, ou seja, a "causa" do negócio jurídico.[176]

Em direito tributário, a análise da estruturação do planejamento permite a qualificação jurídica do negócio e a incidência da lei tributária em fatos revelados conforme sua verdade material.

Marco Aurélio Greco exemplifica:

> Então, num planejamento hipotético (e aqui apenas referido a título de exemplo teórico) caberá perguntar sobre o fim visado pelo contribuinte. Se a finalidade era transferir o patrimônio mediante remuneração, vender aquele empreendimento e se não existisse a fraude à lei, aquilo que foi feito permite supor, em última análise, pelo juiz (e pelo Fisco no seu âmbito) que o negócio que efetivamente se quis fazer, era a compra e venda de participação societária, então o que foi feito (apesar de não ser, à luz dos documentos lavrados, uma compra e venda de participação societária, mas sim o ingresso de novo sócio seguido de cisão seletiva, juridicamente nulo por fraude à lei) subsistirá como venda de participação societária e o fato típico (=venda de participação societária com ganho de capital) ocorreu. Portanto, incidirá a norma tributária pertinente.[177]

A inutilidade do fim prático do ato ou negócio jurídico realizado ou a dissonância do seu conteúdo com a realidade concreta constitui a sua irregularidade, autorizando-se a investigação da materialidade tributável, em observância à realidade demonstrada. Ou seja, poderia ser objeto de tributação o fato jurídico tributário que sempre existiu, mas cuja verificação não era evidente em decorrência do conjunto de atos ou negócios efetuados em desconformidade com critérios pertinentes à legislação de direito privado.

Ressalte-se que os motivos que ensejam a prática da conduta, mesmo os relacionados à redução de carga tributária – legítimos em razão da livre iniciativa e maximização da eficiência – não dispõem sobre a regularidade de

---

[176] GRECO, Marco Aurélio. *Planejamento tributário*. 2. ed. São Paulo: Dialética, 2008, p. 522-523.

[177] GRECO, Marco Aurélio. *Planejamento tributário*. 2. ed. São Paulo: Dialética, 2008, p. 523.

PLANEJAMENTO TRIBUTÁRIO

atos e negócios jurídicos, a ponto de desconsiderá-los na investigação do planejamento tributário, uma vez que o particular está autorizado a promover sua auto-organização visando menor carga tributária e a análise é deslocada para o fim pretendido ou "causa" do negócio.

Reforça-se que, na esfera tributária, o elemento volitivo é ignorado, pouco interessando se o contribuinte quis, ou não, incorrer no fato jurídico tributário. A sua "vontade" é elemento de aperfeiçoamento do negócio jurídico – que deverá ser analisado –, contemplado na hipótese de incidência tributária (situação abstratamente prevista pelo legislador), sendo irrelevante para o nascimento da obrigação tributária, que é *ex lege*. Ou seja, uma vez ocorrido o fato jurídico-tributário, a obrigação surge, independentemente da vontade do agente.[178]

Não é que se negue a influência da vontade em matéria tributária. Conforme ensina Luís Eduardo Schoueri, a vontade do contribuinte de incorrer na situação abstrata prevista na lei é decisiva para que a tributação seja realizada, pois fosse ele coagido a praticar o fato gerador, "então já não haveria tributação, mas confisco."[179]

Em todo esse contexto, principalmente de discussão sobre a legitimidade, ou não, do negócio jurídico adotado no planejamento tributário, surge a teoria do "propósito negocial" (*business purpose theory*), oriunda de construção jurisprudencial da Suprema Corte Americana[180], que condiciona a licitude da escolha do negócio mais vantajoso pelo contribuinte, do ponto de vista fiscal, à presença de um propósito negocial, vinculado à atividade econômica explorada e respectivos efeitos.[181]

---

[178] SCHOUERI, Luís Eduardo. *Direito Tributário*. 5. ed. São Paulo: Saraiva, 2015, p. 518.

[179] SCHOUERI, Luís Eduardo. *Direito Tributário*. 5. ed. São Paulo: Saraiva, 2015, p. 518.

[180] Eurico Marcos Diniz de Santi entende o ambiente (jurisprudencial) em que se desenvolveu a doutrina do propósito negocial mostra-se totalmente diferente no experimentado no Brasil, o que inviabilizaria seu emprego por estas autoridades. Cf. DE SANTI, Eurico Marcos Diniz. *Kafka*: Alienação e deformidades da legalidade, exercício do controle social rumo à cidadania fiscal. São Paulo: RT/Fiscosoft, 2014, p. 239.
Ressalta Gustavo da Silva Amaral que: "Não se quer dizer com isso que a intenção não pode ser utilizada como elemento distintivo capaz de gerar consequências jurídicas (...). Entretanto, a busca da intencionalidade da ação no Direito está adstrita aos dados objetivados por esta." Cf. AMARAL, Gustavo da Silva. *Elisão Fiscal e Norma Geral Antielisiva*. Porto Alegre: IOB/Thompson, 2004, p. 90.

[181] ROLIM, João Dácio. *Normas Antielisivas Tributárias*. São Paulo: Dialética, 2001, p. 157-166.

Antônio Roberto Sampaio Dória aponta que, para verificar a licitude da elisão, "é necessária a existência de algum objetivo, propósito ou utilidade, de natureza material ou mercantil, e não puramente tributária, que induza o indivíduo à prática de determinados atos de que resulte economia fiscal."[182]

Comentando a teoria, Edmar Oliveira Andrade Filho afirma seu reducionismo, uma vez que determina que o contribuinte não pode apresentar, como propósito negocial válido, o ato realizado com vistas somente a obter uma otimização da carga tributária, porque não poderia justificar sua prática com base na licitude dos meios e das formas, uma vez que a teoria considera o negócio em si, mas não o contexto em que foram gerados e a sua utilidade para os particulares.[183]

O referido autor ainda leciona que, se os tributos incidem sobre bens e serviços adquiridos ou vendidos, mostra-se plausível entender que "toda a ação ou omissão que vise a diminuir a carga tributária é economicamente justificável, e por isso, toda e qualquer ação que vise a diminuir os custos dos impostos sem vulnerar a lei é sim um propósito negocial válido". E arremata: "Essa validade, no entanto deixa de existir se o particular adota arranjos ou expedientes puramente artificiais."

É que não existe propósito negocial nos atos e negócios jurídicos sem "causa sincera", cuja desonestidade os macularia. Essa situação, que na verdade é prova de fraude ou simulação, poderia ensejar a desconsideração das operações formalmente documentadas, mas sem qualquer causa real.[184]

Dessa forma, parece que o motivo fiscal – pautado na busca por menor ônus tributário na gestão das atividades empresariais – é tão legítimo quanto o extrafiscal, desde que demonstrada a adequação entre o negócio efetivamente realizado e o seu fim prático. Isso porque, a busca pela economia fiscal, deve obediência à causa existente em todos os negócios jurídicos. Nesse sentido, Edmar Oliveira Andrade Filho assevera que:

---

[182] DÓRIA, Antônio Roberto Sampaio. Elisão e Evasão Fiscal. 2. ed. São Paulo: José Buskatsky, 1977, p. 75 apud ANDRADE, Leonardo Aguirra de. *Estruturação Elusiva de Atos e Negócios Jurídicos no Direito Tributário Brasileiro:* Limites ao Planejamento Tributário. Dissertação (Mestrado em Direito) – Faculdade de Direito, Universidade de São Paulo. São Paulo, p. 364. 2014.

[183] ANDRADE FILHO, Edmar Oliveira. *Planejamento Tributário.* 2. ed. rev., ampl. e atual. São Paulo: Saraiva, 2016, p. 273-276.

[184] ANDRADE FILHO, Edmar Oliveira. *Planejamento Tributário.* 2. ed. rev., ampl. e atual. São Paulo: Saraiva, 2016, p. 277-278.

PLANEJAMENTO TRIBUTÁRIO

Em princípio, não existe um ato ou negócio jurídico que seja realizado apenas com fins elisivos; a motivação pode ser a obtenção de alguma forma de otimização da carga tributária sob o pálio da eficiência; no entanto, o negócio produz outros efeitos, no campo do direito privado, especialmente. Logo, para justificar a ação ou omissão elisiva é imprescindível apenas que, além da forma de acordo com a lei e o direito, as decisões pessoais e administrativas que constituem tais práticas tenham uma causa lícita e verdadeira. Em outro falar, não pode ser considerada legítima uma operação declarada que não tenha sido efetivamente realizada ou que tenha sido revertida de forma artificiosa.[185]

Luís Eduardo Schoueri conclui que o propósito negocial, portanto, é um requisito que se encerra na ocorrência, ou não, do fato jurídico tributário, fazendo surgir a obrigação tributária. E arremata: "propósito negocial não significa a intenção das partes de pagar tributos; é, apenas, a conformidade entre a intenção das partes (motivo do ato) e a causa do negócio jurídico."[186]

A *priori*, se a operação desenvolvida pelo contribuinte no planejamento tributário existir de fato e de direito, o propósito negocial é absorvido pela causa, sendo a prova, que pode ser produzida tanto pelo particular quanto pela autoridade fiscal, o meio eficaz para a demonstração de sua legalidade, sempre levando em consideração a análise de toda a cadeia de elementos da ação ou omissão que foram desenvolvidos antes, durante e depois do negócio e, não isoladamente.[187]

O art. 14, § 2º, da Medida Provisória nº. 66/02, não convertido em lei, estabelecia que: "Considera-se indicativo de falta de propósito negocial a opção pela forma mais complexa ou mais onerosa, para os envolvidos, entre duas ou mais formas para a prática de determinado ato." Essa disposição foi

---

[185] ANDRADE FILHO, Edmar Oliveira. *Planejamento Tributário*. 2. ed. rev., ampl. e atual. São Paulo: Saraiva, 2016, p. 149.

[186] SCHOUERI, Luís Eduardo. *Direito Tributário*. 5. ed. São Paulo: Saraiva, 2015, p. 518-519.

[187] ANDRADE FILHO, Edmar Oliveira. *Planejamento Tributário*. 2. ed. rev., ampl. e atual. São Paulo: Saraiva, 2016, p. 280-281.

criticada[188] por ter favorecido a Administração, uma vez que não trouxe critérios objetivos sobre o procedimento que esta deveria utilizar, permitindo-lhe a desconsideração do ato ou negócio realizado pelo contribuinte de maneira um tanto quanto subjetiva, uma vez que voltada para as formas e motivos do ato.

Uma nova tentativa de estabelecer critérios para a análise dos negócios jurídicos no planejamento tributário foi exteriorizada pela Medida Provisória nº. 685/2015, também não convertida em Lei, que, em seu art. 7º, impôs um dever jurídico ao contribuinte de comunicar às autoridades fiscais o conjunto de operações realizadas no ano-calendário anterior que envolvesse atos ou negócios jurídicos aptos a gerar supressão, redução ou diferimento de tributo, quando não possuíssem razões extratributárias relevantes. Mais uma vez, nenhum limite objetivo foi traçado para definir a imprecisão semântica do que seriam "razões extratributárias relevantes", de modo a imprimir segurança aos contribuintes e à própria administração pública na sua atuação.[189]

Ressalte-se que Marco Aurélio Greco faz uma distinção entre "propósito negocial" e "motivo extratributário", afirmando que a presença do primeiro é inerente à própria atividade empresarial; e a do segundo refere-se a um propósito qualquer, como uma razão familiar, política, mudança do regime jurídico das importações, etc., mas que seja diverso daquele propósito de eliminar ou reduzir tributo.[190]

Sob o ponto de vista do referido autor:

> As ações precisam estar bem justificadas no sentido argumentativo e probatório e o ônus da prova é do contribuinte que praticou o ato. De fato, na medida em que o negócio jurídico supõe uma razão que o justifique, seus efeitos tributários dependerão da existência de um motivo extratributário; portanto, o motivo acaba se tornando um dos elementos constitutivos do direito de o contribuinte obter a menor

---

[188] ANDRADE FILHO, Edmar Oliveira. *Planejamento Tributário*. 2. ed. rev., ampl. e atual. São Paulo: Saraiva, 2016, p. 282.
[189] ANDRADE FILHO, Edmar Oliveira. *Planejamento Tributário*. 2. ed. rev., ampl. e atual. São Paulo: Saraiva, 2016, p. 154-155.
[190] GRECO, Marco Aurélio. *Planejamento tributário*. 2. ed. São Paulo: Dialética, 2008, p. 226.

carga tributária. E o ônus da prova do fato constitutivo do seu direito cabe ao respectivo titular.[191]

Fábio Piovesan Bozza também faz a distinção entre propósito negocial – como causa típica do negócio jurídico e motivo extratributário, porém com outra perspectiva:

> A falta de propósito negocial revela a incompatibilidade entre a causa concreta e a causa abstrata e constitui indício importante na identificação da simulação, de acordo com a teoria causalista do negócio jurídico. Traduz a hipótese em que a adoção de determinado ato ou negócio jurídico mostra-se inconsistente e antagônica com o comportamento das partes.
>
> É o comportamento que está sob julgamento, e não a motivação ou o sentimento das partes que, como regra, são irrelevantes para o Direito. É essa diferenciação que dará subsídio para distinguir o propósito negocial, de índole objetiva e relacionado à causa concreta, do motivo extratributário, de índole subjetiva.
>
> Em consequência, a ausência de motivo extratributário não é equivalente à ausência de propósito negocial ou ao vício de causa que pode afetar a validade do negócio jurídico.[192]

Ocorre que para realidade jurídica brasileira, com uma Constituição Federal que limita detalhadamente o poder de tributar, conferindo importância à segurança jurídica, parece que a "teoria do propósito negocial" não pode ser importada acriticamente. Isso porque, afirmar que o contribuinte deve assumir os efeitos jurídicos dos atos e negócios praticados não tem como consequência a análise da existência de uma motivação extratributária ou da identificação do propósito negocial, principalmente ante a inexistência de legislação nesse sentido. A economia fiscal é motivação suficiente, contanto

---

[191] GRECO, Marco Aurélio. *Planejamento tributário*. 2. ed. São Paulo: Dialética, 2008, p. 227.
[192] BOZZA, Fábio Piovesan. *Planejamento Tributário e Autonomia Privada*. São Paulo: Quartier Latin, 2015, p. 241-242.

PLANEJAMENTO TRIBUTÁRIO

que se possa confirmar, com base no conjunto probatório, as consequências jurídicas da estrutura eleita pelo contribuinte.[193]

Hugo de Brito Machado expõe:

> Importa é saber se o fato realizado pelo contribuinte concretiza, ou não, a hipótese de incidência tributária. Se não concretiza, e para proporcionar o resultado desejado não transcende o campo da licitude, sua prática é um direito do contribuinte. Não temos dúvida de que o propósito da escolha de determinada forma de alcançar um resultado econômico pode ser exclusivamente tributário. A exigência de propósito negocial constitui verdadeira falácia, como falácia é também a exigência de um propósito qualificado como extratributário.[194]

Do mesmo modo, Edmar Oliveira Andrade Filho:

> No campo tributário, para levar a cabo as mudanças que decorrem de uma exigência natural para a empresa enquanto tal, os empresários ou os administradores não ficam obrigados, salvo disposição expressa de lei, a justificar as suas ações, porquanto a necessidade ou dever de ser eficiente representa uma justificação prévia; ademais, se não podem apresentar justificativas para se escusar ao cumprimento de obrigações tributárias quando praticam o chamado "fato gerador" previsto em lei, não devem, ao reverso, explicar porque não o praticam ou por que escolhem meios menos onerosos que sejam permitidos pela lei. A permissão, no caso, abrange a "forte", aquela que está explícita na lei, e abrange, de igual forma, a permissão "fraca", assim considerada aquela baseada na regra inclusiva segundo a qual o que não está proibido está permitido.[195]

---

[193] COÊLHO, Sacha Calmon Navarro. Considerações acerca do planejamento tributário no Brasil. In: MACHADO, Hugo de Brito (Coord.). *Planejamento Tributário*. São Paulo: Malheiros: ICET, 2016, p. 655.

[194] MACHADO, Hugo de Brito. *Introdução ao Planejamento Tributário*. São Paulo: Malheiros Editores, 2014, p. 90.

[195] ANDRADE FILHO, Edmar Oliveira. *Planejamento Tributário*. 2. ed. rev., ampl. e atual. São Paulo: Saraiva, 2016, p. 156.

Tem-se que o limite do planejamento tributário encontra esteio nos vícios atinentes à existência e à validade do negócio jurídico, consubstanciados na simulação ou dissimulação, bem como fraude à lei, abuso de direito ou abuso de forma, que constituem parâmetros hermenêuticos para a qualificação da materialidade tributária no âmbito da elisão fiscal. Por essa razão, com fundamento de Direito Civil, que já atribui efeitos de nulidade ou anulabilidade em cada uma das hipóteses de vício, é que Sacha Calmon Navarro Côelho entende que "nada inovou a introdução do parágrafo único, do art. 116, do CTN."[196]

Defende-se, portanto, que somente a intenção do contribuinte de realizar negócios jurídicos com o objetivo de incorrer em menor ônus tributário, por si só, não guarda relação com a regularidade dos respectivos atos. Ocorre que, se essa for a única motivação, o problema não está centrado no motivo, mas na utilização de atos e negócios ineficazes, pois em desconformidade com sua causa. Ressalte-se que a ilegitimidade não está no motivo ou no propósito da conduta, mas "no desrespeito à causa e aos elementos estruturais dos atos e negócios jurídicos empregados para se atingir a pretensão voltada exclusivamente à economia fiscal."[197]

2.3.3 Interpretação Econômica da Lei Tributária

A interpretação econômica da lei tributária surge, sob a influência de Enno Becker, na Alemanha[198], impondo ao intérprete o desenvolvimento da análise, em matéria tributária, com base nos fins da lei tributária e no seu alcance

---

[196] COÊLHO, Sacha Calmon Navarro. Considerações acerca do planejamento tributário no Brasil. In: MACHADO, Hugo de Brito (Coord.). *Planejamento Tributário*. São Paulo: Malheiros: ICET, 2016, p. 655.

[197] ANDRADE, Leonardo Aguirra de. *Estruturação Elusiva de Atos e Negócios Jurídicos no Direito Tributário Brasileiro:* Limites ao Planejamento Tributário. Dissertação (Mestrado em Direito) – Faculdade de Direito, Universidade de São Paulo. São Paulo, p. 364. 2014, p. 254.

[198] Cf. MARINS, James. *Elisão Tributária e sua Regulação*. São Paulo: Dialética, 2002, p. 17: A interpretação econômica tem como marco originário os §§ 4º e 5º da Ordenação tributária Alemã:

§ 4º Na interpretação das leis tributárias devem ser considerados sua finalidade, seu significado econômico e o desenvolvimento das circunstâncias.

§ 5º A obrigação tributária não pode ser eludida ou reduzida mediante o emprego abusivo de formas e formulações de direito civil.

Haverá abuso no sentido do inciso I,

económico, bem como as formas que se revestiam as situações de fato.[199] Essa concepção influenciou a construção da interpretação funcional, a partir da qual o intérprete deve buscar compreender a função e natureza da lei tributária, investigando a capacidade contributiva no caso concerto.[200]

Para Amílcar Araújo Falcão a interpretação económica da lei tributária consiste:

> em última análise, em dar-se à lei, na sua aplicação às hipóteses concretas, inteligência tal que não permita ao contribuinte manipular a forma jurídica para, resguardando o resultado económico visado, obter um menor pagamento ou não pagamento de determinado tributo.[201]

Desse modo, em casos de vícios na utilização de institutos do direito privado, abrir-se-ia a possibilidade de qualificação dos fatos geradores para se investigar manifestações da capacidade contributiva e se tributar a riqueza, substância ou essência do ato, independente de como havia se externado formalmente.

No Brasil, a influência da interpretação económica poderia ser constatada nos artigos 129 e 134 do Anteprojeto do Código Tributário Nacional e no art. 74 do Projeto do Código Tributário Nacional[202], que não foram acolhidos

1. quando, nos casos em que a lei submete a um imposto fenômenos, fatos e relações económicas em sua forma jurídica correspondente, as partes contratantes escolhem formas ou negócios inusitados para eludir o imposto, e
2. quando, segundo as circunstâncias e a forma como é ou deve ser processado, obtêm as partes contratantes, em substância, o mesmo resultado económico que seria obtido, se fosse a forma jurídica correspondente a fenômenos, fatos e relações económicos.

[199] MARINS, James. *Elisão Tributária e sua Regulação*. São Paulo: Dialética, 2002, p. 17.

[200] BATISTA JÚNIOR, Onofre Alves. *O Planejamento Fiscal e a Interpretação no Direito Tributário*. Belo Horizonte: Mandamentos, 2002, p. 83-88.

[201] FALCÃO, Amílcar de Araújo. *Fato gerador da obrigação tributária*. 7. ed. São Paulo: Noeses, 2013, p. 56.

[202] *Anteprojeto*:

Art. 129 – Salvo em se tratando de tributos incidentes sobre atos jurídicos formais e de taxas, a interpretação da legislação tributária, no que se refere à conceituação de um determinado ato, fato ou situação jurídica como configurando ou não o fato gerador, e também no que se refere à determinação da alíquota aplicável, terá diretamente em vista os resultados efetivamente decorrentes do aludido ato, fato ou situação, ainda quando tais resultados não

pelo Congresso Nacional na edição final do CTN, sinalizando que a inclusão da teoria da interpretação econômica no ordenamento jurídico brasileiro foi rejeitada.

Edmar Oliveira Andrade Filho afirma que se trata a interpretação econômica de uma mitigação do princípio da legalidade para autorizar a tributação com base na analogia. O autor critica esse recurso, tendo em vista que quando o intérprete se depara com questões de um caso concreto, suas decisões não podem se basear em modelos padronizados, uma vez que não existem fatos que sejam absolutamente idênticos ou que sejam descritos da mesma maneira, sendo inaplicável a analogia nesse ponto, mormente porque, no direito tributário, as prescrições do dever-ser devem ser estipuladas em lei.[203]

Nesse sentido, Luciano da Silva Amaro leciona que:

> Se o intérprete pudesse pesquisar o conteúdo econômico desse ou daquele negócio, para, à vista de sua similitude com o conteúdo econômico de outro negócio, estender para o primeiro a regra de incidência do segundo, o fato gerador do tributo deixaria de corresponder à previsão abstrata posta na lei (princípio da reserva de lei); o campo estaria aberto para a criação de tributo por analogia (já que a 'razão

correspondam aos normais, com o objetivo de que a resultados idênticos ou equivalentes corresponda tratamento tributário igual.

Art. 134 – A autoridade administrativa ou judiciária competente para aplicar a legislação tributária terá em vista evitar, impedir ou reprimir a fraude, a sonegação e a evasão de tributos, ainda que não se configure hipótese expressamente definida pela legislação como infração. Projeto:

Art. 74. A interpretação da legislação tributária visará sua aplicação não só aos atos, fatos ou situações jurídicas nela nominalmente referidos, como também àqueles que produzam ou sejam suscetíveis de produzir resultados equivalentes.

Parágrafo único. O disposto neste artigo não se aplica:

I. Às taxas;

II. Aos impostos cujo fato gerador seja a celebração de negócio, a prática de ato, ou a expedição de instrumento, formalmente caracterizados na conformidade do direito aplicável segundo a sua natureza própria.

Cf. MINISTÉRIO DA FAZENDA. *Trabalhos da Comissão Especial do Código Tributário Nacional.* Rio de Janeiro: 1954, p. 297 e 299; 40. Disponível em: < http://www2.senado.gov.br/bdsf/handle/id/511517>. Acesso em: 10 set. 2018.

[203] ANDRADE FILHO, Edmar Oliveira. *Planejamento Tributário.* 2. ed. rev., ampl. e atual. São Paulo: Saraiva, 2016, p. 235-239.

econômica' seria a mesma nas duas hipóteses), assim como para a aplicação de isenção por analogia (...). A interpretação do art. 109 do Código Tributário Nacional não pode se fazer contra a própria letra do dispositivo e com sacrifício do princípio da legalidade e da segurança e certeza do direito aplicável, e, ainda, em contradição com os preceitos do próprio Código, que proclamam a vedação da isenção e da tributação por analogia.[204]

O arcabouço teórico da interpretação econômica tem seu fundamento no princípio da capacidade contributiva em detrimento do princípio da legalidade e suas variações.

Aplicando a interpretação econômica à análise de planejamento tributário, o intérprete deve ir além da sua estrutura jurídica formal para investigar a realidade econômica subjacente, que exterioriza a capacidade contributiva, não sendo o ato ou negócio jurídico que determinam o nascimento da obrigação tributária, mas a expressão econômica a eles inerente. Conforme expõe Hermes Marcelo Huck, "a exteriorização do fenômeno econômico é ultrapassada pelo objetivo visado pelas partes e pelo efetivo resultado por elas alcançado, devendo haver tributação independentemente de sua forma exterior".[205]

Marco Aurélio Greco enfatiza que a proibição da analogia em matéria tributária não está elencada na CF/88, mas decorre de literalidade do art. 108, § 1º, do CTN e afirma que não defende nem a analogia, nem a interpretação econômica, mas sim a chamada consideração econômica, em que:

> parte-se da lei, constrói-se o conceito legal para saber qual o tipo previsto na lei; vai-se para o fato, constrói-se o conceito de fato considerando os seus aspectos jurídicos, econômicos, mercadológicos, concorrenciais, etc.; enfim, todos os aspectos relevantes para construí-lo e volta-se para a lei para saber se ele está enquadrado ou não. Isto é incluir a variável econômica ao lado de outras variáveis na construção

---

[204] AMARO, Luciano da Silva. *Direito tributário brasileiro*. 15. ed. São Paulo: Saraiva, 2009, p. 236.

[205] HUCK, Hermes Marcelo. *Evasão e Elisão*: Rotas Nacionais e Internacionais. São Paulo: Saraiva, 1997, p. 71.

do conceito de fato, para saber o que ele é. Isso não tem nada a ver com interpretação econômica.[206]

Ocorre que, mostra-se inapropriado aplicar a interpretação econômica a uma situação fática, antes da análise de sua subsunção à hipótese de incidência tributária. Dá-se a construção do fato jurídico a partir da constatação da sua ocorrência no mundo fático, de acordo com os elementos descritos na norma, que podem ter conteúdo econômico, desde que inserido pelo legislador. Por isso, a consideração econômica é uma consideração jurídica, não havendo espaço para circunstâncias não previstas em lei.[207]

Sob essa perspectiva, qualquer verificação da capacidade contributiva manifestada pelo contribuinte, em razão da legalidade que demonstra a escolha dos signos de riqueza eleitos pelo legislador na construção da hipótese de incidência tributária, deve submeter-se a critérios objetivos e pré-fixados na lei, sob pena de aplicação subjetiva e casuística da lei tributária.

Assim, na análise dos atos e negócios jurídicos realizados com o objetivo de incorrer em menor ônus fiscal, o intérprete da lei tributária fica adstrito à materialidade escolhida pelo legislador, relacionada à riqueza manifestada pelo contribuinte em uma situação de fato (art. 116, I, do CTN) ou à forma jurídica que se exterioriza a referida riqueza, em conformidade com o direito privado (art. 116, II, do CTN), sendo irrelevante a efetiva materialização da riqueza, não servindo, dessa forma, a interpretação econômica para correção da norma tributária ou extensão da sua abrangência.

A interpretação da norma tributária, que define os fatos geradores dos tributos, não se orienta, necessariamente, pelo sentido mais restritivo de seus termos e sequer pela máxima *in dubio pro contribuinte*, mas pela compreensão que melhor se ajuste ao propósito ou à finalidade prática no momento em que é aplicada – interpretação teleológica. Mas a possibilidade do intérprete se afastar do sentido literal da norma, não lhe permite realizar livre investigação das relações econômicas subjacentes aos negócios privados, uma vez

---

[206] GRECO, Marco Aurélio. *Planejamento tributário*. 2. ed. São Paulo: Dialética, 2008, 163-168.
[207] GASSNER, Wolfgang. *Interpretation und Anwendung der Steuergesetze. Kritische Analyse der wirtchaftlichen Betrachtungsweise dês Steuerrechts*. Wien: Anton Orac, 1972, p. 53 apud SCHOUERI, Luís Eduardo. *Direito Tributário*. 5. ed. São Paulo: Saraiva, 2015, p. 738.

que tal atitude resultaria em situação de incerteza, insegurança e violação da legalidade.[208]

À vista disso, a interpretação e aplicação do direito positivo não podem ser realizadas pela consideração de critérios não previstos na lei, que permite ao intérprete emitir um juízo de valor sobre a ordem jurídica de acordo com sua concepção. Segundo Edmar Oliveira de Andrade Filho, "o problema central da interpretação econômica não está na existência de norma que não observa a igualdade; está, sim, na falta de norma que preveja a tributação."[209]

2.4 Norma Geral Antielisão: Art. 116, Parágrafo Único, do CTN

A norma geral antielisão, utilizada em alguns sistemas jurídicos[210] como um controle repressivo para investigar e tentar combater situações decorrentes das condutas adotadas pelos contribuintes que visam à economia fiscal, permite o Fisco a obrigar determinados contribuintes a suportar o ônus tributário, em razão dos efeitos da requalificação de atos e negócios jurídicos.[211]

Hugo de Brito Machado define a norma geral antielisão como sendo aquela com a qual o legislador procura retirar do contribuinte a liberdade de eleger a forma menos onerosa, sob o ponto de vista fiscal, para realizar atos e negócios jurídicos.[212]

Com o Projeto de Lei nº. 77/1999, foram desencadeados debates acerca da inserção de uma norma geral antielisão no ordenamento jurídico brasileiro,

---

[208] GODOI, Marciano Seabra de. A volta do *in dubio pro contribuinte*: avanço ou retrocesso? In: ROCHA, Valdir de Oliveira (org.). *Grandes Questões Atuais do Direito Tributário*. vol. 17. São Paulo: Dialética, 2013, p. 181-197.

[209] ANDRADE FILHO, Edmar Oliveira. *Planejamento Tributário*. 2. ed. rev., ampl. e atual. São Paulo: Saraiva, 2016, p. 242-243.

[210] Entre outros países: Alemanha, Espanha, França, Reino Unido, Estados Unidos, Argentina e Itália. Cf. CINTRA, Carlos César Sousa; MATTOS, Thiago Pierre Linhares. Planejamento Tributário à luz do direito brasileiro. In: MACHADO, Hugo de Brito (Coord.). *Planejamento Tributário*. São Paulo: Malheiros: ICET, 2016, p. 145.

[211] CINTRA, Carlos César Sousa; MATTOS, Thiago Pierre Linhares. Planejamento Tributário à luz do direito brasileiro. In: MACHADO, Hugo de Brito (Coord.). *Planejamento Tributário*. São Paulo: Malheiros: ICET, 2016, p. 145.

[212] MACHADO, Hugo de Brito. Planejamento Tributário. In: MACHADO, Hugo de Brito (Coord.). *Planejamento Tributário*. São Paulo: Malheiros: ICET, 2016, p. 41.

PLANEJAMENTO TRIBUTÁRIO

levada a efeito com a sua conversão na Lei Complementar 104/2001, que acrescentou o parágrafo único, no art. 116, do CTN. A "Exposição de Motivos" expôs a outorga de poderes às autoridades tributárias para reprimir práticas elisivas com abuso de direito ou abuso de forma e dizia:

> A inclusão do parágrafo único do art. 116 faz-se necessária para estabelecer, no âmbito da legislação brasileira, norma que permita à autoridade tributária desconsiderar atos ou negócios jurídicos praticados com a finalidade de elisão, constituindo-se, dessa forma, um instrumento eficaz para o combate aos procedimentos de planejamento tributário praticados com abuso de forma ou de direito.[213]

O parágrafo único do art. 116, do CTN não fez nenhuma menção ao abuso de forma ou do direito, tratando apenas da dissimulação como situação autorizativa de sua aplicação:

> Art. 116.
> Parágrafo único. A autoridade administrativa poderá desconsiderar atos ou negócios jurídicos praticados com a finalidade de dissimular a ocorrência do fato gerador do tributo ou a natureza dos elementos constitutivos da obrigação tributária, observados os procedimentos a serem estabelecidos em lei ordinária.

Foi a Medida Provisória nº. 66/2002 que atribuiu ao referido comando a denominação de "norma geral antielisão", em seção designada "procedimentos relativos à norma geral antielisão" (artigos 13 a 19), não tendo essa parte sido convertida na Lei 10.637/02.

São grandes as controvérsias entre a natureza jurídica e o alcance do referido dispositivo que inspiraram interpretações das mais diversas.[214]

Carlos César Sousa Cintra e Thiago Pierre Linhares Mattos; Gabriel Lacerda Troianelli; e Ives Gandra da Silva Martins entendem que, na realidade

---

[213] Projeto de Lei Complementar nº. 77/1999. Disponível em: < http://www.camara.gov.br/proposicoesWeb/fichadetramitacao?idProposicao=25745>. Acesso em: 15 set. 2018.

[214] BOGO, Luciano Alaor. *Elisão Tributária:* licitude e abuso do direito. Curitiba: Juruá, 2009, p. 233-234.

PLANEJAMENTO TRIBUTÁRIO

o parágrafo único do art. 116 do CTN é uma norma antievasão[215], já que somente deve ser invocado para alcançar condutas ilícitas que levem à ilegítima redução de tributos.[216-217-218]

Nesse ponto, Paulo de Barros Carvalho expõe que o dispositivo em nada inovou no ordenamento jurídico brasileiro, apenas ratificando a regra insculpida no art. 149, VII, do CTN que já autorizava a desconsideração de negócios jurídicos dissimulados. Por isso, na sua visão, o parágrafo único, do art. 116, do CTN não surgiu para impedir o planejamento fiscal, pautado na realização de um negócio pelo contribuinte, que embora importe redução ou eliminação da carga tributária, é legal e válido, diferentemente dos dissimulados, consubstanciados na ilegal ocultação da ocorrência do fato jurídico tributário. Ressalte-se, ademais, que a lei jamais poderia trazer essa limitação, tendo em vista que o particular "é livre para escolher o ato que pretende praticar, acarretando, conforme sua escolha, o nascimento ou não de determinada obrigação tributária."[219]

Isso implica, violando os princípios da legalidade e segurança jurídica, nova forma de tributação, ao permitir que os atos e negócios praticados pelos contribuintes, lícitos e com o intuito de incorrer em menor ônus tributário, sejam desconsiderados para admitir a incidência de tributo sobre situações diversas da ocorrida, considerando a vontade e não os fatos.[220]

---

[215] Para o então Procurador-Geral da República, Cláudio Fonteles, "o parágrafo único do art. 116 do CTN, introduzido pela Lei Complementar 104/2001, constitui norma antievasiva, que pretende coibir a evasão fiscal nas suas mais variadas formas." Cf. STF, ADI 2.446, fls. 281.

[216] CINTRA, Carlos César Sousa; MATTOS, Thiago Pierre Linhares. Planejamento Tributário à luz do direito brasileiro. In: MACHADO, Hugo de Brito (Coord.). *Planejamento Tributário.* São Paulo: Malheiros: ICET, 2016, p. 148.

[217] TROIANELLI, Gabriel Lacerda. O parágrafo único do artigo 116 do Código Tributário Nacional como limitador do poder da Administração. In: ROCHA, Valdir de Oliveira (coord.). *O Planejamento Tributário e a Lei Complementar 104.* São Paulo: Dialética, 2001, p. 100-102.

[218] MARTINS, Ives Gandra da Silva. Norma antielisão tributária e o princípio da legalidade à luz da segurança jurídica. *Revista Dialética de Direito Tributário*, n. 119. São Paulo: Dialética, 2005, p. 125.

[219] CARVALHO, Paulo de Barros. *Curso de Direito Tributário.* 26. ed. São Paulo: Saraiva, 2014, p. 278-279.

[220] BELCHIOR, Deborah Sales; SILVEIRA, Larissa de Castro. Planejamento Tributário. In: MACHADO, Hugo de Brito (Coord.). *Planejamento Tributário.* **São** Paulo: Malheiros: ICET, 2016, p. 167.

PLANEJAMENTO TRIBUTÁRIO

Heleno Taveira Tôrres sustenta que a alteração somente aperfeiçoou o que já estava regulado genericamente pela lei, afastando quaisquer dúvidas sobre a possibilidade de a administração desconsiderar negócios fictícios ou dissimulados.[221]

Luís Eduardo Schoueri e Lívia De Carli Germano manifestam que a única inovação trazida pelo dispositivo em questão foi a exigência de lei ordinária com a incumbência de estabelecer o procedimento específico na desconsideração dos negócios sem causa, garantindo maior certeza jurídica aos contribuintes e contendo possíveis excessos que venham a ser perpetrados pelo fisco. Desse modo, enquanto não editada a respectiva lei, permanece a possibilidade de o fisco requalificar os atos e negócios sem causa, realizados com fraude à lei ou simulação, em conformidade com a legislação de processo administrativo de cada ente.[222-223]

Nesse sentir, Douglas Yamashita expõe que o próprio CC/02 já disciplina os procedimentos relativos à desconsideração dos atos e negócios praticados com abuso ou fraude à lei, combinando essas regras, na esfera federal, com o Decreto nº. 70.235/72 e, subsidiariamente, a Lei 9.784/99, sendo possível a elaboração de lei que traga critérios específicos sobre o procedimento.[224]

Marciano Seabra de Godoi reflete sobre a inaplicabilidade do CC/02 na hipótese de desconsideração dos atos e negócios jurídicos com vício, conforme previstos no art. 166, VI, utilizados para o planejamento tributário, em razão de sua nulidade estar condicionada à sentença judicial, o que seria incabível na esfera administrativa, que deve fazê-la no bojo de procedimentos administrativos específicos.[225]

Paulo Ayres Barreto argumenta que, em sendo caso de simulação absoluta, aplica-se o art. 149, VII, do CTN, mas tratando-se de simulação relativa

---

[221] TÔRRES, Heleno Taveira. Limites do planejamento tributário e a norma brasileira antissimulação (LC104/01). In: *Grandes questões atuais do direito tributário*. Dialética, v. 5, p. 101-153.

[222] SCHOUERI, Luís Eduardo. *Planejamento tributário:* limites à norma antiabuso. Direito Tributário Atual, v. 24, 2010, p. 346.

[223] GERMANO, Lívia de Carli. *Planejamento tributário e limites para a desconsideração dos negócios jurídicos.* São Paulo: Saraiva, 2013, p. 231-232.

[224] YAMASHITA, Douglas. *Elisão e Evasão de Tributos* – Planejamento Tributário à luz do Abuso do Direito e da Fraude à Lei. São Paulo: Lex, 2005, p. 148-153.

[225] GODOI, Marciano Seabra de. Planejamento Tributário. In: MACHADO, Hugo de Brito (Coord.). *Planejamento Tributário.* São Paulo: Malheiros: ICET, 2016, p. 510-511.

– dissimulação – incide o parágrafo único do art. 116, do CTN, cuja eficácia técnica está condicionada à edição de lei ordinária.[226] Nesse mesmo sentido, Heleno Taveira Tôrres indica que a norma regula os atos de simulação relativa (dissimulação) relacionado ao planejamento tributário que pretendem ocultar o negócio, trazendo "ao ordenamento uma regra específica para este intento, uma vez que a simulação absoluta sempre foi definida como ilícito tributário."[227]

Verifica-se que o legislador foi infeliz ao utilizar a expressão "dissimular" ao editar a norma, criando uma restrição terminológica que acabou por determinar a sua inaplicabilidade às hipóteses de abuso de forma e de direito – objetivo inicial do projeto. Por isso, Luciano da Silva Amaro e Alberto Xavier entendem que o dispositivo em questão se refere, na verdade, à figura da simulação.[228][229]

Em outro sentido, Marco Aurélio Greco explana que a matéria regulada no parágrafo único, do art. 116, do CTN não se confunde com as hipóteses previstas no art. 149, VII, do CTN, que determina o lançamento de ofício, quando restar comprovada a atuação do sujeito passivo com dolo, fraude ou simulação, sem a necessidade de procedimento específico prévio à desconsideração dos atos ou negócios.[230]

Isso porque, ao empregar a palavra "dissimular", ao invés de "simular", foi dada uma abrangência maior ao dispositivo para além do art. 149, VII, do CTN. É que dissimular pode ser sinônimo de simular, mas também comporta outros significados. Disso decorre que estarão pendentes da regulamentação do referido dispositivo somente as hipóteses não contempladas no art. 149, VII, do CTN, que estão sujeitas ao lançamento de ofício, independente do art. 116,

---

[226] BARRETO, Paulo Ayres. *Elisão Tributária:* limites normativos. Tese apresentada ao concurso à livre-docência do Departamento de Direito Econômico e Financeiro – Área de Direito Tributário – da Faculdade de Direito da Universidade de São Paulo. São Paulo, 2008, p. 244.

[227] TÔRRES, Heleno Taveira. Limites ao planejamento tributário – Normas antielusivas (gerais e preventivas) – A norma geral de desconsideração de atos ou negócios jurídicos no Direito Brasileiro. In: *Tributação e Antielisão.* Livro 3. 1. ed. Curitiba: Juruá, 2010, p. 73.

[228] AMARO, Luciano da Silva. *Direito tributário brasileiro.* 15. ed. São Paulo: Saraiva, 2009, p. 238.

[229] XAVIER, Alberto. *Tipicidade da tributação, simulação e norma antielisiva.* São Paulo: Dialética, 2001, p. 52.

[230] GRECO, Marco Aurélio. *Planejamento tributário.* 2. ed. São Paulo: Dialética, 2008, p. 457-468.

PLANEJAMENTO TRIBUTÁRIO

parágrafo único, do CTN e os procedimentos específicos a serem definidos. A sua aplicação incide sobre hipóteses de negócios jurídicos não abusivos ou com fraude à lei, em função da eficácia positiva do princípio da capacidade contributiva. E assim o autor resume seu posicionamento:

> Em suma, para deflagrar as consequências pertinentes às patologias dos negócios jurídicos (simulação, abuso de direito e fraude à lei) não havia necessidade do parágrafo único do art. 116 do CTN. A eles o ordenamento reage por si só mediante um lançamento de ofício. A inclusão do parágrafo único ao artigo 116 do CTN tornou a figura da elisão uma categoria tributária não dependente das patologias; ainda que os negócios jurídicos não padeçam de qualquer vício, o dispositivo abre espaço para aferir a sua conformidade ao princípio da capacidade contributiva, daí a necessidade de procedimentos especiais para tanto.[231]

Ricardo Lobo Torres, de igual modo, entende que o parágrafo único, do art. 116 do CTN refere-se à dissimulação do fato gerador abstrato e não à simulação do fato gerador concreto, nos seguintes termos:

> A cláusula geral antielisiva do art. 116, parágrafo único, do CTN nada tem que ver com a simulação, porque atua no plano abstrato da definição do fato gerador e dos elementos constitutivos da obrigação tributária (sujeito passivo, tempo, base de cálculo, alíquota, etc.), impedindo que seja dissimulada sua ocorrência mediante interpretação abusiva do texto da lei tributária. Opera, portanto, no plano da *mens legis*, evitando que se distorça o sentido da lei para dissimular a ocorrência do fato gerador apropriado. Também não anula o ato ou negócio jurídico praticado pelo contribuinte, como ocorre na simulação (art. 167 do CC), senão que o requalifica, para reaproximá-lo da *mens legis*, isto é do verdadeiro conteúdo material previsto no desenho da hipótese de incidência.[232]

---

[231] GRECO, Marco Aurélio. *Planejamento tributário*. 2. ed. São Paulo: Dialética, 2008, p. 468.
[232] TORRES, Ricardo Lobo. Norma Geral Antielisão. In: MACHADO, Hugo de Brito (Coord.). *Planejamento Tributário*. São Paulo: Malheiros: ICET, 2016, p. 626.

PLANEJAMENTO TRIBUTÁRIO

Ocorre que, conforme defende Ricardo Mariz de Oliveira "exatamente por elisão ser resultado obtido licitamente, isto é, conforme ao direito, não faz sentido algum falar-se em 'norma antielisão. '" Desse modo, em não sendo verificados vícios ou patologias nos negócios jurídicos estruturantes do planejamento tributário, não podem ser requalificados sob o argumento de violarem a capacidade contributiva.[233]

Ademais, o termo dissimulação deve ser entendido na sua acepção técnica, correspondente à simulação relativa, conforme amplamente utilizada na doutrina civil, não havendo no parágrafo único, do art. 116, do CTN nenhum indicativo de que tenha sido utilizado em sentido diverso ou mais abrangente, inserindo-se nas situações de ocultação do fato gerador sem causa já tratadas pela lei tributária autorizativa da realização de lançamento de ofício.[234]

No mesmo sentido, Maria Rita Ferragut ensina que a dissimulação contida no parágrafo único, do art. 116 do CTN deve ser caracterizada como um ato ilícito. O contribuinte dissimula quando oculta ou encobre um negócio que corresponde a um fato jurídico-tributário. Escondendo astuciosamente um ato seu que incorreria, normalmente, na hipótese de incidência de algum tributo, ele praticará um ato dissimulador, caracterizado pela ilicitude. Dessa forma, "a elisão é permitida pela legislação, e a ela não se aplica o parágrafo único do art. 116."[235]

Portanto, a inovação do dispositivo refere-se à determinação de procedimentos específicos a serem verificados pelas autoridades fiscais na desconsideração de negócios dissimulados, disciplinando a fiscalização e o lançamento.

---

[233] OLIVEIRA, Ricardo Mariz de. In: Martins, Ives Gandra da Silva (Coord.). Caderno de Pesquisas Tributárias. Vol. 13. Elisão e Evasão Fiscal. São Paulo: Resenha Tributária, 1988 apud ANDRADE, Leonardo Aguirra de. *Estruturação Elusiva de Atos e Negócios Jurídicos no Direito Tributário Brasileiro:* Limites ao Planejamento Tributário. Dissertação (Mestrado em Direito) – Faculdade de Direito, Universidade de São Paulo. São Paulo, p. 364. 2014.

[234] GERMANO, Lívia de Carli. *Planejamento tributário e limites para a desconsideração dos negócios jurídicos.* São Paulo: Saraiva, 2013, p. 230.

[235] FERRAGUT, Maria Rita. *Evasão fiscal:* o parágrafo único do art. 116 do CTN e os limites de sua aplicação. Revista Dialética de Direito Tributário/RDDT 67/117-124. São Paulo: Dialética, 2001.

PLANEJAMENTO TRIBUTÁRIO

O Projeto de Lei 536/2007[236], apenso ao Projeto de Lei 133/2007[237] e ao Projeto de Lei 888/2007[238], está em tramitação perante a Câmara dos Deputados, e visa a estabelecer procedimento administrativo de desconsideração de atos e negócios jurídicos, do lançamento e da apresentação dos documentos que devem instruí-lo, buscando a conciliação com os direitos constitucionais dos contribuintes. Em suma: o contribuinte recebe uma notificação de desconsideração, constando fatos e fundamentos, e lhe é dado prazo para apresentar esclarecimentos. Caso os esclarecimentos sejam rejeitados, o auditor fiscal encaminha a representação ao agente fiscalizador e, sendo esta procedente, o agente notifica o contribuinte para pagar o tributo sem penalidades e, não havendo o pagamento, efetua o lançamento do crédito tributário, cabendo ao sujeito passivo pagá-lo ou impugná-lo.

A Comissão de Desenvolvimento Econômico, Indústria e Comércio com Parecer do Relator Deputado Osório Adriano (PFL-DF) foi pela aprovação do PL 536/2007 na forma do Substitutivo apresentado (20/04/2007), tendo sido o Parecer da Comissão de Trabalho, de Administração e Serviço Público, pelo Relator Deputado Vicentinho (PT-SP) a favor da aprovação do referido Projeto de Lei (19/09/2011); e pelo Relator Deputado Laércio de Oliveira (SD-SE) (2/10/2015) e pelo Relator Deputado Benjamin Maranhão (SD-PB) (12/12/2017) foi pela rejeição do PL 536/2007.[239]

---

[236] Projeto de Lei 536/2007. Estabelece procedimentos para desconsideração de atos ou negócios jurídicos, para fins tributários, conforme previsto no parágrafo único do art. 116 da Lei nº 5.172, de 25 de outubro de 1966 – Código Tributário Nacional (CTN), introduzido pela Lei Complementar nº 104, de 10 de janeiro de 2001, e dá outras providências. Disponível em: <http://www.camara.gov.br/proposicoesWeb/fichadetramitacao?idProposicao=345597>. Acesso em: 15 set. 2018.

[237] Projeto de Lei 133/2007. Dispõe sobre o procedimento de desconsideração de pessoa, ato ou negócio jurídico pelas autoridades fiscais competentes, e dá outras providências. Disponível em: <http://www.camara.gov.br/proposicoesWeb/fichadetramitacao?idProposicao=340670&ord=1>. Acesso em: 15 set. 2018.

[238] Projeto de Lei 888/2007. Estabelece procedimento para desconsideração administrativa de atos ou negócios jurídicos, para fins de reconhecimento de relação de emprego e imposição dos tributos, sanções e encargos dela derivados. Disponível em: <http://www.camara.gov.br/proposicoesWeb/fichadetramitacao?idProposicao=349533>. Acesso em: 15 set. 2018.

[239] *PL 536/2007 proposto:*
Art. 1º Os atos ou negócios jurídicos praticados com a finalidade de dissimular a ocorrência de fato gerador do tributo ou a natureza dos elementos constitutivos da obrigação tributária serão desconsiderados, para fins tributários, pela autoridade administrativa competente, observados os procedimentos estabelecidos nesta Lei.

PLANEJAMENTO TRIBUTÁRIO

O referido PL ainda deve ser analisado pela Comissão de Finanças e Tributação e Comissão de Constituição e Justiça e de Cidadania.

Ocorre que, mesmo inexistindo lei que defina os procedimentos específicos para a desconsideração de negócios jurídicos e combate aos ditos planejamentos tributários abusivos, a administração o faz, com a aplicação de conceito amplo e causalista de simulação, fazendo as vezes, sob o ponto de vista pragmático, de norma geral antielisão. Nessa situação, são consideradas as circunstâncias do caso concreto, indagando-se a substância real do negócio[240] e a consideração econômica do agir do contribuinte[241], não sendo a economia tributária, por si só, justificativa válida para a adoção de determinadas estruturas societárias – exigência de motivos não tributários[242].

§ 1º São passíveis de desconsideração os atos ou negócios jurídicos que visem ocultar os reais elementos do fato gerador, de forma a reduzir o valor de tributo, evitar ou postergar o seu pagamento.

§ 2º O disposto neste artigo não se aplica nas hipóteses de que trata o inciso VII do art. 149 da Lei nº 5.172, de 25 de outubro de 1966 – Código Tributário Nacional (CTN).

Substitutivo ao PL 536/2007 proposto pelo Deputado Osório Adriano (não trata do procedimento em si):

Art. 1º Os atos ou negócios jurídicos praticados com a finalidade de dissimular a ocorrência de fato gerador do tributo ou a natureza dos elementos constitutivos da obrigação tributária serão desconsiderados, para fins tributários, pela autoridade administrativa competente, observados os procedimentos estabelecidos nesta Lei, vedada a desconsideração da pessoa jurídica prestadora de serviços sem prévia autorização judicial.

Parágrafo único. Na hipótese referida no caput deste artigo, são passíveis de desconsideração os atos ou negócios jurídicos que adotem formas ou estruturas lícitas, porém não usuais e com o propósito negocial de ocultar os elementos do fato gerador em sua forma ou estrutura usual, de forma a reduzir o valor de tributo, evitar ou postergar o seu pagamento.

Disponível em: <http://www.camara.gov.br/proposicoesWeb/fichadetramitacao?idProposic ao=340670&ord=1>. Acesso em: 15 set. 2018.

[240] GODOI, Marciano Seabra de. Planejamento Tributário. In: MACHADO, Hugo de Brito (Coord.). *Planejamento Tributário*. São Paulo: Malheiros: ICET, 2016, p. 477.

[241] ANDRADE, José Maria Arruda de.; e BRANCO, Leonardo Ogassawara de Araújo. O apelo a argumentos extrajurídicos e ao art. 123 do CTN no combate ao planejamento tributário no âmbito do Carf: análise de casos envolvendo JCP e reserva de usufruto. *DIREITO TRIBUTÁRIO ATUAL*, v. 39, p. 433-456, 2018. Disponível em: <http://ibdt. org.br/RDTA/39/o-apelo-a-argumentos-extrajuridicos-e-ao-art-123-do-ctn-no-combate-ao- -planejamento-tributario-no-ambito-do-carf-analise-de-casos-envolvendo-jcp-e-reserva-de- -usufruto/>. Acesso em: 23 set. 2018.

[242] COÊLHO, Sacha Calmon Navarro. Considerações acerca do planejamento tributário no Brasil. In: MACHADO, Hugo de Brito (Coord.). *Planejamento Tributário*. São Paulo: Malheiros: ICET, 2016, p. 652.

Nesse sentido, confira as seguintes ementas de decisões do CARF:

FRAGMENTAÇÃO DE RECEITAS. CONCENTRAÇÃO DOS RESPECTIVOS CUSTOS. ALEGAÇÃO DE PROPÓSITO NEGOCIAL. Alegações no sentido de existência de propósito negocial, razões de ordem comercial e administrativa e de direito à livre iniciativa, não são hábeis a afastar a autuação por omissão de receitas se não afastada a constatação fiscal de que, apesar de concentrar todos os custos e a quase totalidade das despesas, a autuada (optante pelo lucro real) transferiu para outras empresas do mesmo grupo (tributadas pelo lucro presumido) quase toda receita de serviços, receitas essas que, posteriormente, retornam à sua efetiva detentora a título de mútuos que não são pagos, mas são baixados em contrapartida de distribuição de lucros.
MULTA DE OFÍCIO QUALIFICADA. IMPUTAÇÃO DE FRAUDE. Não afastadas as constatações fiscais que ensejaram imputação de intuito de fraude, não há como afastar a multa aplicada no percentual de 150%.[243]

ATO SOCIETÁRIO SEM PROPÓSITO NEGOCIAL. ÁGIO DESPROVIDO DE SUBSTÂNCIA ECONÔMICA. PROCEDÊNCIA DA MULTA QUALIFICADA. Se os fatos retratados nos autos deixam fora de dúvida a intenção do contribuinte de, por meio de ato societário desprovido de propósito negocial, gerar ágio artificial, despido de substância econômica e, com isso, reduzir a base de incidência de tributos, devese resguardar a qualificação da multa aplicada pela Fiscalização.[244]

OPERAÇÕES SEM PROPÓSITO NEGOCIAL. Nas operações estruturadas em sequência, o fato de cada uma delas, isoladamente e do ponto de vista formal, ostentar legalidade, não garante a legitimidade

---

[243] Acórdão 1302002.986. 3ª Câmara, 2ª Turma Ordinária, do CARF. Relator: Rogério Aparecido Gil. Sessão de 26 de julho de 2018.
[244] Acórdão 9101003.620. 1ª Turma do CARF. Relator: Flávio Franco Corrêa. Sessão de 06 de junho de 2018.

do conjunto das operações, quando restar comprovado que os atos foram praticados sem propósito negocial.[245]

IRPJ – INCORPORAÇÃO AS AVESSAS – GLOSA DE PREJUÍZOS – IMPROCEDÊNCIA – A denominada 'incorporação ás avessas', não proibida pelo ordenamento, realizada entre empresas operativas e que sempre estiveram sob controle comum, não pode ser tipificada como operação simulada ou abusiva, mormente quando, a par da inegável Intenção de não perda de prejuízos fiscais acumulados, teve por escopo a busca de melhor eficiência das operações entre ambas praticadas.[246]

Mesmo aquelas decisões do CARF que, aparentemente, entendem que o motivo exclusivo de economia tributária seria legítimo para prática de negócios e estruturação do planejamento tributário, ao longo da fundamentação deixam evidente a consideração do conteúdo econômico e das razões extratributárias:

PLANEJAMENTO TRIBUTÁRIO. MOTIVO DO NEGÓCIO. CONTEÚDO ECONÔMICO. PROPÓSITO NEGOCIAL. LICITUDE. Não existe regra federal ou nacional que considere negócio jurídico inexistente ou sem efeito se o motivo de sua prática foi apenas economia tributária. Não tem amparo no sistema jurídico a tese de que negócios motivados por economia fiscal não teriam "conteúdo econômico" ou "propósito negocial" e poderiam ser desconsiderados pela fiscalização. O lançamento deve ser feito nos termos da lei. SUBSIDIARIAMENTE. EXISTÊNCIA DE EFETIVA RAZÃO EXTRA TRIBUTÁRIA. COMPROVAÇÃO. No caso concreto as Recorrentes comprovaram existir razões de ordem negocial e restrições impostas pela Resolução CMN 2.325/1996 que justificam as operações realizadas.[247]

---

[245] Acórdão 1401002.340. 4ª Câmara, 1ª Turma Ordinária, do CARF. Relator: Guilherme Adolfo dos Santos Mendes. Sessão de 09 de abril de 2018.

[246] Acórdão 107-07596. Primeiro Conselho de Contribuintes, 7ª Câmara, do CARF. Relator: Luiz Martins Valero. Sessão de 14 de abril de 2004.

[247] Acórdão: 1401002.835. 4ª Câmara, 1ª Turma Ordinária, do CARF. Relator: Daniel Ribeiro Silva. Sessão de 15 de agosto de 2018.

GANHO DE CAPITAL. VENDA DE QUOTAS. PLANEJAMENTO FISCAL ILÍCITO. DISTRIBUIÇÃO DISFARÇADA DE LUCROS. INOCORRÊNCIA NAS REDUÇÕES DE CAPITAL MEDIANTE ENTREGA DE BENS OU DIREITOS, PELO VALOR CONTÁBIL A PARTIR DA VIGÊNCIA DA LEI 9.249/1995. Constitui propósito negocial legítimo o encadeamento de operações societárias visando a redução das incidências tributárias, desde que efetivamente realizadas antes da ocorrência do fato gerador, bem como não visem gerar economia de tributos mediante criação de despesas ou custos artificiais ou fictícios. A partir da vigência do art. 22 da Lei 9.249/1995 a redução de capital mediante entrega de bens ou direitos, pelo valor contábil, não mais constituiu hipótese de distribuição disfarçada de lucros, por expressa determinação legal.[248]

No mesmo sentido, segue Ementa do Acórdão proferido no TRF4, que exemplifica o posicionamento do Judiciário na aplicação da desconsideração dos negócios com fundamento no conceito amplo de simulação:

TRIBUTÁRIO. IRPF. SIMULAÇÃO DE COMPRA E VENDA DE 100% DAS AÇÕES, DISFARÇADA DE SUBSCRIÇÃO, EMITIDAS COM ÁGIO. OMISSÃO DE RENDIMENTOS. MULTA DE OFÍCIO. AUSÊNCIA DE CARÁTER CONFISCATÓRIO. 1. A economia proporcionada pela elisão fiscal, para ser legítima, deve decorrer de atos ou omissões que não contrariem a lei, efetivamente existentes e formalmente revelados em documentação ou escrituração contábil ou fiscal. A hipótese dos autos revela simulação de ato jurídico com o deliberado propósito de burlar a legislação aplicável, resultando na redução do tributo que seria devido por meio de ato dissimulado que tivesse sido regularmente praticado, não configuraria a existência de elisão fiscal. 2. A observância das formalidades previstas nos arts. 223 e 227 da Lei nº 6.404/1976 não impossibilita a desconsideração de atos ou negócios jurídicos praticados com a finalidade de dissimular a ocorrência do

---

[248] Acórdão 1402001.472. 4ª Câmara, 2ª Turma Ordinária, do CARF. Relator: Carlos Pelá. Sessão de 09 de outubro de 2013.

PLANEJAMENTO TRIBUTÁRIO

fato gerador do tributo ou a natureza dos elementos constitutivos da obrigação tributária. Essa prerrogativa, inserta no parágrafo único do art. 116 do CTN, articula-se com a autorização posta no art. 149, inciso VII, do CTN, que permite a realização de lançamento de ofício, quando é comprovado que o sujeito passivo agiu com dolo, fraude ou simulação. A interpretação dada pela autoridade fiscal, outrossim, mostra-se em consonância com o art. 167 do Código Civil. 3. A multa aplicada pelo atraso ou pelo não recolhimento do tributo não se reveste de caráter confiscatório, pois o aspecto teleológico da multa é exatamente penalizar aquele que deixou de efetuar a imposição legal, com vistas à repressão desta prática que é extremamente lesiva aos cofres públicos, e, "ipso facto", à sociedade como um todo. Expungir do débito tributário o valor referente à multa legalmente fixada tem como conseqüência institucionalizar a arbitrariedade do contribuinte quanto ao pagamento das sanções legalmente previstas, facultando a escolha da sanção que achar mais conveniente, pois poderá escolher ônus para reprimir atitudes ilícitas, maculando deveras o caráter social que reveste os tributos como um todo.[249]

É certo que a regulamentação do procedimento específico para a atuação da administração na análise dos negócios utilizados pelos contribuintes no planejamento tributário imprimirá maior segurança jurídica a essa relação. Hugo de Brito Machado Segundo expõe com propriedade:

Essa falta de regulamentação, se em princípio pareceu vantajosa aos que praticam planejamento tributário, logo se mostrou prejudicial. Um tiro pela culatra. De fato, tivesse sido aprovada a regulamenta-ção, diante de situações duvidosas, situadas na zona de fronteira (...), assim entendidas aquelas nas quais um planejamento que em princí-pio seria lícito pode ser considerado abusivo, a Administração teria de instaurar processo administrativo para, ao final, se fosse o caso, desconsiderar o negócio praticado pelo contribuinte. Nesse processo

[249] APELREEX 0003849-60.2008.4.04.7110. TRF4, PRIMEIRA TURMA Relator JORGE ANTONIO MAURIQUE. DE 29/10/2015.

PLANEJAMENTO TRIBUTÁRIO

o contribuinte teria amplas possibilidades de participação e, o mais importante, teria a oportunidade de, vencido, pagar o tributo sem a imposição de penalidades. Com a rejeição da parte da Medida Provisória 66/2002 que regulamentava o parágrafo único do art. 116 do CTN, a Receita Federal, na pretensão de desconsiderar tais negócios, termina por qualificá-los como caracterizadores de evasão fiscal. Como consequência disso, lavra auto de infração no qual exige o tributo e, não raro, multa agravada de 150%. Em suma, a desconsideração, que antes seria produto de um processo administrativo, e que seria feita sem a imposição de quaisquer penalidades, passou a ser feita em razão do subjetivismo de cada autoridade fiscal, e o pior, com o acréscimo de pesadas penalidades. Conquanto tais autos possam ser questionados e eventualmente desconstituídos, administrativa ou judicialmente, isso traz ao contribuinte um ônus que o procedimento anterior poderia evitar, além de causar-lhe grande insegurança jurídica.[250]

Por fim, considerando que a lei não contém palavras inúteis, embora o CTN já autorizasse o lançamento de ofício e sua revisão nas hipóteses do art. 149, VII, era silente quanto ao procedimento especial para apuração de tais condutas. É que desconsideração de atos ou negócios jurídicos pela autoridade administrativa, conforme prescrição do art. 116, parágrafo único, do CTN, depende de lei que regulamente o procedimento específico para esse fim, como decorrência lógica do reconhecimento da figura da elisão, atenção aos princípios da legalidade e segurança jurídica.

Defende-se que, a vigência do artigo 149, VII, bem como dos artigos 109, 118 e 116, I e II, do CTN permite às autoridades fiscais a investigação da materialidade concreta subjacente aos atos e negócios jurídicos, realizados pelos contribuintes, relativamente aos fatos vinculados a situações de fato, de maneira a desconsiderar as formas jurídicas empregadas mediante vício. A previsão legal, exigência, do art. 116, parágrafo único do CTN, seria para estabelecer o procedimento específico para a administração promover a desconsideração de negócios lícitos e sua limitação.

---

[250] MACHADO SEGUNDO, Hugo de Brito. *Código Tributário Nacional*. 5. ed. São Paulo: Atlas, 2015, p. 254.

A função pertinente às normas gerais antielisão é identificar sob quais critérios substantivos e conformidade com qual procedimento formal, a administração tributária poderá distinguir a legítima elisão fiscal do planejamento tributário abusivo, de modo que possa desconsiderar somente determinados atos e negócios jurídicos praticados pelo sujeito passivo para fins de lançamento. Os critérios concretos (abuso de formas, abuso do direito, fraude à lei, simulação) para verificar a legitimidade da elisão devem vir estabelecidos no direito positivo.[251]

Por fim, cumpre ressaltar que todas as discussões aqui colocadas refletem a análise dos limites para a realização do planejamento tributário, pautado na utilização de pessoas jurídicas na prestação de serviços intelectuais, denominada pela administração, de maneira pejorativa, como "pejotização", cujo conceito e viabilidade legal serão discutidos a seguir.

---

[251] GODOI, Marciano Seabra de. Planejamento Tributário. In: MACHADO, Hugo de Brito (Coord.). *Planejamento Tributário*. São Paulo: Malheiros: ICET, 2016, 504-505.

3 Serviços Intelectuais Prestados por Pessoas Jurídicas: Pejotização

3.1 Da Liberdade e dos Limites para Criação de Pessoas Jurídicas

A liberdade de contratar e escolher a forma negocial mais interessante ao desenvolvimento da atividade profissional, especialmente com a constituição de pessoas jurídicas, tem como matriz o princípio da livre iniciativa e a manifestação da autonomia de vontade.

Disso decorre que a mesma atividade pode ser prestada tanto por pessoa física (empregado ou autônomo) quanto por pessoa jurídica, caracterizadas, respectivamente, como "ente físico ou coletivo suscetível de direitos e obrigações sendo sinônimo de sujeito de direito."[252]

A criação da pessoa jurídica é entendida, na doutrina de Caio Mário da Silva Pereira, como uma consequência da complexidade da vida civil e da necessidade da coordenação de esforços de diversos indivíduos na realização de objetivos comuns, fazendo com que o direito equipare à própria pessoa humana certos agrupamentos de indivíduos e certas destinações patrimoniais, atribuindo-lhes personalidade e capacidade de ação[253], para assumir direitos e deveres próprios, em seu nome e sob sua responsabilidade pessoal.

---

[252] DINIZ, Maria Helena. *Curso de Direito Civil Brasileiro.* Teoria Geral de Direito Civil Brasileiro. 29. ed. São Paulo: Saraiva, 2012, p. 129.
[253] PEREIRA, Caio Mário da Silva. *Instituições de Direito Civil.* Volume I. Rio de Janeiro: Forense, 2005, p. 196.

Nesse sentido, Sílvio Rodrigues conceitua as pessoas jurídicas como sendo "entidades a que a lei empresta personalidade, isto é, são seres que atuam na vida jurídica, com personalidade diversa da dos indivíduos que os compõem, capazes de serem sujeitos de direitos e obrigações na ordem civil."[254]

Os pressupostos existenciais da pessoa jurídica estão calcados em três requisitos indispensáveis para a sua formação: i)- vontade humana na sua criação, sendo inconcebível a imposição Estatal em prejuízo da livre iniciativa e da autonomia negocial; ii)- propósitos ou fins lícitos, adequados ao direito que lhe possibilitou o surgimento; e iii)- capacidade reconhecida pela norma para exercer direitos e contrair obrigações.[255]

As pessoas jurídicas possuem um caráter instrumental, tendo em vista que, dotadas de personalidade jurídica própria, conforme outorgado pelo direito positivo, surgem para simplificar e favorecer a atividade de um grupo de indivíduos, de modo que tenha unidade e possa participar de relações jurídicas com individualidade própria, distinta da de seus membros. Assim, toda pessoa jurídica regularmente constituída tem uma esfera jurídica composta pela soma de todos os seus direitos e obrigações, que não se confunde com a esfera jurídica de seus membros ou fundadores.[256]

A faculdade de criação das pessoas jurídicas está calcada na finalidade de alcançar uma separação patrimonial e a limitação da responsabilidade do sócio no desenvolvimento da respectiva atividade.

Desse modo, a simples existência formal da pessoa jurídica é condição suficiente para que ela seja utilizada no desenvolvimento das atividades para as quais foi criada, ressalvados os casos de sua utilização para perpetrar fraude ou praticar atos ilícitos, decorrentes da sua criação com artificialismo e sem substância econômica – as denominadas "sociedades de papel" –, que caracterizam o abuso da personalidade jurídica, passível, portanto, de desconsideração.[257]

---

[254] RODRIGUES, Sílvio. *Direito Civil*. Volume I. 34. ed. São Paulo: Saraiva, 2002, p. 86.

[255] GAGLIANO. Pablo Stolze; PAMPLONA FILHO. Rodolfo. *Novo Curso de Direito Civil*. 14. ed. São Paulo: Saraiva, 2012, p. 206.

[256] ANDRADE FILHO, Edmar Oliveira. *Planejamento Tributário*. 2. ed. rev., ampl. e atual. São Paulo: Saraiva, 2016, p. 310-311.

[257] ANDRADE FILHO, Edmar Oliveira. *Planejamento Tributário*. 2. ed. rev., ampl. e atual. São Paulo: Saraiva, 2016, p. 314-315.

SERVIÇOS INTELECTUAIS PRESTADOS POR PESSOAS JURÍDICAS: PEJOTIZAÇÃO

Por isso, Edmar Oliveira Andrade Filho ensina que a constituição de pessoas jurídicas para a prestação de serviços deve ser submetida ao "teste de efetividade", calcado na verificação da real existência de uma estrutura operacional (pessoal e materiais), suficiente para realizar os serviços contratados, bem como de provas suficientes de que o contratante recebeu os benefícios dos serviços, ou seja, que foram prestados de fato[258], expondo o que denominou de "filtros de legalidade e sinceridade":

> O primeiro filtro diz respeito à "legalidade formal e a material". É necessário examinar se o modelo engendrado pode ser licitamente utilizado ou se ele constitui ou não uma forma direta ou indireta de burla a normas imperativas ou ordem pública, aquelas que não podem ser desprezadas ou contornadas pelos particulares sob pena de sanção, o que inclui a invalidade (nulidade ou anulabilidade) dos atos ou negócios jurídicos celebrados sem que elas sejam observadas.
> O segundo filtro diz respeito à "legalidade teleológica", que tem relação com a higidez jurídica da função dos atos ou negócios, ou finalidade a ser alcançada; é necessário estabelecer se os atos ou negócios jurídicos – a despeito do atendimento aos requisitos da legalidade formal e material – destinam-se a alcançar um resultado legítimo.
> O terceiro filtro – "filtro de sinceridade dos atos e negócios" – diz respeito à verificação do comportamento das partes. Interessa atestar se as partes agem efetivamente para dar realidade negocial às formas engendradas, isto é, se os negócios declarados são efetiva e verdadeiramente realizados e de acordo com o arcabouço jurídico aplicado às referidas formas ou se, por outro lado, a forma está a serviço de falsa representação da realidade.[259]

A personalização, que decorre da criação de uma pessoa dotada de capacidade jurídica própria, é resultado da combinação de várias normas integrantes do ordenamento jurídico, que estabelecem requisitos para sua aquisição,

---

[258] ANDRADE FILHO, Edmar Oliveira. *Planejamento Tributário*. 2. ed. rev., ampl. e atual. São Paulo: Saraiva, 2016, p. 317-318.
[259] ANDRADE FILHO, Edmar Oliveira. *Planejamento Tributário*. 2. ed. rev., ampl. e atual. São Paulo: Saraiva, 2016, p. 317.

PLANEJAMENTO TRIBUTÁRIO

manutenção e perda e quais os critérios para que possa desenvolver suas atividades no plano prático adequando-se às normas jurídicas, não sendo de caráter absoluto. Muito pelo contrário, a pessoa jurídica, dotada de personalidade jurídica, está limitada aos contornos da legislação.

Desse modo, diante da existência de fraude e abuso na constituição de pessoas jurídicas, tem cabimento a desconsideração da personalidade jurídica, prevista de maneira genérica no art. 50, do CC/02[260] para atribuir aos sócios e administradores as responsabilidades por obrigações da pessoa jurídica; e no direito tributário, em razão de a matéria "responsabilidade" estar afeta à lei complementar (conforme art. 146, da CF/88), a responsabilidade dos sócios e administradores está regulada no art. 134 e art. 135, do CTN, afastando a aplicação do art. 50, do CC/02[261], que coloca o tema da desconsideração da personalidade jurídica sob reserva de jurisdição.

Assim, a administração, no que tange à verificação da constituição de pessoas jurídicas mediante fraude ou abuso da personalidade com vistas a afastar a incidência tributária, está legitimada, em razão do seu poder vinculado à lei, a desqualificar ou requalificar determinados atos e negócios jurídicos, realizando o lançamento tributário, sem a necessidade de recorrer ao Poder Judiciário, salvo no caso do art. 129, da Lei 11.196/2005, que prevê a possibilidade de prestação de serviços intelectuais por pessoas jurídicas, em que a desconsideração da sua personalidade jurídica deve ser precedida de autorização judicial.

Em nosso ordenamento, a desconsideração da personalidade jurídica, em detrimento à garantia da autonomia privada, somente terá cabimento, de maneira excepcional, quando da verificação de fraude ou uso abusivo, conforme entendimento do STJ:

RECURSO ESPECIAL – DIREITO CIVIL – ARTIGOS 472, 593, II e
659, § 4º, DO CÓDIGO DE PROCESSO CIVIL – FUNDAMENTAÇÃO

---

[260] Art. 50. Em caso de abuso da personalidade jurídica, caracterizado pelo desvio de finalidade, ou pela confusão patrimonial, pode o juiz decidir, a requerimento da parte, ou do Ministério Público quando lhe couber intervir no processo, que os efeitos de certas e determinadas relações de obrigações sejam estendidos aos bens particulares dos administradores ou sócios da pessoa jurídica.

[261] AMARO, Luciano da Silva. Desconsideração da pessoa jurídica para fins fiscais. In: *Tributação, justiça e liberdade*: em homenagem a Ives Gandra da Silva Martins. Curitiba: Juruá, 2005, p. 388.

DEFICIENTE – INCIDÊNCIA DA SÚMULA 284/STF – DESCONSIDERAÇÃO DA PERSONALIDADE JURÍDICA DA SOCIEDADE EMPRESÁRIA – MEDIDA EXCEPCIONAL – OBSERVÂNCIA DAS HIPÓTESES LEGAIS – ABUSO DE PERSONALIDADE – DESVIO DE FINALIDADE – CONFUSÃO PATRIMONIAL – DISSOLUÇÃO IRREGULAR DA SOCIEDADE – ATO EFEITO PROVISÓRIO QUE ADMITE IMPUGNAÇÃO – BENS DOS SÓCIOS – LIMITAÇÃO ÀS QUOTAS SOCIAIS – IMPOSSIBILIDADE – RESPONSABILIDADE DOS SÓCIOS COM TODOS OS BENS PRESENTES E FUTUROS NOS TERMOS DO ART. 591 DO CPC – RECURSO ESPECIAL PARCIALMENTE CONHECIDO E, NESSA EXTENSÃO, IMPROVIDO. I – A ausência de explicitação precisa, por parte do recorrente, sobre a forma como teriam sido violados os dispositivos suscitados atrai a incidência do enunciado n. 284 da Súmula do STF. II – A desconsideração da personalidade jurídica é um mecanismo de que se vale o ordenamento para, em situações absolutamente excepcionais, desencobrir o manto protetivo da personalidade jurídica autônoma das empresas, podendo o credor buscar a satisfação de seu crédito junto às pessoas físicas que compõem a sociedade, mais especificamente, seus sócios e/ou administradores. III – Portanto, só é admissível em situações especiais quando verificado o abuso da personificação jurídica, consubstanciado em excesso de mandato, desvio de finalidade da empresa, confusão patrimonial entre a sociedade ou os sócios, ou, ainda, conforme amplamente reconhecido pela jurisprudência desta Corte Superior, nas hipóteses de dissolução irregular da empresa, sem a devida baixa na junta comercial. Precedentes. (...)[262]

Nesse sentido, Gustavo Tepedino leciona:

> À personalidade dos entes abstratos atribui-se, portanto, sentido que transcende a mera subjetividade, consubstanciando-se em garantia derivada da tutela constitucional dos legítimos interesses privados, no âmbito da qual se apresenta o princípio da autonomia patrimonial

---

[262] REsp 1.169.175/DF. STJ. Relator: Ministro Massami Uyeda. Julgamento: 17/02/2011.

das pessoas jurídicas. Neste contexto, da privilegiada tutela da personalidade jurídica e de sua autonomia patrimonial, decorre, não como regra, mas como exceção, a desconsideração da personalidade jurídica.[263]

Desse modo, a personalidade jurídica, como sendo uma outorga legal, deve ser desacreditada somente em razão da existência de fraude ou abuso de direito. Nesse contexto, importante a discussão sobre as formas de prestação de atividades intelectuais, principalmente no que se refere à criação de pessoas jurídicas para prestá-las, fenômeno conhecido como pejotização, muitas das vezes, encarado de maneira pejorativa por, em alguns casos, vulnerar a legislação trabalhista e tributária, levando à desconsideração da personalidade jurídica e deslocando a tributação para a pessoa física, no qual centraremos nosso estudo a seguir.

3.2 Das Formas de Prestação de Atividades Intelectuais ao Fenômeno da Pejotização

O serviço intelectual consubstancia-se na atividade realizada por pessoa dotada de determinada cultura científica ou artística[264] e, por abranger alto grau de subjetividade, é usualmente prestado em contratos de cunho personalíssimo (*intuitu personae*). Nesse contexto, inserindo-se na categoria de trabalho humano, tem-se que pode ser prestado de diversas maneiras a ser reguladas pelo Direito, que atribuirá efeitos jurídicos para cada uma das formas de relação contratual constituída[265].

A relação de trabalho está calcada em um conceito amplo que envolve todo o contrato de atividade, cujo elemento principal está centrado na figura

---

[263] TEPEDINO, Gustavo. Sociedade prestadora de serviços intelectuais: qualificação das atividades privadas no âmbito do direito tributário. In: ANAN JÚNIOR, Pedro; PEIXOTO, Marcelo Magalhães (coord.). *Prestação de serviços intelectuais por pessoas jurídicas:* aspectos legais, econômicos e tributários. São Paulo: MP, 2008, p. 42.

[264] BARROS, Alice Monteiro de. *Curso de Direito do Trabalho*. São Paulo: LTr, 2005, p. 256.

[265] SILVA, Otávio Pinto e. *Subordinação, autonomia e parassubordinação nas relações de trabalho*. São Paulo: LTr, 2004, p. 13.

do trabalhador (pessoa física) que estabelece um vínculo jurídico com outra pessoa (física ou jurídica), que o remunera pelos serviços prestados[266], representando toda atividade desempenhada pela pessoa, visando a sua promoção financeira e social. Na teoria, diz-se que o contrato de prestação de serviços, em sentido amplo, abrange a prestação de serviços subordinada (relação de trabalho típica) e a prestação de serviços autônoma ou propriamente dita[267], cuja diferença principal centra-se na subordinação.

Ocorre que a delimitação do conceito de subordinação de forma a especificar a aplicação do Direito do Trabalho está se mostrando vulnerável, em razão do surgimento frequente de relações de trabalhos situados em uma zona cinzenta. Exemplificando tais relações, Alice Monteiro de Barros aponta aquelas celebradas por trabalhadores intelectuais – médicos, engenheiros, advogados – que podem exercer suas atividades como autônomos ou empregados. Contudo, nessa segunda situação, a subordinação mostra-se atenuada, por ser mais intensa a iniciativa individual do trabalhador, o que dificulta a identificação dos elementos, no plano fático, da relação de emprego[268].

A verificação desse requisito torna-se ainda mais árdua, diante de uma releitura do trabalho autônomo, denominado, no direito europeu, trabalho autônomo de segunda geração ou dependente ou parassubordinado, no qual pode ser verificada, a despeito da existência de autonomia, a pessoalidade da prestação, a continuidade e a exclusividade.[269] No Brasil, embora não haja uma referência direta a essa figura estudada na Europa, foi inserido, pela Lei 13.467/2017, o art. 442-B na CLT, prevendo a figura do autônomo exclusivo, que guarda certa identidade com as características delineadas para o referido autônomo dependente, no que tange à continuidade e exclusividade

---

[266] SUSSEKIND, Arnaldo. Da relação de trabalho. In: *Revista LTr*, vol. 74, n. 03, março de 2010, p. 263.

[267] MARTINEZ, Pedro Romano. *Direito do Trabalho*. 4. ed. Coimbra: Almedina, 2007, p. 300.

[268] BARROS, Alice Monteiro de. Trabalhadores intelectuais: subordinação jurídica: redimensionamento. In: *Revista de Direito do Trabalho*, v. 30, n. 115. jul./set. 2004, São Paulo, p. 23-42.

[269] PERULLI, Adalberto. Lavoro Autonomo e dipendenza economica, oggi. In: Rivista Giuridica Del lavoro e della Previdenza Sociale, anno LIV, 2003, n. 2, aprille-giugno, 2003, p. 222-223 apud MAEDA, Fabíola Miotto. *Prestação de Serviço por meio de pessoa jurídica*: dignidade e fraude nas relações de trabalho. Dissertação (Mestrado em Direito) – Faculdade de Direito, Universidade de São Paulo. São Paulo, p. 149. 2014, p. 44.

PLANEJAMENTO TRIBUTÁRIO

da prestação do serviço, em função da expansão do trabalho imaterial ou intelectualizado.

Diante disso, há uma tendência em se discutir a erosão da relação de trabalho típica, tendo em vista o aumento das relações laborais atípicas, que parecem atender melhor às exigências específicas de certas atividades econômicas, adaptando-se mais facilmente aos objetivos de contenção de custos e especialização de empresas; bem como o questionamento se vale a pena submeter-se à relação de subordinação, regulada por normas garantísticas, porém rígidas, que se revelam incompatíveis com as novas exigências de competitividade[270].

Outras opções de contratações alternativas à relação laboral típica permitem "a fuga ao direito do trabalho", seja de maneira lícita, com o desenvolvimento do trabalho autônomo ou constituição de pessoas jurídicas para a prestação dos serviços intelectuais, seja de maneira ilícita, por meio da proliferação dos falsos independentes[271] e, em todos os casos, tem-se repercussão tributária diferente.

Segundo Carlos Roberto Barbosa Ferreira:

> As pessoas físicas, que queiram ingressar no mercado de prestação de (lícitos) serviços personalíssimos, podem fazê-lo (liberdade na escolha de uma certa atividade econômica); podem fazê-lo mediante a constituição de pessoas jurídicas (liberdade na eleição dos meios para a prestação daqueles serviços); podem tomar em consideração, na escolha dos meios mais apropriados ao desenvolvimento de sua atividade, quaisquer vantagens que resultem da incidência da norma jurídica x, a qual, reduzindo os ônus econômicos do empreendimento, torne seus preços mais atraentes aos potenciais destinatários de seus serviços (livre concorrência); têm, por fim, a garantia de que, adotando a constituição de pessoa jurídica como veículo na prestação de serviços (em caráter personalíssimo ou não), os ônus previdenciários e fiscais serão aqueles – e tão-somente aqueles – inerentes à atuação

---

[270] RAMALHO, Maria do Rosário Palma. Ainda a crise do direito laboral: a erosão da relação de trabalho típica e o futuro do direito do trabalho. In: *Estudos de Direito do Trabalho,* vol. I. Coimbra: Almedina, 2003, p. 114-116.

[271] RAMALHO, Maria do Rosário Palma. *Da autonomia dogmática do Direito do Trabalho.* Coimbra: Almedina, 2001, p. 555-556.

das pessoas jurídicas, e que, apenas por decisão de um juiz, tomada em contraditório e assegurada a ampla defesa, poderão sofrer a extensão, aos seus bens particulares, dos efeitos de certas e determinadas relações e obrigações (novo Código Civil, art. 50) (princípio da segurança).[272]

A legislação nem sempre abrange todas as formas admitidas socialmente e, por isso mesmo, o direito há de ser mais amplo que o ordenamento jurídico, ou seja, o sistema jurídico apresenta-se maior que o direito positivo. Para a qualificação das atividades como legítimas, verifica-se, portanto: i)- negócios típicos, previstos pelo legislador; ii)- negócios atípicos, criados pela autonomia da vontade sem prévia disposição legal; iii)- os tipos socialmente aceitos a partir de atividades reconhecidas.[273]

A tendência é de não criar entraves para profissionais efetivamente autônomos ou que exercem sua atividade por meio de pessoas jurídicas, baseados no livre exercício de sua autonomia de vontade, para afastar sua submissão à homogeneidade da relação trabalhista e os efeitos tributários dela decorrentes, como se fossem empregados. Nesse sentido, a diferença de tratamento jurídico para as diversas formas de contratação mostra-se relevante para que previsões legais alcancem a proteção dos diversos tipos de inserção do trabalho no mercado sem a tutela do direito trabalhista[274] e da tributação dela pertinente.

Ressalte-se que a criação de uma pessoa jurídica por um prestador de serviço intelectual revela-se como uma forma adequada para o desempenho

---

[272] MOREIRA, Carlos Roberto Barbosa. Pessoas Jurídicas, Prestação de Serviços de natureza personalíssima e dissimulação de contrato de trabalho. In: ANAN JÚNIOR, Pedro; PEIXOTO, Marcelo Magalhães (coord.). *Prestação de serviços intelectuais por pessoas jurídicas*: aspectos legais, econômicos e tributários. São Paulo: MP, 2008, p. 69-70.

[273] TEPEDINO, Gustavo. Sociedade prestadora de serviços intelectuais: qualificação das atividades privadas no âmbito do direito tributário. In: ANAN JÚNIOR, Pedro; PEIXOTO, Marcelo Magalhães (coord.). *Prestação de serviços intelectuais por pessoas jurídicas*: aspectos legais, econômicos e tributários. São Paulo: MP, 2008, p. 23.

[274] ROBORTELLA, Luís Carlos Amorim; PERES, Antônio Galvão. Novas tendências do mercado de trabalho: Crise do trabalho subordinado, crescimento do trabalho autônomo e de pessoas jurídicas. In: ANAN JÚNIOR, Pedro; PEIXOTO, Marcelo Magalhães (coord.). *Prestação de serviços intelectuais por pessoas jurídicas*: aspectos legais, econômicos e tributários. São Paulo: MP, 2008, p. 130-139.

PLANEJAMENTO TRIBUTÁRIO

de uma atividade livre e autônoma em relação ao tomador de serviço[275], sem característica da hipossuficiência, podendo ser impulsionada por questões de ordem tributária, tendo em vista que os encargos da pessoa jurídica são menores que aqueles incidentes sobre a folha de pagamento ou rendimentos do trabalho de qualquer espécie, mesmo que considerados os tributos de quaisquer esferas.[276]

É exatamente nessa seara que surge o fenômeno da pejotização, neologismo da sigla PJ, usada para expressão pessoa jurídica, que tem como base a transformação do trabalhador pessoa física em pessoa jurídica. A pejotização pode ser observada de duas maneiras: i)- é lícita, porque o trabalhador (como vimos em sentido amplo) pode, em decorrência da autonomia da vontade e livre iniciativa, constituir pessoa jurídica para prestação do seu serviço, de modo a não se submeter a qualquer vínculo trabalhista e incorrer em menor carga tributária; ii)- é ilícita – e por isso do seu sentido pejorativo – porque os trabalhadores são forçados a alterarem sua personalidade jurídica, constituindo uma pessoa jurídica artificialmente, para conseguir o seu posto de trabalho, não obstante permaneçam laborando sob a condição de empregado. Nessa hipótese, verificada a fraude e os requisitos que constituem a relação de emprego, não há dúvidas de que se deve incidir a desconsideração da personalidade jurídica, com a incidência dos direitos trabalhistas e tributários da pessoa física.

Por isso, necessário o estudo de prestação do trabalho intelectual como subordinado, autônomo, autônomo exclusivo e por meio de pessoas jurídicas, de modo a, entendendo as características de cada uma, tendo em vista que se ligam à própria arrecadação, verificar se a realização do planejamento tributário, mediante a constituição de pessoas jurídicas, mostra-se lícito ou serve apenas para descaracterizar a relação de trabalho subordinado e incorrer em menor carga tributária.

---

[275] RIBEIRO, Ricardo Lodi. A natureza interpretativa do art. 129 da Lei 11.196/2005 e o combate à elisão abusiva na prestação de serviços de natureza científica, artística e cultural. In: ANAN JÚNIOR, Pedro; PEIXOTO, Marcelo Magalhães (coord.). *Prestação de serviços intelectuais por pessoas jurídicas:* aspectos legais, econômicos e tributários. São Paulo: MP, 2008, p. 443.

[276] SILVA, Homero Batista Mateus da. *Curso de direito do trabalho aplicado.* Vol. I: Parte Geral. Rio de Janeiro: Elsevier, 2009, p. 11-17.

3.2.1 Trabalho Subordinado

O surgimento do Direito do Trabalho decorre da identificação de uma classe social necessitada da intervenção estatal para tutela da parte hipossuficiente na relação de emprego que, por sua natureza, tende a ser desequilibrada, em razão da subordinação dos serviços prestados sob as diretrizes de outrem.[277] Por isso, a subordinação constitui elemento chave para a incidência das normas trabalhistas, conferindo autonomia do Direito do Trabalho em relação ao Direito Civil e especificando seu âmbito de atuação.

A compreensão da subordinação na proteção da relação laboral centra-se nas diferenças concretas, cada vez mais tênues em determinados segmentos, existentes entre trabalhadores subordinados e autônomos. Isso porque, em razão das novas necessidades empresariais e dos próprios interesses dos trabalhadores, os limites da subordinação têm se mostrado cada vez mais restritos, abrindo mais espaço para outras formas de prestação de serviços, não incluídas no conceito elástico de subordinação[278], já que a iniciativa individual do trabalhador, especialmente intelectual, se mostra intensa, tornando-se mais difícil a verificação de uma relação empregatícia.

Nos ordenamentos mais conservadores, há uma orientação generalizada de se ampliar ao máximo o conceito de subordinação para abarcar as mais variadas formas de prestação de serviços, mesmo que com características dúbias que se aproximam muito mais da autonomia do que da subordinação.[279]

Manfred Weiss levanta questionamento sobre a validade da subordinação jurídica para a caracterização da relação de emprego:

> De acordo com a definição tradicional, considera-se como empregado o trabalhador que é obrigado a trabalhar para outra pessoa, recebendo ordens, com base em um contrato privado no qual se estabelece a

---

[277] BULGUERONI, Renata Orsi. *Trabalho autônomo dependente:* experiências italiana e espanhola e a realidade brasileira. Dissertação (Mestrado em Direito) – Faculdade de Direito, Universidade de São Paulo. São Paulo, p. 244. 2011, p. 27.

[278] ABRANTES, José João. O direito laboral face aos novos modelos de prestação de trabalho. In: *IV Congresso Nacional de Direito do Trabalho.* Coimbra: Almedina, 2002, p. 83-94.

[279] MAIOR, Jorge Luiz Souto. A supersubordinação – invertendo a lógica do jogo. In: *Revista do Tribunal Regional do Trabalho da 8ª Região*, v. 41, n. 81, suplemento especial comemorativo, julho-dezembro de 2008, Belém.

PLANEJAMENTO TRIBUTÁRIO

relação de subordinação. Nos dias de hoje, entretanto, cresce rapidamente o número de profissionais especializados que gozam de enorme liberdade na execução de suas atividades, como ocorre, por exemplo, com os médicos em um hospital ou com os profissionais que trabalham no rádio e na televisão, exercendo tarefas de jornalistas, comentaristas, atores, músicos, etc.[280]

Em razão das dificuldades da determinação da existência ou não de uma relação de emprego, quando não estejam evidentes os direitos e obrigações das partes; quando há a tentativa de encobrir uma relação de emprego; ou quando a legislação nacional possui insuficiência ou limitações na sua interpretação ou aplicação, a OIT adotou a Recomendação 198/2006. Desse modo, os Membros deveriam criar uma política nacional com a finalidade de esclarecer a aplicação da legislação para garantir uma proteção efetiva da figura do empregado. Para tanto elencou dois critérios para a delimitação da relação de emprego: forma de execução do trabalho e remuneração.[281]

Em relação ao primeiro critério, execução do trabalho, alguns indícios são referenciados pela Recomendação para caracterização da relação de emprego: i)- trabalho realizado sob as ordens e comando de outra pessoa; ii)- trabalhador integrado na organização da empresa; iii)- atividade é desempenhada única, ou principalmente, em benefício de outrem; iv)- o trabalho é realizado pessoalmente, com horário e local determinados por quem solicita sua prestação; v)- o trabalho possui continuidade ou duração ou requer que o empregado esteja à disposição.[282]

---

[280] WEISS, Manfred. *The evolution of the concept of subordination: the German experience*. In: Revista Evocati, nº. 21, São Paulo, 2007 apud PASTORE, José. A disciplina da terceirização. In: ANAN JÚNIOR, Pedro; PEIXOTO, Marcelo Magalhães (coord.). *Prestação de serviços intelectuais por pessoas jurídicas*: aspectos legais, econômicos e tributários. São Paulo: MP, 2008, p. 106.

[281] OIT. *R198 Recomendação relativa à relação de emprego nº 198*, de 15 de junho de 2006. Disponível em:<https://www.ilo.org/dyn/normlex/es/f?p=NORMLEXPUB:55:0::NO::P55_TYPE,P55_LANG,P55_DOCUMENT,P55_NODE:REC,es,R198,%2FDocument>. Acesso em: 29 set. 2018.

[282] OIT. *R198 Recomendação relativa à relação de emprego nº 198*, de 15 de junho de 2006. Disponível em:<https://www.ilo.org/dyn/normlex/es/f?p=NORMLEXPUB:55:0::NO::P55_TYPE,P55_LANG,P55_DOCUMENT,P55_NODE:REC,es,R198,%2FDocument>. Acesso em: 29 set. 2018.

Quanto ao segundo critério, a remuneração, deve-se questionar: i)- se a remuneração é periódica e constitui a única ou principal fonte de renda do trabalhador; ii)- se há pagamento em espécie como alimentação, moradia, transporte e outros; iii)- se existem direitos como descanso semanal e férias anuais; iv)- se as viagens necessárias para a execução do trabalho são arcadas pelo contratante; v)- se o trabalhador não assume os riscos financeiros do negócio.[283]

Assim, a qualificação da situação prática, verificada como sendo uma relação de emprego, em função da interpretação dos indícios, somente pode ser resultado de um juízo de aproximação, tendo em vista a impossibilidade de uma identidade integral entre a relação concreta e a disposição legal. Disso decorre que o procedimento de qualificação depende do enquadramento ao tipo legal das situações práticas que correspondam com a maioria ou mais significativas características indicadas como modelo do trabalho subordinado previstas pelo legislador, fazendo-se um juízo de globalidade, para comparar o tipo legal do trabalho subordinado à relação concreta que se ostenta.[284]

No Brasil, o trabalho subordinado típico, correspondente a uma relação de emprego regida pelo Direito do Trabalho, que possui como figuras, de um lado, o empregado, definido como a pessoa física que presta serviços de natureza não eventual a empregador, sob dependência deste e mediante salário; e de outro, a do empregador, caracterizado como empresa, individual ou coletiva, assume os riscos da atividade econômica, admite, assalaria e dirige prestação pessoal de serviços.[285]

O Direito do Trabalho entende que o empregado, obrigatoriamente, é pessoa física, devido à atividade humana ser inseparável da pessoa, que merece a

---

[283] OIT. *R198 Recomendação relativa à relação de emprego nº 198*, de 15 de junho de 2006. Disponível em:<https://www.ilo.org/dyn/normlex/es/f?p=NORMLEXPUB:55:0::NO::P55_TYPE,P55_LANG,P55_DOCUMENT,P55_NODE:REC,es,R198,%2FDocument>. Acesso em: 29 set. 2018.

[284] FERNANDES, Antônio Monteiro. *Direito do Trabalho*. 13. ed. Coimbra: Almedina, 2006, p. 146.

[285] Empregado: Cf. Art. 3º, da CLT: Considera-se empregado toda pessoa física que prestar serviços de natureza não eventual a empregador, sob a dependência deste e mediante salário. Empregador: Cf. Art. 2º, da CLT: Considera-se empregador a empresa, individual ou coletiva, que, assumindo os riscos da atividade econômica, admite, assalaria e dirige a prestação pessoal de serviço.

intervenção do Estado na proteção de sua personalidade e liberdade, consubstanciados na vida, saúde, integridade moral, bem-estar, lazer, etc., pertinentes somente à pessoa natural.[286]

Desse modo, a relação de emprego deriva de um contrato individual de trabalho (art. 442, da CLT), caracterizado por requisitos próprios, assegurando direitos da esfera social, como limitação de jornada, descansos, salário, despedida arbitrária, previdência, etc., que colocam o empregado sob a proteção dessa norma especializada.

São elencados como requisitos caracterizadores de uma relação de emprego: i)- a pessoalidade, porque o contrato de emprego é *intuitu personae* ou personalíssimo, sendo que somente a pessoa do empregado pode desenvolver a atividade, não podendo se fazer substituir (infungibilidade do empregado); ii)- a alteridade que determina que o empregado preste o serviço por conta alheia, não assumindo qualquer risco; iii)- a não eventualidade, devendo o trabalho ser prestado com continuidade, tendo em vista tratar-se de um contrato de trato sucessivo; iv)- a onerosidade indica que o trabalho deverá ser remunerado; v)- a subordinação, que deve ser jurídica, pois submete o empregado às ordens e direção do empregador, nos limites do contrato e da lei.[287]

De acordo com Maurício Godinho Delgado:

> (...) o que distingue a relação de emprego, o contrato de emprego, o empregado de outras figuras sócio-jurídicas próximas é o modo de prestação dessa obrigação de fazer. A prestação há de se realizar, pela pessoa física, pessoalmente, sem eventualidade, subordinadamente e sob cláusula onerosa. Excetuado, portanto, o pressuposto da pessoa física, todos os demais pressupostos referem-se ao processo (*modus operandi*) de realização da prestação do trabalho.[288]

A subordinação ocupa papel central na aplicação do Direito do Trabalho, revelando-se, na concepção tradicional, como o critério mais seguro para a

---

[286] BARROS, Alice Monteiro de. *Curso de Direito do Trabalho*. São Paulo: LTr, 2005.

[287] MARTINS, Sérgio Pinto. *Direito do Trabalho*. 18. ed. São Paulo: Atlas, 2003, p. 107-108.

[288] DELGADO, Maurício Godinho. Sujeitos do Contrato de Trabalho: O Empregado. In: BARROS, Alice Monteiros de (coord.). *Curso de Direito do Trabalho – Estudos em Memória de Célio Goyatá*. v. 1. São Paulo: LTr, 1993, p. 256-257.

caracterização de emprego[289], porque permite distinguir com êxito a existência da relação de emprego das inúmeras outras formas existentes para a prestação do trabalho, em situações fático-jurídicas próximas.

Nesse contexto, observa-se que ao empregador é atribuído o direito de direção e comando, determinando as condições para utilização e aplicação concreta da força de trabalho do empregado, dentro do contrato e de controle na verificação do exato cumprimento da prestação do trabalho, sob pena de aplicação de penas disciplinares. E ao comando e ao controle exercidos pelo empregador corresponde o dever de obediência, diligência e fidelidade do empregado, excluídos os casos de ordem ilegal, ilícita, de execução extremamente difícil, de sujeição a risco ou estranha ao contrato firmado.[290]

Não se trata a subordinação de um *status* social, mas de um modo de realização do trabalho, traduzida em uma situação jurídica que coloca o empregado em uma posição particular em face do empregador em um determinado momento, mediante salário.

A diferença da subordinação jurídica trabalhista das demais formas de subordinação está pautada na intensidade. Na relação de emprego, ela é verificada em grau máximo; nas formas de trabalho autônomo, em grau médio; e nas relações civis, em grau mínimo, centrando a avaliação nas circunstâncias de como o trabalho é prestado, uma vez que pode ser exercido de formas alternativas à subordinação.[291]

Percebe-se uma heterogeneidade no mercado de trabalho, não sendo mais a relação de emprego monopolizadora da prestação de serviços, que se apresenta sob outras formas jurídicas, principalmente no que tange a profissões, em que a subordinação mostra-se cada vez mais atenuada ou mesmo inexistente, em razão da melhor capacitação e especialização do trabalhador.

---

[289] MAEDA, Fabíola Miotto. *Prestação de Serviço por meio de pessoa jurídica*: dignidade e fraude nas relações de trabalho. Dissertação (Mestrado em Direito) – Faculdade de Direito, Universidade de São Paulo. São Paulo, p. 149. 2014, p. 37.

[290] SUSSEKIND, Arnaldo. et. al. *Instituições de Direito do Trabalho*. Volume I. 22. ed. atual. São Paulo: LTr, 2005, p. 246-248.

[291] NASCIMENTO, Amauri Mascaro. *Curso do direito do trabalho*: história e teoria geral do direito do trabalho: relações individuais e coletivas do trabalho. 24. ed. revista, atualizada e ampliada. São Paulo: Saraiva, 2009, p. 462-463.

PLANEJAMENTO TRIBUTÁRIO

Essa situação é bem evidente em relação aos trabalhadores intelectuais, que podem prestar seus serviços como empregados, autônomos ou por meio de pessoa jurídica, devendo ser perquirida, para se constatar a existência de uma relação de emprego, o quanto o tomador de serviço intervém na sua atividade, colocando-o em posição de subordinação, não técnica (em razão da especialização), mas jurídica.

Seguramente, a relação de trabalho subordinado permanece como forma significativa de contratação da sociedade sob a ótica econômico-social e jurídica[292], mas, o que se percebe, na realidade, é uma tendência pela diversificação dos vínculos laborais, sendo a subordinação elemento chave para caracterizar se a relação é genuinamente de emprego.

Obviamente, essa tendência não significa aceitar fraudes ou simulações que deve ser combatida com a restauração de todos os direitos trabalhistas e reflexos tributários pertinentes. A valorização do trabalho independente não ignora ou despreza os princípios protetores do direito do trabalho, mas busca a sua aplicação às hipóteses em que realmente se está diante de um trabalho subordinado.

3.2.2 Trabalho Autônomo

O incremento do trabalho autônomo remonta a uma das principais formas de prestação de serviços conhecida pelo homem, uma vez que os primeiros ofícios, paralelamente à escravidão, como artesanato, agricultura, pequenas atividades comerciais e comércio, sobretudo entre os romanos, amoldavam-se à autonomia e ao empreendedorismo.[293]

Entretanto, a forma autônoma, mormente com o desenvolvimento da indústria, passou a ocupar um lugar secundário, cedendo espaço à figura do trabalhador dependente e assalariado, subordinado à empresa e alheio a seus riscos e a seus rendimentos, caracterizando o modelo operário padrão: empregado que cumpre horário rígido, atua em um único local de trabalho e permanece por toda ou quase toda a sua vida na mesma empresa, sendo

---

[292] DELGADO. Maurício Godinho. *Curso de direito do trabalho.* 5. ed. São Paulo: LTr, 2006, p. 280.

[293] SILVA, Otávio Pinto e. *Subordinação, autonomia e parassubordinação nas relações de trabalho.* São Paulo: LTr, 2004, p. 83-87.

130

SERVIÇOS INTELECTUAIS PRESTADOS POR PESSOAS JURÍDICAS: PEJOTIZAÇÃO

dependente do salário que recebe e sujeitando-se às ordens emanadas do empregador, que assume o risco integral da atividade empresarial.[294]

A preponderância do trabalhador subordinado cedeu lugar, novamente, à revitalização do trabalho autônomo, em razão da revolução socioeconômica, decorrente principalmente dos colapsos do petróleo no final do século XX.[295] A saída do mercado de trabalho subordinado para o autônomo pode ser constatada pela ausência de oportunidades de trabalho subordinado, pela exigência da empresa recorrer a uma forma de trabalho mais flexível, pela própria vontade do trabalhador na busca de maiores ganhos, valorização profissional e liberdade de gerir o tempo de trabalho, em detrimento da excessiva rigidez das normas que regem o trabalho subordinado.[296]

O trabalho autônomo diferencia-se da relação de emprego substancialmente pela ausência da subordinação, que determina o modo como o trabalho pactuado deverá ser concretizado.[297] Paulo Emílio Ribeiro de Vilhena ensina que autônomo é o trabalhador que presta seus serviços com organização própria, iniciativa e discricionariedade, além de escolher o lugar, o modo, o tempo e a forma de execução. A iniciativa e a auto-organização evidenciam a liberdade de o prestador realizar sua atividade a mais de uma pessoa, consubstanciando-se em elementos caracterizadores da autonomia.[298]

No trabalho autônomo, também pode ser verificada a ausência de pessoalidade, que permite a substituição e alteração do profissional que efetivamente produz o serviço contratado. Por outro lado, o trabalho autônomo também pode ser contratado com cláusula rígida de pessoalidade, em razão de conhecimentos especializados, como os médicos, advogados, arquitetos, etc.

---

[294] BULGUERONI, Renata Orsi. *Trabalho autônomo dependente:* experiências italiana e espanhola e a realidade brasileira. Dissertação (Mestrado em Direito) – Faculdade de Direito, Universidade de São Paulo. São Paulo, p. 244. 2011, p. 37.

[295] BULGUERONI, Renata Orsi. *Trabalho autônomo dependente:* experiências italiana e espanhola e a realidade brasileira. Dissertação (Mestrado em Direito) – Faculdade de Direito, Universidade de São Paulo. São Paulo, p. 244. 2011, p. 37.

[296] MARTINEZ, Pedro Romano. *Exigências de um novo direito do trabalho.* In: MARTINS, Ives Gandra da Silva; CAMPOS, Diogo Leite de (coord.) O direito contemporâneo em Portugal e no Brasil. São Paulo: Saraiva, 2004, p. 377.

[297] DELGADO. Maurício Godinho. *Curso de direito do trabalho.* 5. ed. São Paulo: LTr, 2006, p. 334.

[298] VILHENA, Paulo Emílio Ribeiro de. *Relação de emprego:* estrutura legal e supostos. 3. ed. São Paulo: LTr, 2005, p. 531-534.

PLANEJAMENTO TRIBUTÁRIO

Neste caso, o importante é observar que o autônomo desenvolve sua atividade livre da rigidez de cumprimento de horário e da fiscalização do destinatário dos serviços e, mesmo que existam diretrizes gerais por parte do tomador para adequar os serviços às suas exigências funcionais, prevalecem a autonomia e a auto-organização[299] na produção do resultado.

É recorrente a alegação de que o trabalho autônomo constitui artifício utilizado para burlar a protecionista legislação trabalhista. Ora, é certo que a contratação do autônomo pode caracterizar, mediante o intuito fraudulento, fuga às normas de Direito do Trabalho, mas impõe-se reconhecer que muitos trabalhadores, movidos pela sua própria vontade na busca da autogestão do trabalho, horário e organização da atividade, buscam o trabalho autônomo.[300]

Pedro Romano Martinez salienta que há dois motivos principais que justificam a escolha pelo trabalho autônomo: i)- um motivo ilícito, pautado na utilização de meios fraudulentos para obstar a aplicação das normas imperativas do Direito do Trabalho, decorrente de uma equivocada e abusiva qualificação do contrato, permitindo-se a correção para o reconhecimento da relação; ii)- um motivo lícito, baseado em razões técnicas e transformações na forma de prestação do trabalho, derivadas da necessidade de as empresas se adaptarem à competitividade e aos novos métodos.[301]

Disso decorre que as exigências de competitividade e qualidade, a globalização, as novas tecnologias e a sociedade de informação descentralizam o processo produtivo, valorizando o trabalhador de alta qualificação intelectual e estimulando novas formas de contratação, o que acaba por comprometer a visão dicotômica entre subordinação e autonomia[302]. Nesse sentido, Alice Monteiro de Barros assevera que:

---

[299] SILVA, Otávio Pinto e. *Subordinação, autonomia e parassubordinação nas relações de trabalho.* São Paulo: LTr, 2004, p. 91.

[300] ROMITA, Airon Sayão. *A crise do critério da subordinação jurídica* – necessidade de proteção a trabalhadores autônomos e parassubordinados. In: Revista de Direito do Trabalho, ano 31, nº 117, janeiro-março de 2005, São Paulo, p. 37.

[301] MARTINEZ, Pedro Romano. *Exigências de um novo direito do trabalho.* In: MARTINS, Ives Gandra da Silva; CAMPOS, Diogo Leite de (coord.) O direito contemporâneo em Portugal e no Brasil. São Paulo: Saraiva, 2004, p. 364-365.

[302] ROBORTELLA, Luís Carlos Amorim; PERES, Antônio Galvão. Novas tendências do mercado de trabalho: Crise do trabalho subordinado, crescimento do trabalho autônomo e de pessoas jurídicas. In: ANAN JÚNIOR, Pedro; PEIXOTO, Marcelo Magalhães (coord.).

As transformações no cenário econômico e social dos últimos anos, manifestadas por várias circunstâncias, entre as quais se situam a descentralização produtiva, a inovação tecnológica (informatização e automação) e o aparecimento de novas profissões advindas da transição de uma economia industrial para uma economia pós-industrial ou de serviços, contribuíram, segundo a doutrina, para colocar em crise a tradicional dicotomia: trabalho autônomo e trabalho subordinado. É que os modelos (ideais) típicos submetidos a esta dicotomia apresentam, frequentemente, dificuldades para solucionar as modificações que se operam no cenário econômico e social.[303]

No que tange aos trabalhadores de natureza intelectual, especializados que são, constata-se que podem prestar sua atividade como empregados ou trabalhadores autônomos, mesmo que em qualquer das situações vigore a sua autonomia técnica, sendo que o traço distintivo essencial tem esteio na subordinação. Entretanto, é certo que, quanto maior o nível de profissionalização e capacitação, aliado à valorização do trabalho intelectual, mais presente a autonomia na realização do trabalho, o que torna difícil diferenciar a sua condição como trabalhador subordinado ou autônomo.

Como a atividade autônoma pode ser prestada tanto por pessoa física, no qual se inserem os profissionais liberais, quanto por pessoa jurídica, unipessoal ou não, qualquer fraude à legislação trabalhista, com seus reflexos tributários, somente pode ser reconhecida com a verificação da existência concreta de uma genuína relação de emprego – subordinada, portanto –, tendo em vista outras possibilidades de prestação de serviços estarem previstas na legislação civil ou empresarial.[304]

Por outro lado, mesmo o trabalho autônomo vem sendo remodelado pela verificação de que o trabalhador, ainda que conserve seu poder de

---

Prestação de serviços intelectuais por pessoas jurídicas: aspectos legais, econômicos e tributários. São Paulo: MP, 2008, p. 120-123.

[303] BARROS, Alice Monteiro de. *As relações de trabalho no espetáculo.* São Paulo: LTr, 2003, p. 49.

[304] ROBORTELLA, Luís Carlos Amorim; PERES, Antônio Galvão. Novas tendências do mercado de trabalho: Crise do trabalho subordinado, crescimento do trabalho autônomo e de pessoas jurídicas. In: ANAN JÚNIOR, Pedro; PEIXOTO, Marcelo Magalhães (coord.). *Prestação de serviços intelectuais por pessoas jurídicas:* aspectos legais, econômicos e tributários. São Paulo: MP, 2008, p. 122.

auto-organização, o faz com pessoalidade, continuidade e exclusividade, marcando novas formas de interação entre tomador e prestador de serviços. Nesse sentido, Maurício Godinho Delgado assevera:

> O trabalhador autônomo consiste, entre todas as figuras próximas do empregado, naquela que tem maior generalidade, extensão e importância sociojurídica no mundo contemporâneo. Na verdade, as relações autônomas de trabalho consubstanciam leque bastante diversificado, guardando até mesmo razoável distinção entre si.[305]

Desse modo, atualmente, a expressão "trabalho autônomo" não corresponde a uma realidade positiva homogênea, porque passa a contemplar formas distintas de prestação de serviços que poderíamos chamar de autônomo clássico (estudado neste tópico) e de autônomo exclusivo, fruto da Reforma Trabalhista com a inserção do art. 442-B na CLT, que teve fundamento, conforme Parecer da Comissão Especial sobre o Projeto de Lei nº. 6.787/2016 que deu origem à Lei 13.467/2017, na modernização da legislação trabalhista, sem precarização da relação de emprego, senão vejamos:

> Um dos aspectos importantes considerados na análise da matéria em tela são as mudanças relacionadas às novas formas de contratação surgidas ao longo dos anos. Com efeito, hoje temos realidades que nem mesmo se sonhava existir quando da edição da CLT, ainda nos anos de 1940.
>
> As relações de trabalho atuais exigem uma necessidade imperiosa de otimizar tempo e economizar recursos, fruto de uma intensa inovação tecnológica que tem impactos relevantes sobre o mercado de trabalho. Observamos que, nessa ótica de se acompanhar as inovações impostas pela realidade, o Brasil não tem avançado o suficiente, se comparado com outros países. De fato, vemos que novas formas de contratação são objeto de regulamentação em diversos países, mas, no nosso, ainda estamos ao largo de qualquer regulamentação.

---

[305] DELGADO. Maurício Godinho. *Curso de direito do trabalho.* 5. ed. São Paulo: LTr, 2006, p. 318.

Em uma tentativa de colocar o nosso País entre as nações mais modernas do mundo, estamos propondo a regulamentação de alguns desses "novos" modelos de contratação, os quais, diga-se, já deveriam estar sendo adotados há muito. São modelos que buscam uma nova forma de relacionamento entre empregados e empregadores, com a finalidade última de aumentar o número de pessoas no mercado de trabalho formal.[306]

É que o próprio trabalho autônomo vem sofrendo uma evolução, que não caracteriza, necessariamente, fuga ao Direito do Trabalho e seus custos, inclusive os tributários, mas pauta-se na utilização de estratégias no setor de alto nível de qualificação.

Certamente que a individualização do que seja autônomo exclusivo não se traduz em uma tarefa fácil, tendo em vista sua aproximação tanto com o trabalho autônomo clássico, quanto com o subordinado, sofrendo duras críticas de que a sua previsão legal possibilita a burla à legislação trabalhista, mediante a descaracterização da relação de emprego, bem como abre espaço para a pejotização no seu sentido pejorativo, que traz como consequência reflexos tributários.

Desse modo, necessária a análise do autônomo exclusivo no ordenamento jurídico brasileiro, de modo a entender se é uma figura lícita decorrente das novas formas de relação entre tomador e prestador de serviço, e ante a inexistência de estudo robusto sobre o assunto, faz-se um paralelo, no que for pertinente com o autônomo dependente ou parassubordinado citado em ordenamentos alienígenas.

3.2.3 Autônomo Exclusivo: Art. 442-B da CLT, Inserido pela Lei 13.467/2017

A figura do autônomo exclusivo surgiu com a inserção do art. 442-B na CLT, por meio da Lei 13.467/2017, que veiculou a Reforma Trabalhista, com a seguinte redação: "Art. 442-B. A contratação do autônomo, cumpridas por este

---

[306] CÂMARA DOS DEPUTADOS – Comissão Especial. *Parecer ao Projeto de Lei 6.787, de, 2016 do Poder Executivo.* Presidente Deputado Daniel Vilela. Relator Deputado Rogério Marinho. Disponível em: <http://www.camara.gov.br/proposicoesWeb/prop_mostrarintegra?codte or=1544961>. Acesso em: 25 set. 2018.

PLANEJAMENTO TRIBUTÁRIO

todas as formalidades legais, com ou sem exclusividade, de forma contínua ou não, afasta a qualidade de empregado prevista no art. 3º desta Consolidação."

A inovação pautou-se na previsão de que o autônomo pode prestar sua atividade com continuidade e exclusividade a um tomador de serviço – por isso a expressão "exclusivo" – e, desde que cumpridas as formalidades legais, que caracterizam esse tipo de contratação, será afastada a qualidade de empregado.

De fato, como visto anteriormente, a discussão sobre o enquadramento do trabalhador como empregado ou como autônomo mostra-se acirrada, quando se está diante da verificação e comprovação, no caso concreto, dos requisitos que identificam a relação de emprego (pessoalidade, alteridade, habitualidade, onerosidade e subordinação). A atribuição ao trabalho autônomo das características de continuidade e exclusividade, próprias, *a priori*, ao trabalho subordinado, recrudesceu ainda mais o debate, ao questionar se a Reforma Trabalhista criara uma figura de precarização das relações de emprego, objeto da norma protecionista, ao permitir a contratação de um trabalhador com exclusividade e de modo permanente sem as garantias de um trabalho formal.

O referido dispositivo gera controvérsias, em razão da sua falta de clareza, uma vez que condiciona a exclusão da relação de emprego, mediante o "cumprimento de formalidades legais", sem elucidar quais seriam essas formalidades legais ou onde estão estabelecidas. Disso decorre que deverá ser feito um trabalho interpretativo de que para ser caracterizado como autônomo, o trabalhador deverá estar inscrito como contribuinte individual perante o INSS (art. 12, V, "h", da Lei 8.212/1991) e o Município no Cadastro de Contribuinte; celebrar Contrato de Prestação de Serviços Autônomos e receber por meio de Recibo de Pagamento de Autônomo e não incorrer nas características qualificadoras do empregado, ou seja, prestar o serviço sem exclusividade, continuidade, subordinação, por conta e risco próprios.

Ante a obscuridade, foi editada a Medida Provisória nº. 808, de 14 de novembro de 2017, cuja pretensão, ao incluir os §§ 1º ao 7º no art. 442-B da CLT, foi conferir maior clareza à contratação do trabalhador autônomo, vedando a cláusula de exclusividade, ou seja, quando a exclusividade for uma exigência do contratante e não escolha do contratado, sob pena de reconhecimento do vínculo empregatício. Pelos dispositivos, buscou-se evitar o desenquadramento do autônomo, quando prestar serviços a apenas um tomador de serviços;

SERVIÇOS INTELECTUAIS PRESTADOS POR PESSOAS JURÍDICAS: PEJOTIZAÇÃO

prestar o serviço na atividade principal ou negócio da empresa; prestar serviço como autônomos, os motoristas, representantes comerciais, corretores de imóveis, parceiros e trabalhadores de profissões regulamentadas.[307]

Ocorre que a Medida Provisória teve seu prazo de vigência encerrado em 23/04/2018, restaurando o art. 442-B na sua redação original, proveniente da Lei 13.467/2017.

Mesmo assim, a oposição à referida norma permanece, uma vez que mesmo antes da Medida Provisória, em 16/08/2017, havia sido apresentado o Projeto de Lei 8303/2017 pelo Deputado André Figueiredo PDT/CE, em sua gênese mais radical, uma vez que propõe a supressão do art. 442-B da CLT, sob a justificativa de que o dispositivo, sob o pretexto de flexibilizar e modernizar a legislação trabalhista, pretende "única e exclusivamente permitir a contratação de pessoas sem carteira assinada, legitimando o desmonte da proteção ao trabalhador brasileiro contra os maus empregadores brasileiros." E arremata: "É por isso que ele precisa ser suprimido, fazendo valer o art. 3º da CLT, sem exceções."[308]

---

[307] Redação dada pela MP nº. 808/2017, cuja vigência foi encerrada em 23/04/2018:
Art. 442-B. A contratação do autônomo, cumpridas por este todas as formalidades legais, de forma contínua ou não, afasta a qualidade de empregado prevista no art. 3º desta Consolidação.
§ 1º É vedada a celebração de cláusula de exclusividade no contrato previsto no caput.
§ 2º Não caracteriza a qualidade de empregado prevista no art. 3º o fato de o autônomo prestar serviços a apenas um tomador de serviços.
§ 3º O autônomo poderá prestar serviços de qualquer natureza a outros tomadores de serviços que exerçam ou não a mesma atividade econômica, sob qualquer modalidade de contrato de trabalho, inclusive como autônomo.
§ 4º Fica garantida ao autônomo a possibilidade de recusa de realizar atividade demandada pelo contratante, garantida a aplicação de cláusula de penalidade prevista em contrato.
§ 5º Motoristas, representantes comerciais, corretores de imóveis, parceiros, e trabalhadores de outras categorias profissionais reguladas por leis específicas relacionadas a atividades compatíveis com o contrato autônomo, desde que cumpridos os requisitos do caput, não possuirão a qualidade de empregado prevista o art. 3º.
§ 6º Presente a subordinação jurídica, será reconhecido o vínculo empregatício.
§ 7º O disposto no caput se aplica ao autônomo, ainda que exerça atividade relacionada ao negócio da empresa contratante.
[308] Projeto de Lei 8303, de 16 de agosto de 2017. Suprime o art. 442-B da Consolidação das Leis do Trabalho (CLT), aprovada pelo Decreto Lei nº 5.452, de 1º de maio de 1943. Disponível em: <http://www.camara.gov.br/proposicoesWeb/fichadetramitacao?idProposicao=2148085>. Acesso em: 26 set. 2018.

PLANEJAMENTO TRIBUTÁRIO

Essa visão restritiva não reconhece a heterogeneidade do mercado e o surgimento de novas formas contratuais (tais como: trabalho contínuo coordenado e de colaboração, trabalho a projeto, trabalho intermitente, terceirização, teletrabalho – este último incorporado na Reforma Trabalhista[309]), mantendo a estrita divisão entre trabalho subordinado e trabalho autônomo clássico, para considerar qualquer outra modalidade como expediente para fraudar a legislação protetora.[310]

André Ramos Tavares expõe que, ao que parece, o Estado considera que a melhor fórmula de relacionamento entre os diversos atores econômicos é a do vínculo empregatício formal, regulado pela CLT, ou do trabalho individual como pessoa física, interessando mais ao governo, sob o ponto de vista fiscal, do que aos próprios trabalhadores.[311]

A própria jurisprudência trabalhista veio se consolidando nesse sentido, influenciada pela relação típica de emprego, baseada no reconhecimento ora da habitualidade, ora da exclusividade ou ora da subordinação para excluir outra relação de trabalho e abrangê-la pela tradicional de emprego. Como exemplo, têm-se os profissionais autônomos, representantes comerciais ou vendedores pracistas, qualificados como empregados se a atividade fosse prestada com exclusividade; ou os motoristas que trabalhassem em veículos próprios para uma empresa, mesmo que em períodos intermitentes, porém com habitualidade, também ganhavam a qualidade de empregado[312], desconsiderando, às vezes, a vontade expressada no momento da contratação, em razão da inexistência de lei clara que orientasse a proteção dos que trabalham fora de um vínculo empregatício.

---

[309] PEREIRA, Leone. *Pejotização*: o trabalho como pessoa jurídica. São Paulo: Saraiva, 2013, p. 39.

[310] MANNRICH, Nelson. Distinções entre relações de emprego e contratos de prestação de serviços. Contratos atípicos no Direito Brasileiro e no Direito Comparado. . In: ANAN JÚNIOR, Pedro; PEIXOTO, Marcelo Magalhães (coord.). *Prestação de serviços intelectuais por pessoas jurídicas*: aspectos legais, econômicos e tributários. São Paulo: MP, 2008, p. 174.

[311] TAVARES, André Ramos. Liberdade econômica e tributação: O caso da Emenda 3 e a fraude à Constituição. In: ANAN JÚNIOR, Pedro; PEIXOTO, Marcelo Magalhães (coord.). *Prestação de serviços intelectuais por pessoas jurídicas*: aspectos legais, econômicos e tributários. São Paulo: MP, 2008, p. 90.

[312] PASTORE, José. A disciplina da terceirização. In: ANAN JÚNIOR, Pedro; PEIXOTO, Marcelo Magalhães (coord.). *Prestação de serviços intelectuais por pessoas jurídicas*: aspectos legais, econômicos e tributários. São Paulo: MP, 2008, p. 108.

Na verdade, os órgãos destinados à tutela das relações trabalhistas em geral, tais como a Fiscalização do Trabalho, a Justiça do Trabalho e o Ministério Público do Trabalho, mostram-se conservadores frente às novas relações de trabalho decorrentes do atual contexto econômico mundial. Por isso, frequentemente verifica-se a atuação desses órgãos no sentido de desconstituir relações de direito civil perfeitamente válidas, sob uma presunção generalizada de fraude e desvalorização da vontade das partes na celebração de contratos de prestação de serviços.[313]

Por outro lado, a mudança legislativa foi vista positivamente pelo Juiz do Trabalho da 8ª Vara do Trabalho de Curitiba Dr. Felipe Calvet que, na Audiência Pública para discussão do Projeto de Lei nº. 6787/2016, ocorrida em 21/03/2017, Reunião nº. 01/03/2017, defendeu o interesse tanto dos empregados como dos empregadores pela regulação de novas realidades dos contratos de trabalho que lhes imprima mais segurança, de modo que, no momento da contratação, todos os direitos e deveres fiquem "preto no branco".[314]

Nos modernos sistemas de produção, há uma externalização crescente de atividades para profissionais especializados, assim como a internalização de seus trabalhos quando as empresas necessitam, deixando-se para trás o conceito de subordinação clássica ou jurídica, para se considerar a subordinação econômica, que pode configurar outra espécie de relação de trabalho. Nesse sentido José Pastore:

> Um profissional autônomo que presta serviço para uma empresa não pode se considerar completamente independente da mesma, pois dela recebe orientações técnicas e avaliações. Um número expressivo de profissionais independentes realizam serviços em condições de dependência econômica. Há certos casos em que a relação chega a se inverter. O contratado tem tanta especialidade que o contratante passa

---

[313] BULGUERONI, Renata Orsi. *Trabalho autônomo dependente:* experiências italiana e espanhola e a realidade brasileira. Dissertação (Mestrado em Direito) – Faculdade de Direito, Universidade de São Paulo. São Paulo, p. 244. 2011, p. 205.

[314] CÂMARA DOS DEPUTADOS. Audiência Pública em 21 de março de 2017. *Debate sobre o Projeto de Lei nº 6.787, de 2016.* Disponível em: <http://www2.camara.leg.br/deputados/discursos-e-notas-taquigraficas/discursos-em-destaque/projeto-de-lei-no-6787-2016-reforma-trabalhista/reuniao-0103-17-de-210317>. Acesso em: 27 set. 2018.

a ser seu dependente e subordinado. Empregados em tempo integral e por prazo indeterminado que trabalham em pesquisa dentro das empresas costumam usufruir de ampla autonomia para realizar os seus trabalhos. Eles agem como profissionais autônomos ao definirem a sua própria agenda de trabalho e modo de realizar as tarefas. Na sua área de atuação, eles são os donos do pedaço. Ainda assim, são empregados. Outros planejam seu serviço com base em orientações técnicas da contratante, preparam o material e os parceiros de que necessitam e exercem duas atividades dentro da empresa contratante de modo contínuo sem ser dela seu empregado. Novamente surgem exemplos dos que executam serviços dentro de uma grande obra de construção ou os que produzem programas completos de televisão que são transmitidos por determinada emissora. O mesmo ocorre com consultores que realizam tarefas periódicas ou contínuas para empresas contratantes. Embora seja clara a subordinação econômica e técnica, não há subordinação jurídica.[315]

Nesse sentido, surge o autônomo dependente ou parassubordinado, não regulamentado no ordenamento jurídico brasileiro, que se aloca entre o empregado e o autônomo, apelidado de "co.co.co", em razão de a atividade ser desenvolvida de forma colaborativa, continuativa e coordenada, reflexo das modificações do mercado de trabalho, que necessitam de regulamentação para conferir adequada tutela jurídica a esses trabalhadores[316], principalmente, intelectuais.[317] Em razão de algumas características se assemelharem ao do autônomo exclusivo, previsto na legislação brasileira, o exporemos brevemente.

De acordo com Jorge Pinheiro Castelo, a parassubordinação é uma relação de trabalho pós-moderna, consubstanciando-se na:

---

[315] PASTORE, José. A disciplina da terceirização. In: ANAN JÚNIOR, Pedro; PEIXOTO, Marcelo Magalhães (coord.). *Prestação de serviços intelectuais por pessoas jurídicas:* aspectos legais, econômicos e tributários. São Paulo: MP, 2008, p. 107.

[316] BULGUERONI, Renata Orsi. Parassubordinação: origem, elementos, espécies e tutela. In: *Revista de Direito do Trabalho,* ano 34, n. 131, jul.-set./2008, p. 329.

[317] PEREIRA, Leone. *Pejotização*: o trabalho como pessoa jurídica. São Paulo: Saraiva, 2013, p. 59.

Prestação de serviço por trabalhador dependente econômico, por prazo indeterminado, ou pela sua extensão no tempo e pelo fato de ser destinada de maneira exclusiva ou determinante a uma empresa – caráter continuativo e provavelmente exclusivo da prestação de serviços em benefício de único tomador. Prestador exposto ao mercado e as fontes geradoras de dependência econômica e sujeição social: diversos tipo de profissionais liberais.[318]

Na parassubordinação, está-se diante de trabalhador autônomo e independente, que goza de liberdade para realização de suas tarefas, submetendo-se às diretivas gerais emitidas pelo tomador de serviço mediante coordenação, por estar integrado à sua atividade produtiva, podendo ser-lhe exigida, tão somente, a conformação do serviço à atividade econômica desenvolvida, sem interferência na autônoma organização do trabalho.[319]

Isso porque, está-se diante de trabalhadores de elevada qualificação profissional, que não vendem força de trabalho, mas o seu *know-how* ou conhecimento altamente especializado. Otávio Pinto e Silva ensina que esses trabalhadores não dispõem de instrumentos de produção tradicionais, mas de "um patrimônio de conhecimento, de *know-how*, de especialização profissional, que os torna capazes de fornecer um resultado, um serviço, um programa, sem a necessidade de rigorosa direção que tipifica o trabalho subordinado", coordenando-se de modo estável e contínuo com os tomadores de serviços.[320]

Nesse tipo de trabalho, restam marcantes as características da pessoalidade, uma vez que as características pessoais do trabalhador são determinantes para a contratação; da continuidade, uma vez que a atividade projeta-se no tempo e, consequentemente, integra a própria estrutura da empresa; da

---

[318] CASTELO, Jorge Pinheiro. Transformações do mercado de trabalho brasileiro – prestação de serviços de natureza intelectual por pessoas jurídicas – aspectos legais, econômicos, trabalhistas e tributários – desconstruindo e construindo o paradigma de pensamento. In: ANAN JÚNIOR, Pedro; PEIXOTO, Marcelo Magalhães (coord.). *Prestação de serviços intelectuais por pessoas jurídicas:* aspectos legais, econômicos e tributários. São Paulo: MP, 2008, p. 154.

[319] FREITAS, Cláudio Victor de Castro. A parassubordinação, o contrato de trabalho a projeto e o direito brasileiro – uma análise das novas relações de trabalho sob uma ótica globalizada. In: *LTr: Revista de Legislação do Trabalho*, v. 73, nº. 10, outubro de 2009, São Paulo, p. 1248.

[320] SILVA, Otávio Pinto e. *Subordinação, autonomia e parassubordinação nas relações de trabalho.* São Paulo: LTr, 2004, p. 115.

PLANEJAMENTO TRIBUTÁRIO

exclusividade, porque, em regra, a atividade prestada é destinada a um único comitente, o que gera a dependência econômica.[321]

Pedro Romano Martinez leciona que a dependência econômica pode decorrer da necessidade da remuneração para subsistência do trabalhador e de sua família ou da exclusividade da prestação.[322] Ocorre que a subordinação apta a atrair a aplicação do direito do trabalho não é a econômica – ou seja, o fato de o empregado depender economicamente do empregador, por ser seu salário imprescindível à sua subsistência – e sim a jurídica que, nesse caso, é exteriorizada pela exclusiva integração da atividade do prestador na organização empresarial do beneficiário.[323]

A diferença da parassubordinação com a subordinação do clássico contrato de trabalho centra-se no fato de que nesta, o próprio trabalhador insere-se na estrutura empresarial, fazendo-se parte integrante; naquela, é a atividade desempenhada pelo prestador que integra o processo produtivo e interessa ao empresário[324], que pode fazer exigências quanto às especificações do serviço, realização da atividade, data de entrega, etc., sem contudo interferir na autonomia da realização do trabalho, pertencente, exclusivamente, ao prestador.

De fato, ao se celebrar um contrato de trabalho, seja subordinado ou autônomo, obrigações mútuas são estabelecidas entre prestador e tomador dos serviços, sendo uma delas, a conformação do serviço ao que foi acordado, o que não representa um rompimento com a autonomia.

Os traços característicos do trabalho parassubordinado se manifestam na continuidade, coordenação, prevalência da pessoalidade e ausência de subordinação. Renata Orsi Bulgueroni, assim descreve as características básicas do trabalhador autônomo dependente:

---

[321] BULGUERONI, Renata Orsi. *Trabalho autônomo dependente:* experiências italiana e espanhola e a realidade brasileira. Dissertação (Mestrado em Direito) – Faculdade de Direito, Universidade de São Paulo. São Paulo, p. 244. 2011, p. 46-47.

[322] MARTINEZ, Pedro Romano. *Direito do Trabalho.* 4. ed. Coimbra: Almedina, 2007, p. 340-341.

[323] SILVA, Luiz de Pinho Pedreira. Um novo critério de aplicação do direito do trabalho: a parassubordinação. In: *Revista de Direito do Trabalho,* ano 27, nº. 103, julho-setembro de 2001, São Paulo, p. 173-174.

[324] MARTINEZ, Pedro Romano. *Direito do Trabalho.* 4. ed. Coimbra: Almedina, 2007, p. 341.

a) É dotado de *autonomia*, embora esteja sujeito a diretivas gerais do tomador de serviços – as quais, todavia, não podem configurar "ordens", típicas da relação de emprego. É essa a principal característica que diferencia o autônomo dependente do trabalhador subordinado: enquanto este se sujeita ao poder diretivo do empregador, aquele atua em regime de *coordenação* com o tomador de serviços, estando sujeito apenas às obrigações decorrentes da própria natureza contratual da relação celebrada;

b) Atua de forma *habitual e preponderantemente pessoal* (ressaltando-se que o mero auxílio eventual de terceiros – como, e.g., de familiares – não descaracteriza a pessoalidade da prestação);

c) Pode ou não constituir *pessoa jurídica* para prestar seus serviços, sendo imprescindível para sua caracterização, entretanto, o fato de *não ter empregados contratados* a seu dispor (caso contrário, estar-se-á diante de autônomo clássico, sem dependência econômica em relação ao tomador);

d) Deve ter a *propriedade* dos principais instrumentos para a prestação de serviço (contudo, referida propriedade não pode constituir verdadeiro aparato empresarial, pois, nesse caso, estar-se-á de autônomo clássico);

e) Deve atuar de *forma diferenciada* em relação a eventuais trabalhadores subordinados (já que a prestação de serviços idênticos aos desenvolvidos pelos empregados constitui presunção da existência de subordinação).[325]

Ressalte-se que a análise dessas características deve ser feita casuisticamente, porque essas relações podem mascarar uma relação de trabalho subordinado, mas também podem ser autênticas formas de trabalho autônomo continuativo[326], devendo ser reconhecidas e respeitadas.

---

[325] BULGUERONI, Renata Orsi. *Trabalho autônomo dependente:* experiências italiana e espanhola e a realidade brasileira. Dissertação (Mestrado em Direito) – Faculdade de Direito, Universidade de São Paulo. São Paulo, p. 244. 2011, p. 217-218.

[326] MAEDA, Fabíola Miotto. *Prestação de Serviço por meio de pessoa jurídica:* dignidade e fraude nas relações de trabalho. Dissertação (Mestrado em Direito) – Faculdade de Direito, Universidade de São Paulo. São Paulo, p. 149. 2014, p. 51-52.

PLANEJAMENTO TRIBUTÁRIO

Críticas são feitas a esse instituto, no sentido de que a adoção de um conceito restrito de subordinação diminui o campo de proteção do Direito do Trabalho e acarreta a regressão dos direitos sociais, que limitam o poder econômico e promovem a justiça social, permitindo a exploração da força de trabalho sem a proteção da legislação trabalhista.[327]

No Brasil, a atuação do Judiciário na verificação de formas intermediárias de trabalho, ante a ausência de legislação específica voltada a essa realidade, sob uma perspectiva casuística e às vezes contraditória, ora considerando determinada relação como de emprego, ora como autônoma, gera instabilidade e insegurança nas relações do trabalho, tendo em vista que os empregados apresentam cada vez mais independência técnica e os autônomos mostram-se cada vez mais economicamente dependentes.[328]

Sobre a parassubordinação, o acórdão proferido pela 5ª Turma do Tribunal Regional do Trabalho da 2ª Região que, na verificação do caso de um motorista que prestava os serviços com seu próprio veículo, entendeu que existia uma relação de coordenação, sendo que o fato de o tomador orientar a forma da prestação do serviço, não caracterizava subordinação apta a reconhecer o vínculo empregatício. Considerou a parassubordinação como "o estado de sujeição do trabalhador que não é empregado, podendo ser autônomo, eventual ou de qualquer outra espécie".[329] A 6ª Turma do TRT 2ª Região, em caso semelhante, reconheceu a característica de parassubordinado de caminhoneiro que prestava serviços autônomos de transporte, senão vejamos um trecho da ementa:

> Certamente a situação jurídica do autor enquadra-se na situação do trabalhador "semi dependente", ou seja, aquele que, mantém a condição de autônomo, mas depende economicamente do seu tomador de serviços. Tal nomenclatura e tal figura vem regulada no direito

---

[327] VIANA, Márcio Túlio. Trabalhadores parassubordinados: Deslizando para fora do Direito. In: RENAULT, Luiz Otávio Linhares et. al. *Parassubordinação*: em homenagem ao Professor Márcio túlio Viana. São Paulo: LTr, 2011, p. 30-32.

[328] ROBORTELLA, Luiz Carlos Amorim. A reconstrução do conceito de subordinação. In: MANNRICH, Nelson et. al. *Atualidades do direito do trabalho:* Anais da Academia Nacional de Direito do Trabalho. São Paulo: LTr, 2012, p. 277.

[329] RO Acórdão 20130074157. Processo 0002104-73.2011.5.02.0203. 5ª Turma TRT 2. Relator Donizete Vieira da Silva. Publicado 21/02/2013.

SERVIÇOS INTELECTUAIS PRESTADOS POR PESSOAS JURÍDICAS: PEJOTIZAÇÃO

estrangeiro, levando a denominação de trabalhador semi-dependente nos direitos português e espanhol, e parassubordinado no direito italiano e não encontra precedente ou proteção no direito nacional, de modo que sua situação é tratada como a de trabalhador autônomo, ante a ausência e regulamentação legal específica nacional e justamente por estar inserido no sistema dos trabalhadores sem subordinação estrita.[330]

No mesmo sentido, o caso de uma vendedora de produtos infantis, que deveria encaminhar relatórios de vendas, participar de reuniões mensais e ser acompanhada por supervisores em caso de grandes vendas, não teve o vínculo empregatício reconhecido, tendo em vista inexistir subordinação, mas sim parassubordinação.[331]

Em julgamento emblemático, o TRT da 7ª Região, reconheceu a relação de trabalho autônomo dependente de médico plantonista e a unidade hospitalar, sob o fundamento de que "a subordinação exibe-se de forma peculiar nos casos em que a atividade do empregado demanda alto grau de conhecimento científico", não havendo que se cogitar da "estrita obediência às ordens emanadas de um superior hierárquico, eis que a especialidade da execução das tarefas inibe a ingerência patronal ordinariamente constatada nos contratos de emprego." No caso, o médico plantonista atendia pacientes provenientes do SUS e particulares, determinando, pessoalmente ou pelos convênios, o valor das consultas e atendimentos e, embora a parassubordinação permita a pessoalidade, o médico podia fazer-se substituir, quando necessário, sem qualquer sanção do hospital.[332]

Em sentido contrário, o acórdão proferido pelo Tribunal Regional do Trabalho da 3ª Região que entendeu que o acolhimento da figura do trabalhador parassubordinado deve ser feito na direção do subordinado e não do autônomo, aplicando-se as regras do art. 3º, da CLT, em razão de não existir na

---

[330] RO 00632.2009.465.02.00-7. 6ª Turma, TRT da 2ª Região. Relatora Thereza Christina Nahas. Data Publicação: 18/10/2010.

[331] RO Acórdão 20111229809. Processo 00412.2010.382.02-004. 8ª Turma, TRT da 2ª Região. Relator: Celso Ricardo Peel Furtado de Oliveira.

[332] RO 0005600-91.2006.5.07.0027. 3ª Turma, TRT da 7ª Região. Relator Cláudio Soares Pires. Data Publicação: 11/02/2009.

PLANEJAMENTO TRIBUTÁRIO

legislação brasileira essa figura.[333] Do mesmo modo, foi reconhecido que se o trabalhador executa funções inseridas no contexto das atividades essenciais do processo produtivo da empresa, o vínculo empregatício é reconhecido, independente da análise do elemento subordinação ou prova de expedição de ordens e fiscalização direta[334], como, por exemplo, foi justificada a condição de empregado de um jornalista que estava inserido no eixo em torno do qual gravitava a atividade empresarial.[335] Nesse mesmo sentido, foi reconhecido o vínculo trabalhista em reclamação proposta por médico em face de fundação hospitalar a quem prestava serviço na função de pneumologista:

> A legislação trabalhista brasileira não prevê a figura do parassubor-
> dinado, que, se admitida por migração, deve ter uma inteligência de
> natureza inclusiva, de modo a valorizar o trabalho do homem numa so-
> ciedade em mudanças e em face de assimilação de valores neoliberais.
> Não precisamos reproduzir cegamente soluções alienígenas, distante
> das nossas experiências, para que não corramos o risco de positivar
> o que não vivenciamos. O Direito deve ser o reflexo de experiências
> vividas pela sociedade onde se pretende seja instituído e aplicado e
> não o receptáculo de uma vivência de país estrangeiro. Nem tudo que
> é bom para os europeus é bom para os brasileiros e vice-versa. Assim,
> se se quer copiar a figura do parassubordinado, não previsto na nossa
> legislação com direitos próprios, então que se faça essa movimenta-
> ção na direção do subordinado com todas as vantagens previstas na
> CLT e não no sentido contrário de sua identificação com o autônomo,
> gerando um tercius genus, isto é, o para-autônomo. Portanto, a paras-
> subordinação dentro e não além do modelo traçado no art. 3º, da CLT,
> que necessita de uma intro legere em consonância com a realidade
> social.[336]

---

[333] Processo 0054600-39.2007.5.03.0091 RO. 4ª Turma, TRT da 3ª Região. Relator Luiz Otávio Linhares Renault. Data Publicação: 23/02/2008.

[334] RO 00883.2010.749.09.00.2 ACO 21724-2012. 2ª Turma, TRT/PR. Relatora Marlene Fuverki Suguimatsu. Publicado DETJ: 18/05/2012.

[335] RO 00073-2005-103-03-00-5. 4ª Turma, TRT da 3ª Região. Relator Luiz Otávio Linhares Renault. Data da Publicação: 01/10/2005.

[336] RO 00546-2007-097-03-00-0. 4ª Turma, TRT da 3ª Região. Relator Luiz Otávio Linhares Renault. Data Publicação: 23/02/2008.

SERVIÇOS INTELECTUAIS PRESTADOS POR PESSOAS JURÍDICAS: PEJOTIZAÇÃO

Ocorre que a perda da centralidade do trabalho subordinado fez surgir a necessidade de mecanismos normativos destinados a incorporar novas modalidades de trabalho.[337] É nesse contexto que se insere a figura do autônomo exclusivo – ainda incipiente no nosso ordenamento – que, embora não se identifique completamente com o autônomo dependente ou parassubordinado – porque aparentemente é considerado como autônomo e não como uma classe intermediária de trabalhador, bem como não houve um detalhamento das suas características e direitos –, se aproxima dessa espécie de trabalhador, evidenciando que é possível a manutenção da autonomia, frente à exclusividade e continuidade, principalmente, no que tange a prestadores de serviços intelectuais, que podem incorporar o seu serviço na estrutura da empresa como autônomo exclusivo ou prestá-lo mediante uma pessoa jurídica, de maneira a garantir a eficácia econômica e, também, a segurança nas relações[338], mediante o reconhecimento da relação de trabalho atípica.

Nas palavras de Nelson Mannrich:

> De qualquer forma, são inadmissíveis certos expedientes, levando-se em conta nosso modelo de relações trabalhistas como transformar empregado em empresário, celebrando contrato de prestação de serviço em substituição à própria figura do empregado. Se não existir estrutura empresarial nem assunção de risco, permanecendo a subordinação tradicional, é muito difícil de se imaginar o milagre da transubstanciação. Ainda se presume empregado quem trabalha com subordinação, inserido em uma organização empresarial de trabalho, e essa regra não foi alterada.[339]

---

[337] PROSCURCIN, Pedro. *O trabalho na reestruturação produtiva* – análise jurídica dos impactos no posto de trabalho. São Paulo: LTr, 2001, p. 143.

[338] MANNRICH, Nelson. Distinções entre relações de emprego e contratos de prestação de serviços. Contratos atípicos no Direito Brasileiro e no Direito Comparado. . In: ANAN JÚNIOR, Pedro; PEIXOTO, Marcelo Magalhães (coord.). *Prestação de serviços intelectuais por pessoas jurídicas:* aspectos legais, econômicos e tributários. São Paulo: MP, 2008, p. 173.

[339] MANNRICH, Nelson. Distinções entre relações de emprego e contratos de prestação de serviços. Contratos atípicos no Direito Brasileiro e no Direito Comparado. . In: ANAN JÚNIOR, Pedro; PEIXOTO, Marcelo Magalhães (coord.). *Prestação de serviços intelectuais por pessoas jurídicas:* aspectos legais, econômicos e tributários. São Paulo: MP, 2008, p. 175.

PLANEJAMENTO TRIBUTÁRIO

O Ministro do Tribunal Superior do Trabalho, Alexandre Agra, expressando sobre a inovação legislativa que inseriu o autônomo exclusivo, entende que a subordinação jurídica mostra-se o elemento chave para se caracterizar o vínculo empregatício, uma vez que, ao contrário do empregado, o autônomo pode se recusar a desempenhar uma atividade determinada pelo contratante. Desse modo, quando existir a exclusividade, será necessário que o juiz investigue se ela foi uma escolha do trabalhador e não uma imposição do tomador. Mascarar a relação de emprego, seja por autônomo, seja pessoa jurídica prestadora de serviço sempre foi e vai continuar sendo fraude. E assim arremata:

> Se você tem trabalhador autônomo que não é autônomo, é subordinado é uma fraude. Se você tem uma pessoa jurídica que, na verdade, não é uma pessoa jurídica, é apenas titularizada essa pessoa jurídica por dois trabalhadores, mas os dois trabalham de forma subordinada, é fraude. (...) O autônomo exclusivo é autônomo, é o trabalhador pessoa física que presta serviço. A PJ é pessoa jurídica. Se a pessoa jurídica não for pessoa jurídica, ou se o autônomo não for autônomo, é fraude. E nesse caso a lei vai incidir atribuindo através do poder judiciário vínculo a quem realmente é trabalhador e impondo a penalidade cabível àquele que fraudou, que seria o tomador de serviço que invés de tomador de serviço seria na verdade um verdadeiro empregador.
> É erro imaginar que só o trabalho empregatício protege. Nós temos inúmeros tipos de trabalho. Temos o trabalho cooperativado, em que o trabalhador é sócio da cooperativa, temos o trabalho temporário, o trabalho do representante comercial, que é autônomo, como corretores, a não ser que sejam empregados. Enfim, diversos níveis diferentes de proteção. O trabalhador autônomo é aquele que presta o serviço sem subordinação. Então ele é senhor de si mesmo. Ele que vai ditar as regras do serviço que ele vai executar.[340]

---

[340] AGRA, Alexandre. *Entrevista Reforma Trabalhista:* Teletrabalho e autônomo Exclusivo – Bloco 8. Câmara dos Deputados. 13/08/2018. Disponível em: < http://www2.camara.leg.br/camaranoticias/radio/materias/REPORTAGEM-ESPECIAL/561197-REFORMA-TRABALHISTA-TELETRABALHO-E-AUTONOMO-EXCLUSIVO-BLOCO-8.html>. Acesso em: 29 set. 2018.

Nesse sentido, é perfeitamente aceitável a diferença de tratamento jurídico e padrões de proteção para os diversos tipos de inserção do trabalho no mercado. Profissionais altamente qualificados não podem ser submetidos à homogeneização da legislação trabalhista como se fossem empregados, quando, baseados na sua própria vontade, trabalham em regime de autonomia, desenvolvendo suas atividades sem subordinação jurídica e determinando o conteúdo e as linhas centrais de suas tarefas.[341]

Ao que parece a inserção da figura do autônomo exclusivo no ordenamento jurídico brasileiro, mesmo que sem a discriminação de suas características e tutela específica dos seus direitos – como acontece com os autônomos dependentes em Portugal e Espanha; e com os parassubordinados na Itália – segue uma tendência mundial em reconhecer legalmente outras formas de contratação, alheias à dicotomia trabalho subordinado vs. trabalho autônomo. Tal disposição imprime maior segurança jurídica a essas relações de trabalho, ao considerá-las como autônomas, afastando a aplicabilidade da CLT e a conclusão automática de que os trabalhadores que prestam serviços com exclusividade e continuidade estão inseridos no conceito e proteção do trabalhador subordinado, libertando-se de uma ideia altamente conservadora e adequando-se à realidade já existente.

Ressalte-se que, desconsideradas as fraudes, que devem ser sempre combatidas, a incorporação expressamente do autônomo exclusivo na legislação brasileira veio se conformar à realidade da existência de relações atípicas desse tipo de trabalhadores, que não vem a ser uma regra tão inusitada. Isso porque, a própria legislação já tem facilitado a celebração desses contratos diferenciados que visam à modernização das relações laborais, como a previsão do art. 129, da Lei 11.196/05, que permitiu a contratação de prestadores de serviços intelectuais, constituídos sob a forma de pessoa jurídica, conforme será estudado a seguir, e que se aproximam das características do autônomo

---

[341] ROBORTELLA, Luiz Carlos Amorim; PERES, Antônio Galvão. Novas tendências do mercado de trabalho: Crise do trabalho subordinado, crescimento do trabalho autônomo e de pessoas jurídicas. In: ANAN JÚNIOR, Pedro; PEIXOTO, Marcelo Magalhães (coord.). *Prestação de serviços intelectuais por pessoas jurídicas*: aspectos legais, econômicos e tributários. São Paulo: MP, 2008, p. 130-131.

PLANEJAMENTO TRIBUTÁRIO

exclusivo, porque ligam-se à empresa mediante coordenação, exclusividade e continuidade, sem perder a autonomia.[342]

3.2.4 Serviço Intelectual Prestado por Pessoa Jurídica – Pejotização: Art. 129, da Lei 11.196/2005

A pejotização[343], conforme ensina Wilson Ramos Filho, é o fenômeno pelo qual forma-se uma relação bilateral, na qual a empresa contrata uma pessoa física, que prestará serviços pessoalmente, sob a forma de uma pessoa jurídica. Em outras palavras, na pejotização, a empresa contratada é uma pessoa física sob a forma de pessoa jurídica que presta serviços de forma pessoal.[344]

Com a conversão da Medida Provisória 255/05 (a MP do Bem) na Lei 11.196/05, foi introduzido no ordenamento jurídico dispositivo que ratifica a possibilidade de a prestação serviços intelectuais, inclusive os de natureza científica, artística ou cultural, ser realizada por meio de pessoas jurídicas – pejotização, que relacionado com o direito tributário e trabalhista, dispõe nos seguintes termos:

> Art. 129. Para fins fiscais e previdenciários, a prestação de serviços intelectuais, inclusive os de natureza científica, artística ou cultural, em caráter personalíssimo ou não, com ou sem a designação de quaisquer obrigações a sócios ou empregados da sociedade prestadora de serviços, quando por esta realizada, se sujeita tão-somente à legislação aplicável às pessoas jurídicas, sem prejuízo da observância do disposto no art. 50 da Lei nº 10.406, de 10 de janeiro de 2002 – Código Civil.

---

[342] BARROS, Alice Monteiro de. Trabalhadores intelectuais: subordinação jurídica: redimensionamento. In: *Revista de Direito do Trabalho*, v. 30, n. 115. jul./set. 2004, São Paulo, p. 68.

[343] Difere-se a pejotização da terceirização, uma vez que nesta última modalidade, existe uma relação triangular entre a empresa contratante, a empresa interposta, tomadora ou terceirizada, e o trabalhador terceirizado, na qual a empresa principal transfere suas atividades – possibilidade de transferência de atividades-fim também, conforme julgamento no STF da ADPF nº. 324 e o RE 958252 com repercussão geral, em 30 de agosto de 2018 – para que empregados de uma empresa terceirizada o executem a um custo menor para a empresa contratante.

[344] RAMOS FILHO, Wilson. *Direito capitalista do trabalho*: história, mitos e perspectivas no Brasil. São Paulo: LTr, 2012, p. 284.

SERVIÇOS INTELECTUAIS PRESTADOS POR PESSOAS JURÍDICAS: PEJOTIZAÇÃO

Essa norma foi produzida para sanar dúvidas relacionadas à tributação dos rendimentos produzidos em decorrência da prestação de serviços de natureza intelectual e pessoal que são oferecidos no mercado por intermédio de pessoa jurídica.

O trabalho intelectual é aquele que envolve a manifestação do intelecto nos sentidos intuitivo, operativo ou de compreensão, pautado na ação criativa de natureza física ou mental, a partir da compreensão abstrata do objeto, decorrente da inteligência criadora do ser humano.[345] Segundo Sylvio Marcondes, o "esforço criador se implanta na própria mente do autor, que cria o bem ou o serviço."[346]

Aires F. Barreto ensina que serviço pessoal é aquele desenvolvido por uma pessoa sem o concurso de um complexo de fatores empresariais organizados, no qual o produto colocado no mercado é constituído pelas competências de uma pessoa natural, em caráter exclusivo, ou seja, sem possibilidade de substituição do prestador.[347] O caráter pessoal do serviço ou serviço personalíssimo seria característica relacionada à pessoa natural. Ocorre que o atual ordenamento jurídico, principalmente revelado pelo referido artigo, permite que esses serviços sejam oferecidos em nome próprio ou por intermédio de uma pessoa jurídica, em que, os próprios sócios, pessoalmente ou não, prestarão os serviços.

Por isso mesmo, essa forma de prestação de serviços intelectuais e personalíssimos é tão discutida, tendo em vista que apresenta pontos de intersecção com o contrato de trabalho e os direitos e impactos inclusive tributários, a ele inerentes, desprezando, muitas das vezes, a autonomia do trabalhador e promovendo a desconsideração da personalidade jurídica da pessoa constituída para reconhecer uma relação empregatícia.

---

[345] LIMA, Francisco Meton Marques de. A 'pejutização' do contrato de trabalho – retorno ao princípio da autonomia da vontade – Lei nº 11.196/05. *Revista LTr*. Vol. 71, nº 06, jun./2007, p. 689-699.

[346] MARCONDES, Sylvio. Questões de direito mercantil. 1. ed. São Paulo: Saraiva, 1977, p. 11 apud ANDRADE FILHO, Edmar Oliveira. Análise estrutural e teleológica do enunciado do art. 129 da Lei nº 11.196/05. In: ANAN JÚNIOR, Pedro; PEIXOTO, Marcelo Magalhães (coord.). *Prestação de serviços intelectuais por pessoas jurídicas*: aspectos legais, econômicos e tributários. São Paulo: MP, 2008, p. 509.

[347] BARRETO, Aires F. *ISS na Constituição e na Lei*. São Paulo: Dialética, 2003, p. 311.

PLANEJAMENTO TRIBUTÁRIO

Anteriormente à sua entrada em vigor, as fiscalizações previdenciária e tributária, posteriormente unificadas pela Receita Federal do Brasil, promoviam a desconsideração da personalidade jurídica das empresas prestadoras de serviços intelectuais, deslocando a exigência do imposto de renda e da contribuição previdenciária à pessoa dos sócios como se fossem autônomos ou empregados, ao julgar a constituição da pessoa jurídica como fraude ou abuso da forma jurídica.

Dois casos, julgados pelo Conselho de Contribuintes, foram emblemáticos nesse sentido, nos quais as autoridades fiscais entenderam que houve o uso indevido (ilícito) da roupagem da pessoa jurídica para descaracterizar uma relação trabalhista e incorrer em regime tributário mais favorável.

No primeiro caso, referente a renomado apresentador de televisão, julgado em 19 de março de 2002, a Quarta Câmara do Primeiro Conselho de Contribuintes manteve o auto de infração lavrado pela fiscalização, que desconsiderou a personalidade jurídica da empresa, realizando o lançamento nos tributos na pessoa do apresentador, sob o argumento de que os serviços eram prestados sob o caráter personalíssimo e, por isso, os rendimentos deveriam ser tributados na pessoa física, de cuja ementa se destaca:

IRPF – RENDIMENTOS DE PRESTAÇÃO INDIVIDUAL DE SERVIÇOS – APRESENTADOR/ANIMADOR DE PROGRAMAS DE RÁDIO E TELEVISÃO – SUJEITO PASSIVO DA OBRIGAÇÃO TRIBUTÁRIA – São tributáveis os rendimentos do trabalho ou de prestação individual de serviços, com ou sem vínculo empregatício, independendo a tributação da denominação dos rendimentos, da condição jurídica da fonte e da forma de percepção das rendas, bastando, para a incidência do imposto, o benefício do contribuinte por qualquer forma e a qualquer título (art. 3, § 4, da Lei n 7.713, de 1988). Salvo disposições de lei em contrário, as convenções particulares, relativas à responsabilidade pelo pagamento de tributos, não podem ser opostas à Fazenda Pública, para modificar a definição legal do sujeito passivo das obrigações tributárias correspondentes. Desta forma, os apresentadores e animadores de programas de rádio e televisão, cujos serviços são prestados de forma pessoal, terão seus rendimentos tributados na pessoa física, sendo irrelevante a existência de registro de pessoa jurídica para tratar dos seus interesses.

(...)

Recurso parcialmente provido.[348]

Em caso semelhante, em 20 de outubro de 2004, o mesmo entendimento foi aplicado a um conhecido técnico de futebol, baseado no fato de que o contrato do clube esportivo com a empresa, da qual o treinador era sócio majoritário, determinava que a atuação direta e pessoal dele, e não da empresa, no desempenho das atividades era obrigatória. Na oportunidade, a pessoa jurídica foi desconsiderada e a exigência do tributo foi imputada à pessoa física, porque os julgadores entenderam que houve simulação entre o treinador e a sociedade esportiva, que agiram em conluio para dissimular uma relação de emprego. O julgamento tem a seguinte ementa:

> IMPOSTO DE RENDA DAS PESSOAS FÍSICAS – São rendimentos da pessoa física para fins de tributação do Imposto de Renda aqueles provenientes – do trabalho assalariado, as remunerações por trabalho prestado no exercício de empregos, cargos, funções e quaisquer proventos ou vantagens percebidos tais como salários, ordenados, vantagens, gratificações, honorários, entre outras denominações.
> IRPF – LANÇAMENTO DE OFÍCIO. DECADÊNCIA – Quando os rendimentos da pessoa física sujeitarem-se tão-somente ao regime de tributação na declaração de ajuste anual e independentemente de exame prévio da autoridade administrativa, por caracterizar-se lançamento por homologação, o prazo decadencial tem início em 31 de dezembro do ano-calendário, tendo o Fisco cinco anos, a partir dessa data, para realizar o lançamento de ofício.
> SIMULAÇÃO – Não se caracteriza simulação para fins tributários quando ficar incomprovada a acusação de conluio entre empregador, sociedade esportiva, e o empregado, técnico de futebol profissional,

---

[348] Acórdão 104-18.641. 4ª Câmara do Primeiro Conselho de Contribuintes, CARF. Relator: Nelson Mallmann. Sessão de 19 de março de 2002.

PLANEJAMENTO TRIBUTÁRIO

por meio de empresa já constituída com o fim de prestar serviços de treinamento de equipe profissional futebol.

MULTA QUALIFICADA DE OFÍCIO – Para que a multa de ofício qualificada no percentual de 150% possa ser aplicada é necessário que haja descrição e inconteste comprovação da ação ou omissão dolosa, na qual fique evidente o intuito de sonegação, fraude ou conluio, capitulado na forma dos artigos 71, 72 e 73 da Lei nº 4.502/64, respectivamente.

APROVEITAMENTO DE CRÉDITOS – Devem ser aproveitados na apuração de crédito tributário os valores arrecadados sob o código de tributos exigidos da pessoa jurídica cuja receita foi desclassificada e convertida em rendimentos da pessoa física, base de cálculo de lançamento de ofício.

Recurso provido parcialmente.[349]

Vale ainda transcrever parte do citado Acórdão que considera a relação de emprego:

A relação trabalhista entendida (sic) pelas autoridades lançadora e julgadora de primeira instância advém de o trabalho ser prestado de forma individual e personalíssima, repita-se, o que estaria conforme os ensinamentos doutrinários transcritos no Termo de Verificação Fiscal e no Acórdão recorrido. Se foi este, pessoa física, quem prestou os serviços, a este cabe a remuneração e a correspondente tributação do Imposto de Renda como determina a legislação tributária transcrita.[350]

A fundamentação dos referidos acórdãos, pautada basicamente no art. 3º, § 4º, da Lei 7.713/88[351] e/ou nos arts. 4º, 118 e 123 do CTN[352], silenciou-se sobre

---

[349] Acórdão 106-14.244. 6ª Câmara do Primeiro Conselho de Contribuintes, CARF. Relator: José Ribamar Barros Penha. Sessão de 20 de outubro de 2004.

[350] Acórdão 106-14.244. 6ª Câmara do Primeiro Conselho de Contribuintes. Relator: José Ribamar Barros Penha. Sessão de 20 de outubro de 2004.

[351] Art. 3º (...) § 4º A tributação independe da denominação dos rendimentos, títulos ou direitos, da localização, condição jurídica ou nacionalidade da fonte, da origem dos bens produtores da renda, e da forma de percepção das rendas ou proventos, bastando, para a incidência do imposto, o benefício do contribuinte por qualquer forma e a qualquer título.

SERVIÇOS INTELECTUAIS PRESTADOS POR PESSOAS JURÍDICAS: PEJOTIZAÇÃO

o desvio de finalidade ou confusão patrimonial no abuso de personalidade, requisitos clássicos e imprescindíveis à aplicação da teoria da desconsideração da personalidade jurídica, afastando a forma jurídica adotada para aplicar a tutela do direito do trabalho homogênea e universalmente garantida às pessoas físicas que prestam onerosamente seus serviços, em desprezo ao princípio da legalidade e da livre iniciativa, para favorecer, no campo do direito tributário, verdadeira interpretação econômica dos fatos, inadmissível no ordenamento jurídico brasileiro.[353]

Nesses dois casos, o trabalho pessoal, ou seja, a pessoalidade para a obtenção de rendimento, foi determinante na atuação da fiscalização, embora não fosse fator suficiente para impor a desconsideração da personalidade jurídica de uma sociedade formal e legalmente constituída.[354]

Sacha Calmon Navarro Coêlho expôs que o art. 129, na verdade, sequer seria necessário, tendo em vista que a prestação de serviços intelectuais por meio de sociedades sempre se mostrou legítima. As empresas legalmente constituídas para a realização dessas atividades (sociedades de engenheiros, artistas, arquitetos, advogados, médicos, etc.) nunca puderam e, realmente, não podem ser desconsideradas por agentes fiscais, sob o argumento de que o serviço prestado pelos profissionais estaria submetido às normas da CLT, com todos os seus reflexos trabalhistas e tributários decorrentes.[355]

---

[352] Art. 4º A natureza jurídica específica do tributo é determinada pelo fato gerador da respectiva obrigação, sendo irrelevantes para qualificá-la: I – a denominação e demais características formais adotadas pela lei; II – a destinação legal do produto da sua arrecadação. Art. 118. A definição legal do fato gerador é interpretada abstraindo-se: I – da validade jurídica dos atos efetivamente praticados pelos contribuintes, responsáveis, ou terceiros, bem como da natureza do seu objeto ou dos seus efeitos; II – dos efeitos dos fatos efetivamente ocorridos. Art. 123. Salvo disposições de lei em contrário, as convenções particulares, relativas à responsabilidade pelo pagamento de tributos, não podem ser opostas à Fazenda Pública, para modificar a definição legal do sujeito passivo das obrigações tributárias correspondentes.

[353] YAMASHITA, Douglas. Desconsideração da personalidade jurídica abusiva em direito tributário e previdenciário à luz do art. 129 da Lei 11.196/05. In: *Revista Dialética de Direito Tributário, nº. 127.* São Paulo: Dialética, 2006, p. 20.

[354] ANDRADE FILHO, Edmar Oliveira. Análise estrutural e teleológica do enunciado do art. 129 da Lei nº 11.196/05. In: ANAN JÚNIOR, Pedro; PEIXOTO, Marcelo Magalhães (coord.). *Prestação de serviços intelectuais por pessoas jurídicas: aspectos legais, econômicos e tributários.* São Paulo: MP, 2008, p. 508.

[355] COÊLHO, Sacha Calmon Navarro. Conteúdo e alcance do art. 129 da Lei nº 11.196/2005 norma de natureza interpretativa, dirigida à fiscalização, que não permite a desconsideração

PLANEJAMENTO TRIBUTÁRIO

Entretanto, é certo que a norma insculpida no art. 129, da Lei 11.196/05 representou um avanço e a mudança no panorama de autuações, em dois pontos:

Primeiro, selou de vez a observância dos critérios civis para aplicação da desconsideração da personalidade jurídica – art. 50, do CC, afeta ao Poder Judiciário, em substituição ao critério do serviço personalíssimo[356], que não constitui fator a ser observado para aplicação dessa teoria.

Segundo, ao declarar a validade da opção pela constituição de uma pessoa jurídica para prestação de serviços de caráter pessoal, se conformou às novas tendências do direito do trabalho, que visa à eficácia econômica sem prejuízo da proteção de quem trabalha[357], valorizando a autonomia da vontade e a liberdade contratual daqueles profissionais que não se enquadram na categoria de hipossuficientes e não desejam fazer parte de uma relação de emprego, submetendo-se a todos os custos dela inerentes, sem qualquer contrapartida.

Expondo exatamente sobre esse assunto, Ricardo Lodi Ribeiro assevera:

> No entanto, nos dias atuais, é forçoso reconhecer que a tutela trabalhista, conquista do Estado Social, não se apresenta mais como benefício ao prestador de serviço de renda mais alta. Ao contrário, dada a onerosidade da carga tributária sobre os rendimentos assalariados, o que se estabelece não só pela tributação no imposto de renda da pessoa física, mas pela exigência de contribuições previdenciárias descontadas do salário do próprio trabalhador, bem como de uma penca de tributos a desfigurar a folha de salários das empresas. A folha de salários é onerada pela contribuição previdenciária dos empregadores, pelo SAT, pelo FGTS, pelas diversas e cumulativas contribuições ao sistema S (cada empresa paga a diversos serviços autônomos independentemente de qualquer referibilidade entre a sua atividade e os benefícios oferecidos pela entidade), pelo salário-educação etc. Como a realidade

---

de situações jurídicas consolidadas. In: *Revista Dialética de Direito Tributário, nº 141*. São Paulo: Dialética, 2007, p. 144.

[356] YAMASHITA, Douglas. Desconsideração da personalidade jurídica abusiva em direito tributário e previdenciário à luz do art. 129 da Lei 11.196/05. In: *Revista Dialética de Direito Tributário, nº. 127*. São Paulo: Dialética, 2006, p. 20.

[357] MANRICH, Nelson. Contratação de serviços intelectuais por meio de pessoa jurídica: mitos e realidade. In: *Revista do Advogado*, ano XXVI, n. 86, julho de 2006, p. 61.

SERVIÇOS INTELECTUAIS PRESTADOS POR PESSOAS JURÍDICAS: PEJOTIZAÇÃO

brasileira deixa evidente, em patamares um pouco mais altos de remuneração, que geralmente são encontrados na prestação de serviços científicos, artísticos e culturais, a tutela estatal não representa qualquer atrativo para o trabalhador, reduzindo a remuneração de sua atividade profissional a menos da metade do montante disponibilizado pelo tomador do serviço para a retribuição do labor. A manutenção da universalidade da proteção trabalhista nos termos atuais vem se mostrando cara e inexequível para uma sociedade que não mais suporta a carga fiscal atualmente verificada e, por isso, é contrária aos interesses da maioria dos trabalhadores brasileiros que não tem acesso a essas conquistas, mas que é chamada a custeá-la. Acreditar que o Estado ou as empresas são entidades que financiam esse sistema é acreditar em almoço grátis, o que já se viu, não existe, pois é a remuneração do trabalhador que sustenta todo o sistema, cujos benefícios nem sempre lhes são dirigidos. Se o custo é certo, o benefício é cada vez mais duvidoso.[358]

A própria justificativa da inclusão do art. 129, do Projeto de Lei de Conversão da Medida Provisória 252/05 (PLV nº 23/05) – que teve seu texto transplantado para a MP 255/05 – corrobora nesse sentido:

Os princípios da valorização do trabalho humano e da livre iniciativa previstos no art. 170 da Constituição Federal asseguram a todos os cidadãos o poder de empreender e organizar seus próprios negócios. O crescimento da demanda por serviços de natureza intelectual em nossa economia requer a edição de norma interpretativa que norteie a atuação dos agentes da Administração e as atividades dos prestadores de serviços intelectuais, esclarecendo eventuais controvérsias sobre a matéria.[359]

---

[358] RIBEIRO, Ricardo Lodi. A natureza interpretativa do art. 129 da Lei 11.196/05 e o combate à elisão abusiva na prestação de serviços de natureza científica, artística e cultural. In: ANAN JÚNIOR, Pedro; PEIXOTO, Marcelo Magalhães (coord.). *Prestação de serviços intelectuais por pessoas jurídicas:* aspectos legais, econômicos e tributários. São Paulo: MP, 2008, p. 434-435.
[359] Projeto de Lei de Conversão Medida Provisória Nº 252, DE 2005. PLV 23/2005. Institui o Regime Especial de Tributação para a Plataforma de Exportação de Serviços de Tecnologia

PLANEJAMENTO TRIBUTÁRIO

Desse modo, percebe-se que as partes, respaldadas na autonomia de vontade, podem excluir a subordinação, ao regular interesses recíprocos, não sendo possível a requalificação da relação jurídica, quando presentes elementos incompatíveis com a subordinação.[360] Ressalte-se que as características da prestação de serviços intelectuais quase sempre passam ao largo da subordinação, elemento crucial da relação de emprego, tendo em vista que essas atividades, em geral, resultam da liberdade do prestador, que possui autonomia no desenvolvimento da sua atividade.[361]

Como pressupostos para aplicação do art. 129, da Lei 11.196/05, tanto sob o ponto de vista trabalhista, quanto fiscal, são apresentados os seguintes elementos: i)- a presença de um contrato de prestação de serviços regido pelo Código Civil; ii)- os serviços devem ter natureza intelectual, que abrange o trabalho científico, artístico e cultural; iii)- os prestadores de serviços devem constituir uma pessoa jurídica; iv)- a prestação de serviços intelectuais pode ser realizada pessoalmente pelo sócio ou por terceiros por ele designados; v)- a relação entabulada não caracterizar a de emprego.[362] Esses elementos caracterizam a "pejotização" lícita.

Obviamente que se a forma pela qual se realizou a prestação de serviços for incompatível com a intenção declarada pelas partes e revelar os elementos de uma relação de emprego, a fraude deverá ser reconhecida com as penalidades a ela inerentes, com base na aplicação do princípio da primazia da realidade. Isso porque, em detrimento à autonomia da vontade, diversos contratantes/ empregadores impõem – ou obrigam – a constituição de pessoas jurídicas

---

da Informação – REPES, o Regime Especial de Aquisição de Bens de Capital para Empresas Exportadoras – RECAP e o Programa de Inclusão Digital, dispõe sobre incentivos fiscais para a inovação tecnológica e dá outras providências. Disponível em: < http://www.camara.gov.br/ proposicoesWeb/fichadetramitacao?idProposicao=297744&ord=0>. Acesso em: 29 set. 2018.

[360] BARROS, Alice Monteiro de. Trabalhadores intelectuais: subordinação jurídica: redimensionamento. In: *Revista de Direito do Trabalho*, v. 30, n. 115. jul./set. 2004, São Paulo, p. 28-29 e 41.

[361] RIBEIRO, Ricardo Lodi. A natureza interpretativa do art. 129 da Lei 11.196/05 e o combate à elisão abusiva na prestação de serviços de natureza científica, artística e cultural. In: ANAN JÚNIOR, Pedro; PEIXOTO, Marcelo Magalhães (coord.). *Prestação de serviços intelectuais por pessoas jurídicas*: aspectos legais, econômicos e tributários. São Paulo: MP, 2008, p. 436.

[362] CAVALCANTE, Jouberto Quadros Pessoa; JORGE NETO, Francisco Ferreira. Aspectos do art. 129, da Lei 11.196. Da terceirização e do Direito do Trabalho. In: *Revista do TRT da 15 Região*, n. 27, jul./dez. de 2005, p. 183. Disponível em: < http://www.trt15.jus.br/escola_da_magistratura/Rev27Art10.pdf>. Acesso em: 29 set. 2018.

SERVIÇOS INTELECTUAIS PRESTADOS POR PESSOAS JURÍDICAS: PEJOTIZAÇÃO

para a contratação de serviços, às vezes intelectuais, sob pena de a contratação não ser efetivada, ao arrepio da legislação trabalhista, para não pagarem as garantias próprias aos empregados, como salário mínimo, décimo terceiro, férias, limitação da jornada de trabalho e etc.[363], sendo essa conduta reprovável e que configura a "pejotização" ilícita.

Realizando a análise somente sob essa perspectiva, conservadora e restritiva, Graça Druck e Annie Thébaud-Mony sustentam que as empresas forçam os trabalhadores a alterarem sua personalidade jurídica, transformando o empregado – que, na realidade, assim continua – em empresário, perdendo seus direitos trabalhistas, tornando-se instrumento desse artifício, justamente para não perder seu posto de trabalho.[364] Essa é uma realidade existente, mas o contrário também.

A aceitação da existência de contratos de prestação de serviços, alheios à relação de emprego e atípicos, coaduna-se com o avanço da sociedade moderna, devendo-se realizar uma clara separação entre a prestação de serviço de direito civil (atividade realizada com independência técnica e sem subordinação) e o contrato de trabalho regido pelo direito do trabalho com fundamento na subordinação. Desse modo, a prestação de serviços regida pelo direito civil pode ser identificada, mediante a verificação dos seguintes elementos: i)- a inexistência de subordinação do prestador de serviço na realização de sua atividade; ii)- o prestador de serviço pode ser tanto uma pessoa física (autônomo ou autônomo exclusivo) quanto uma pessoa jurídica; iii)- o serviço pode ser realizado de forma eventual ou mesmo habitual a um determinado contratante – verificando-se, neste último caso, a presença do autônomo exclusivo quando o prestador for pessoa física; iv)- o serviço, objeto da prestação, pode ser personalíssimo.[365]

Desse modo, o art. 129, da Lei 11.196/05, ao fazer menção ao "caráter personalíssimo ou não" dos serviços intelectuais, indica que para sua aplicação,

---

[363] PEREIRA, Leone. *Pejotização*: o trabalho como pessoa jurídica. São Paulo: Saraiva, 2013, p. 77.

[364] DRUCK, Graça; THÉBAUD-MONY, Annie. Terceirização: A erosão dos direitos dos trabalhadores na França e no Brasil. In: DRUCK, Graça; FRANCO, Tânia (org.). *A perda da razão social do trabalho, terceirização e precarização*. São Paulo: Boitempo, 2007, p. 47.

[365] SALOMO, Jorge Lages. A nova realidade da prestação de serviço. In: *Questões controvertidas no novo Código Civil*. São Paulo: Método, 2003, p. 227-230.

PLANEJAMENTO TRIBUTÁRIO

basta a existência de sociedade legalmente constituída – desde que não haja simulação ou finalidade de obtenção de fins ilícitos. Por isso, a exploração econômica de atividade de natureza científica, artística ou cultural, pode ser feita por intermédio de pessoa jurídica sem que as autoridades fiscais – do trabalho ou tributárias – possam contestar a natureza pessoal dos trabalhos que geram as receitas, em cada caso.

Isso porque, compete apenas à Justiça do Trabalho, conforme atribuição conferida pelo art. 114, da CF/88, reconhecer uma relação empregatícia, não sendo estendida a prerrogativa aos agentes fiscais do trabalho ou da previdência social, mediante a mera análise de minutas contratuais, de desqualificar as relações jurídicas celebradas na forma da legislação civil ou empresarial:

> FISCAL DO TRABALHO. COMPETÊNCIA FUNCIONAL. LIMITES. USURPAÇÃO DE ATIVIDADE JURISDICIONAL.
> Se os auditores fiscais do trabalho têm por atribuição assegurar, em todo o território nacional, o cumprimento das disposições legais e regulamentares no âmbito das relações de trabalho e de emprego – e esta atribuição obedece ao princípio da legalidade – daí, entretanto, não se infere que possuam competência para lavrar autos de infração assentados em declaração de existência de contrato de emprego, derivada unicamente de sua apreciação da situação fática subjacente.
> A transmutação da natureza jurídica dos diversos tipos de contrato que envolvem a prestação de trabalho – como os de prestação ou locação de serviços, de empreitada e outros, inclusive o que decorre de associação cooperativa – em contratos individuais de trabalho, depende de declaração expressa, que se constitui em atividade jurisdicional, exclusiva do Poder Judiciário. Recurso Ordinário provido, para se conceder a segurança.[366]

No mesmo sentido, quanto à fiscalização tributária, corroborou o art. 129, da Lei 11.196/05 que, ao prever na sua parte final o art. 50, do CC, interferiu nos poderes da Administração, colocando sob reserva de jurisdição a verificação

---

[366] AC 20070036823, Proc. nº. 01096200601702008. 11ª Turma, TRT/SP. Rel. Maria Aparecida Duenhas. DOESP 13/03/2007.

da existência, ou não, de abuso de direito na constituição de pessoas jurídicas para prestação de serviços intelectuais personalíssimos.

Assim, considerando as novas tendências das relações trabalhistas, o TST entendeu que as sociedades de profissionais ou empregados são legais – corroborando as inovações legislativas do art. 129, da Lei 11.196/05 e, atualmente do autônomo exclusivo, previsto no art. 442-B, da CLT –, desde que surjam por decisão do trabalhador, e não por imposição do empregador – a pejotização lícita. No caso, examinado, foi reconhecida a fraude, tendo em vista a inexistência de contrato de prestação de serviços e a caracterização dos requisitos da relação de emprego:

CONTRATAÇÃO DE TRABALHO TÉCNICO MEDIANTE CONSTITUIÇÃO DE PESSOA JURÍDICA – PROVA DA FRAUDE VISANDO A ESCAPAR DE ENCARGOS SOCIAIS – REEXAME DA PROVA VEDADO PELA SÚMULA Nº126 DO TST.

1. A contratação de serviços personalíssimos mediante pessoa jurídica é, em princípio, admissível como negócio jurídico, especialmente para trabalhos de caráter intelectual e artístico, desde que regularmente formada a pessoa jurídica, integrada por mais de uma pessoa, constituindo sociedade, de modo a descaracterizar a adoção da fórmula como meio de fraudar a legislação trabalhista, onde a pessoa jurídica é apenas a roupagem de que se reveste o trabalhador, por induzimento da empresa, para poder ser contratado com a redução de encargos trabalhistas, previdenciários e fiscais.

2. Constatada a pessoalidade, onerosidade, subordinação e não eventualidade na prestação dos serviços, a desconsideração da pessoa jurídica é a consequência jurídica, para se reconhecer típica relação de emprego, nos termos dos arts. 3° e 9° da CLT.

3. "In casu", a prova dos autos apontou para a existência de efetiva fraude na contratação por pessoa jurídica, já que constituída após o início da prestação dos serviços e sem que se juntasse aos autos o contrato firmado para a referida prestação de serviços, o que deixa às claras a irregularidade da contratação.

4. Nesses termos, constatada a fraude com base na prova, não há que se falar em violação dos dispositivos legais e constitucionais apontados como violados (CF, art. 5º, XXXVI; CC, arts. 104 e 138; CLT, art. 468),

PLANEJAMENTO TRIBUTÁRIO

já que não se admite reexame da prova em sede de recurso de revista, a teor da Súmula no 126 do TST.

5. Ademais, se a contratação foi fraudulenta, conclui-se que o Reclamante tinha direito aos demais direitos trabalhistas que lhe foram negados, além da remuneração, não se podendo considerar a remuneração mais elevada como compensação pelo não pagamento do encargos sociais.

(...)

Recurso de revista conhecido em parte e provido.[367] (grifo nosso)

Não cabe à administração fiscal determinar a natureza da relação jurídica em que se insere o sujeito, a ponto de caracterizar um vínculo trabalhista e todas as incidências tributárias dele decorrentes em oposição à forma legalmente estabelecida, cujo enquadramento formal deverá ser reconhecido por meio da atuação do Poder Judiciário.[368]

Esclarece Edmar Oliveira Andrade Filho:

Há um problema conexo ao da liberdade de planejamento tributário que não pode ser olvidado. Trata-se dos efeitos das citadas leis nas relações trabalhistas. Ora, permitir que as autoridades fiscais declarem ineficazes as decisões das partes baseadas na liberdade de empreender para determinar que o único regime jurídico aplicável é o pertinente às relações de emprego é desvirtuar a função precípua do princípio da proteção; este foi erigido como uma ferramenta de proteção dos empregados em função de sua capacidade econômica inferior. Certa categoria de trabalhadores – os chamados "liberais" – nem sempre contratam em condições de inferioridade com os tomadores dos serviços e, por isso, a aplicação pura e simples das normas sobre relação

---

[367] RR 55400-55.2004.5.04.0023. 4ª Turma, TST. Relator Ministro: Ives Gandra Martins Filho. Data Publicação: DJ 09/03/2007.

[368] BALERA, Wagner. Questões previdenciárias das sociedades prestadoras de serviços. In: ANAN JÚNIOR, Pedro; PEIXOTO, Marcelo Magalhães (coord.). *Prestação de serviços intelectuais por pessoas jurídicas:* aspectos legais, econômicos e tributários. São Paulo: MP, 2008, p. 266.

empregatícia é um erro no qual não deve incidir a administração tributária.[369]

Por isso, necessário delinear os pontos de aproximação e distanciamento entre o art. 129, da Lei 11.196/05 e os requisitos necessários à caracterização da relação de emprego. Os pontos comuns podem ser identificados no fato de que ambos são contratos de atividade, pautados na prestação de serviço contínuo, pessoal, oneroso e que poderá ser prestado nas dependências da contratante. Os pontos divergentes podem ser destacados no fato de que, conforme o art. 129, da Lei 11.196/05, o serviço intelectual – e somente este – é prestado mediante uma pessoa jurídica, sendo o trabalhador autônomo ou autônomo exclusivo, havendo uma relação de coordenação entre o prestador e o tomador de serviços, regida pelo Código Civil; por outro lado, na relação de emprego, regida pela CLT, deve ser verificada, principalmente, a subordinação jurídica do empregado ao empregador.[370]

Pode-se perceber, desse modo, que a ausência de registro de vínculo empregatício não é resultado apenas de fraude – que existem e devem ser combatidas –, mas da não subsunção da relação entabulada ao conceito de emprego, ante a inexistência de subordinação típica.[371]

Para Atilla Magno e Silva Barbosa e Juliani Veronezi Orbem, nesse caso, o prestador de serviço, constituído por meio de pessoa jurídica, se aproximaria do trabalhador parassubordinado[372], que se insere na estrutura da empresa contratante mediante colaboração coordenada e continuada, mantendo sua autonomia. "A ideia do trabalhador parassubordinado remete a ideia de

---

[369] ANDRADE FILHO, Edmar Oliveira. *Planejamento Tributário.* 2. ed. rev., ampl. e atual. São Paulo: Saraiva, 2016, p. 338.

[370] MAEDA, Fabíola Miotto. *Prestação de Serviço por meio de pessoa jurídica:* dignidade e fraude nas relações de trabalho. Dissertação (Mestrado em Direito) – Faculdade de Direito, Universidade de São Paulo. São Paulo, p. 149. 2014, p. 92.

[371] MANNRICH, Nelson. Inderrogabilidade da norma trabalhista e indisponibilidade de direitos: algumas reflexões. In: *Revista da Academia Nacional de Direito do Trabalho* – O direito do Trabalho e a Crise Econômica e outros Estudos, ano XVII, n. 17, LTr, 2009, p. 78 e 82.

[372] Conforme explicitado anteriormente, o Brasil não previu a figura do parassubordinado como na sua origem, tendo criado a figura do autônomo exclusivo com a inserção do art. 442-B, da CLT, que possui algumas características que se aproximam daquela categoria, mas ainda pendente de uma regulamentação mais robusta.

alguém que não recebe comando, que dirige a sua atividade, que deixou a subordinação para trás e que agora é um empresário."[373]

Nesse sentido, pode ser citada a situação dos médicos que constituem pessoas jurídicas para prestação dos seus serviços que, em razão da natureza da atividade prestada, necessitam de certa autonomia, inclusive técnica, bem como excluem-se do elemento subordinação, até porque muitos desses profissionais não costumam se submeter a determinadas regras. Em alguns casos, não há pessoalidade, já que o médico faz-se substituir por outros colegas.[374]

Nesse ponto, parece evidente que o art. 129, da Lei 11.196/05 objetivou oferecer segurança jurídica aos prestadores de serviços de caráter intelectual por meio de pessoas jurídicas, mesmo os de caráter personalíssimo, ao submetê-los à tributação própria da pessoa jurídica, em detrimento de inúmeras desconsiderações de personalidade jurídica levadas a efeito pelas autoridades fiscais, imputando imposto de renda e contribuições previdenciárias às pessoas físicas, como se fossem autônomas ou empregadas.[375]

Esse dispositivo, ao lado do art. 442-B, da CLT, mostra-se relevante ao reconhecer a existência de trabalhadores que detêm elevada autonomia no desempenho das suas atividades e que podem dedicar a maior parte ou a totalidade da sua jornada a um único tomador, do qual percebem a maior parte da sua remuneração e com quem estabelecem uma relação de colaboração.[376]

Desse modo, a constituição de pessoas jurídicas para prestação de serviços intelectuais encontra fundamento tanto na legislação trabalhista (novos contratos de trabalho e formas de prestação de serviços, principalmente com a inovação legislativa sobre o autônomo exclusivo), quanto na legislação

---

[373] BARBOSA, Attila Magno e Silva; ORBEM, Juliani Veronezi. "Pejotização": precarização das relações de trabalho, das relações sociais e das relações humanas. *Revista Eletrônica do Curso de Direito da UFSM*. v. 10, n. 2/2015. Disponível em: <https://www.ufsm.br/redevistadireito>. Acesso em: 15 out. 2018.

[374] CARVALHO, Maria Amélia Lira de. *Pejotização e Descaracterização do contrato de emprego*: o caso dos médicos em Salvador. Dissertação (Mestrado em Políticas Sociais e Cidadania) – Universidade Católica de Salvador. Salvador, p. 154. 2010, p. 121-122.

[375] MANNRICH, Nelson. Contratação de serviços intelectuais por meio de pessoa jurídica: mitos e realidade. In: *Revista do Advogado*, ano XXVI, n. 86, julho de 2006, p. 60.

[376] BULGUERONI, Renata Orsi. *Trabalho autônomo dependente*: experiências italiana e espanhola e a realidade brasileira. Dissertação (Mestrado em Direito) – Faculdade de Direito, Universidade de São Paulo. São Paulo, p. 244. 2011, p. 196.

tributária, em que o indivíduo não está obrigado a desenvolver sua atividade da forma mais onerosa e reduzida à escolha entre trabalho subordinado ou autônomo.

De fato, a possibilidade de optar entre os regimes de tributação (pessoa física x pessoa jurídica) permite, em determinadas situações, redução significativa na carga tributária incidente sobre a prestação de tais serviços, uma vez que há diferenças entre valores a recolher quando realizados por uma empresa ou por um trabalhador, sob o regime de emprego ou completa autonomia, podendo tal escolha ser aplicável pelos médicos quando da prestação dos seus serviços intelectuais, conforme será abordado no próximo capítulo, sob a forma societária EIRELI. Para tanto, necessário o estudo sobre as formas societárias permitidas, antes e após o advento da Lei 12.441/2011, que trouxe uma inovação sobre a possibilidade de prestação de serviços intelectuais, mediante a constituição de EIRELI.

3.3 Serviço Intelectual Prestado por Pessoa Jurídica: Formas Societárias Permitidas Antes e Após o Advento da Lei 12.441/2011 que Introduziu a EIRELI

A criação de sociedades para exploração de atividade econômica em sentido amplo será feita de acordo com os tipos previstos na ordem jurídica, que representam diversos regimes jurídicos à disposição dos que pretendem associar-se, realizar uma separação patrimonial ou empreender. Ocorre que nem sempre a pessoa jurídica constituída sob a forma de sociedade objetiva explorar uma empresa. Isso porque nosso ordenamento jurídico permite que serviços relacionados a profissões intelectuais sejam prestados por uma pessoa jurídica, criada legal e formalmente, sem a existência dos elementos da empresa, pautados na organização de uma estrutura necessária à realização da atividade econômica, uma vez que é oferecida no mercado a expertise do sócio ou dos sócios, tornando-se pouco relevantes os elementos físicos da estrutura utilizada. Por isso, torna-se necessária a distinção entre empresário e profissional intelectual, cuja consequência é a sociedade que poderão constituir.

O art. 966, do CC/02 define empresário como aquele que "exerce profissionalmente atividade econômica organizada para a produção ou a circulação de bens ou de serviços". No seu parágrafo único, exclui dessa categoria os que exercem "profissão intelectual, de natureza científica, literária ou artística, ainda com o concurso de auxiliares ou colaboradores, salvo se o exercício da profissão constituir elemento de empresa."[377]

Esse dispositivo permite, desse modo, que o prestador de serviço possa ser considerado empresário, mesmo que desenvolva profissão intelectual se e quando o fizer como elemento de empresa. Assim, a depender da inexistência ou existência da organização de bens materiais e imateriais, bem como de procedimentos para a produção ordenada de riqueza, a constituição da sociedade pode ser, respectivamente, simples ou empresária.[378]

A ausência de fatores organizados de produção de bens ou serviços é elemento marcante do profissional intelectual, que tem como objeto a atividade criativa intelectual, que constituirá sociedade simples, de acordo com a parte final do art. 982, do CC/02[379], vinculada ao registro de Pessoas Jurídicas. Nesse sentido, explicita Sylvio Marcondes:

> Há, porém, pessoas que exercem profissionalmente uma atividade criadora de bens ou serviços, mas não devem ou não podem ser considerados empresários – referimo-nos às pessoas que exercem profissão intelectual – pela simples razão de que o profissional intelectual pode produzir bens, como fazem os artistas; podem produzir serviços, como fazem os chamados profissionais liberais; mas nessa atividade profissional, exercida por essas pessoas, falta aquele elemento de organização de fatores da produção; porque na prestação desse serviço ou na criação desse bem, os fatores de produção, ou a coordenação de fatores, é meramente acidental; o esforço criador se implanta na própria mente do autor, que cria o bem ou o serviço. Portanto, não podem – embora

---

[377] CC/02 Art. 966. Considera-se empresário quem exerce profissionalmente atividade econômica organizada para a produção ou a circulação de bens ou de serviços.
Parágrafo único. Não se considera empresário quem exerce profissão intelectual, de natureza científica, literária ou artística, ainda com o concurso de auxiliares ou colaboradores, salvo se o exercício da profissão constituir elemento de empresa.

[378] MAMEDE, Gladston. *Manual de Direito Empresarial*. 8. ed. São Paulo: Atlas, 2013, p. 40.

[379] Art. 982. Salvo as exceções expressas, considera-se empresária a sociedade que tem por objeto o exercício de atividade própria de empresário sujeito a registro (art. 967); e, simples, as demais.

sejam profissionais e produzam bens ou serviços – ser considerados empresários.[380]

Ressalte-se que a sociedade simples destina-se à exploração de atividade econômica com o objetivo de lucro e partilha de resultado entre os sócios[381], não sendo incompatível com o trabalho intelectual, uma vez que importa ser oferecido no mercado mediante remuneração.

Por outro lado, mesmo que a atividade seja própria de uma profissão intelectual pode ser explorada por sociedade empresária, submetida ao Registro Público de Empresas Mercantis e pautada na organização técnico-econômica de fatores de produção como força de trabalho, matéria-prima, capital e tecnologia para a realização das metas econômicas – realização de lucros, pelo titular (empresário ou sociedade empresária)[382], conforme expõe Sylvio Marcondes:

> Parece um exemplo bem claro do médico, o qual, quando opera, ou faz diagnóstico, ou dá a terapêutica, está prestando um serviço resultante de sua atividade intelectual, e por isso não é empresário. Entretanto, se ele organiza fatores de produção, isto é, une capital, trabalho de outros médicos, enfermeiros, ajudantes, etc., e se utiliza de imóvel e equipamentos para a instalação de um hospital, então o hospital é empresa e o dono ou titular desse hospital, seja pessoa física, seja pessoa jurídica, será considerado empresário, porque está, realmente, organizando os fatores da produção, para produzir serviços.[383]

---

[380] MARCONDES, Sylvio. Questões de direito mercantil. 1. ed. São Paulo: Saraiva, 1977, p. 11 apud ANDRADE FILHO, Edmar Oliveira. Análise estrutural e teleológica do enunciado do art. 129 da Lei nº 11.196/05. In: ANAN JÚNIOR, Pedro; PEIXOTO, Marcelo Magalhães (coord.). Prestação de serviços intelectuais por pessoas jurídicas: aspectos legais, econômicos e tributários. São Paulo: MP, 2008, p. 498.

[381] Conforme art. 981, do CC/02: Art. 981. Celebram contrato de sociedade as pessoas que reciprocamente se obrigam a contribuir, com bens ou serviços, para o exercício de atividade econômica e a partilha, entre si, dos resultados.

[382] MAMEDE, Gladston. Empresa e atuação empresarial. 7. ed. São Paulo: Atlas, 2013, p. 27.

[383] MARCONDES, Sylvio. Questões de direito mercantil. 1. ed. São Paulo: Saraiva, 1977, p. 10 apud ANDRADE FILHO, Edmar Oliveira. Análise estrutural e teleológica do enunciado do art. 129 da Lei nº 11.196/05. In: ANAN JÚNIOR, Pedro; PEIXOTO, Marcelo Magalhães

PLANEJAMENTO TRIBUTÁRIO

Assim, o trabalho intelectual como elemento de empresa refere-se às situações em que será absorvido pela atividade empresarial, da qual se torna um mero elemento, ou seja, existem duas atividades, a intelectual e a empresarial, restando a primeira incorporada pela segunda, como parte integrante desta.[384]

Ana Beatriz Nunes e Marcelo Gustavo Silva Siqueira arrematam sobre a disposição do art. 966, do CC/02:

> A interpretação do referido dispositivo legal resulta no entendimento de que, em princípio, as sociedades com atividades intelectuais (natureza científica, literária ou artística) não são consideradas empresárias (serão simples), "mesmo quando exercido através de uma organização". Porém, quando tais atividades não constituem a principal (atividade--fim) da sociedade, mas apenas um meio para a consecução de outros objetivos, ou seja, não é o produto ou serviço efetivamente oferecido, esta é considerada empresária.[385]

José Edwaldo Tavares Borba em Parecer sobre as sociedades simples e empresárias esclarece sobre a exceção trazida no parágrafo único, do art. 966, do CC/02:

> O parágrafo único representa no caso, a toda evidência, uma exceção à regra estabelecida no caput do artigo. Pelo caput do artigo, para a configuração do empresário, já seria necessária a existência de uma organização. O parágrafo único, por conseguinte, com relação ao trabalho intelectual, dispõe que, mesmo presente a organização, não se teria a figura do empresário. O trabalho intelectual, por força de tradição que o considera qualitativamente distinto da atividade econômica ordinária, ou em função do que Ascarelli chamou "diversa valoración

---

(coord.). *Prestação de serviços intelectuais por pessoas jurídicas*: aspectos legais, econômicos e tributários. São Paulo: MP, 2008, p. 500.

[384] BORBA, José Edwaldo Tavares. *Direito Societário*. 9. ed. Rio de Janeiro: Renovar, 2004, p. 17-19.

[385] BARBOSA, Ana Beatriz Nunes; SIQUEIRA, Marcelo Gustavo Silva. Registro das sociedades em face do Novo Código Civil. *Revista de Direito Empresarial IBMEC* – Volume 3. Rio de Janeiro: Lumen Juris, 2004, p. 370.

social", foi afastado do conceito de empresa. A empresa produz. O intelectual cria, e assim a sua criação, por ser uma emanação do espírito, não seria assimilável aos chamados processos produtivos. O trabalho intelectual constituiria, pois, uma atividade não-empresária, mesmo quando exercido através de uma organização. (...) Todas as sociedades que se dedicam à criação intelectual serão pois sociedades simples, independentemente de possuírem ou não uma estrutura organizacional própria de empresa.[386]

Tem-se que o art. 129, da Lei 11.196/05 determina que a pessoa jurídica prestadora de serviços intelectuais seja constituída sob a forma de sociedade simples, o que pressupõe a existência de uma sociedade sem a característica de empresa.

Antes do advento da Lei 12.441/2011, as pessoas naturais que desejassem desenvolver atividade empresarial poderiam escolher entre a empresa individual de responsabilidade ilimitada, em que diante de um eventual malogro dos negócios, haveria impacto direto sobre o patrimônio individual do empresário, mesmo não relacionados à empresa[387]; ou constituir uma sociedade empresária, mediante a associação de duas ou mais pessoas para a consecução de objetivo econômico em comum e partilha dos resultados.

O empresário individual, equiparado à pessoa jurídica, é considerado a pessoa física que atua em nome individual e explora, habitual e profissionalmente, qualquer atividade econômica de natureza civil com a finalidade de obtenção de lucro, mediante a comercialização a terceiros de bens ou serviços. Entretanto, o § 2º, do art. 162, do Decreto nº 9.580/2018 prescreve que não são empresas individuais, ou seja, não são consideradas pessoas jurídicas, aqueles que exercem determinadas atividades, incluído o trabalho intelectual, nos seguintes termos:

Art. 162. As empresas individuais são equiparadas às pessoas jurídicas. § 1º São empresas individuais:

---

[386] BORBA, José Edwaldo Tavares. *Sociedades Simples e Empresárias* – Parecer. ago./2003. Disponível em: < http://www.irtdpjminas.com.br/rtds/sociedade_simples_empresarias_jose_edwaldo.pdf>. Acesso em: 24 out. 2018.

[387] MAMEDE, Gladston. *Empresa e atuação empresarial.* 7. ed. São Paulo: Atlas, 2013, p. 96.

(...)

II – as pessoas físicas que, em nome individual, explorem, habitual e profissionalmente, qualquer atividade econômica de natureza civil ou comercial, com o fim especulativo de lucro, por meio da venda a terceiros de bens ou serviços;

(...)

§ 2º O disposto no inciso II do § 1º não se aplica às pessoas físicas que, individualmente, exerçam as profissões ou explorem as atividades de:

I – médico, engenheiro, advogado, dentista, veterinário, professor, economista, contador, jornalista, pintor, escritor, escultor e de outras que lhes possam ser assemelhadas;

II – profissões, ocupações e prestação de serviços não comerciais;

III – agentes, representantes e outras pessoas sem vínculo empregatício que, ao tomar parte em atos de comércio, não os pratiquem, todavia, por conta própria;

IV – serventuários da Justiça, como tabeliães, notários, oficiais públicos, entre outros;

V – corretores, leiloeiros e despachantes, seus prepostos e seus adjuntos; VI – exploração individual de contratos de empreitada unicamente de lavor, de qualquer natureza, quer se trate de trabalhos arquitetônicos, topográficos, terraplenagem, construções de alvenaria e outras congêneres, quer de serviços de utilidade pública, tanto de estudos como de construções; e

VII – exploração de obras artísticas, didáticas, científicas, urbanísticas, projetos técnicos de construção, instalações ou equipamentos, exceto quando não explorados diretamente pelo autor ou pelo criador do bem ou da obra.

Dessa regra decorre que os profissionais intelectuais não podem se apresentar ao mercado sob a roupagem de empresa individual (equiparadas às pessoas jurídicas para fins de tributação), ou seja, de maneira unipessoal, mas apenas sob a forma de sociedade civil, que pressupõe a associação de pessoas. Mesmo como sociedade civil pura, a responsabilidade dos sócios é subsidiária pelo saldo faltante na proporção da participação individual no capital social, ressalvada a possibilidade de o contrato social prever a responsabilidade solidária, que pode resultar na responsabilização ilimitada de apenas um sócio, como dispõe o art. 1.023, do CC/02[388], o que fez com que a escolha da sua estruturação fosse realizada com base no tipo societário "sociedade limitada", conforme permitido pelo art. 983, do CC/02, até pela aproximação dos requisitos materiais e formais na sua constituição.

Diante dessa realidade, foram criadas incontáveis sociedades civis – e empresárias também –, do tipo limitada, nas quais o sócio detinha a quase totalidade do capital social – 99,9%, convivendo com um minoritário que detinha poucas quotas, não participava efetivamente da sociedade de fato, das deliberações ou recebimento de lucros, existindo apenas para atender à necessidade da pluralidade social. Desse modo, as pessoas participavam de maneira absolutamente desigual, apenas para viabilizar seu nascimento.[389]

O Projeto de Lei 4605/09, transformado na Lei 12.441/11, apresentou esse argumento como justificativa para instituir a Empresa Individual de Responsabilidade Limitada[390] (EIRELI):

> O fato é que uma grande parte das sociedades por quotas de responsabilidade limitada, designadas sociedades limitadas pelo novo Código Civil, foi constituída apenas para que se pudesse limitar a responsabilidade do empresário ao valor do capital da empresa. A rigor, o que existe, nesses casos, é uma "sociedade faz-de-conta": uma firma individual vestida com a roupagem de sociedade. Basta ver o número de sociedades em que um único sócio detém a quase totalidade do capital social ou em que os dois sócios são marido e mulher, casados em regime de comunhão universal de bens, situação que, aliás, poderá exigir grande número de alterações contratuais, já que o novo Código Civil não a admite.
>
> O artifício de se criar uma "sociedade-faz-de-conta" gera enorme burocracia, pois, além de tornar mais complexo o exame dos atos

---

[388] Art. 1.023. Se os bens da sociedade não lhe cobrirem as dívidas, respondem os sócios pelo saldo, na proporção em que participem das perdas sociais, salvo cláusula de responsabilidade solidária.

[389] PASQUALIN, Roberto. A contratação de pessoa física com jurídica. In: *Revista de Direito Trabalhista*, ano 12, nº 02, fev./2006, p. 3.

[390] Também chamada de "sociedade unipessoal".

constitutivos, por parte das Juntas Comerciais, exige alterações nos contratos, também sujeitas a um exame mais apurado das Juntas, para uma série de atos relativos ao funcionamento da empresa. Além disso, causa, também amiúde, desnecessárias pendências judiciais, decorrentes de disputas com sócios que, embora com participação insignificante no capital da empresa, podem dificultar inúmeras operações.[391]

Assim que a Lei 12.441/11 criou a figura da EIRELI, constituída por uma única pessoa titular da totalidade do capital, mediante a introdução do art. 980-A no CC/02[392].

A finalidade da legislação foi regularizar o empreendedorismo individual, mascarado em falsas sociedades[393], conforme expõe Gladston Mamede:

> Dessa forma, criou-se uma cultura empresarial fundada sobre o desvirtuamento da figura da sociedade. Procurando resolver esse antigo

---

[391] Projeto de Lei 4605/2009. Acrescenta um novo artigo 985-A à Lei nº 10.406, de 10 de janeiro de 2002, para instituir a empresa individual de responsabilidade limitada e dá outras providências. Disponível em: < http://www.camara.gov.br/proposicoesWeb/prop_mostrarin tegra;jsessionid=41FA75B7E438ABDF63D6CD0E89C7D6DF.proposicoesWebExterno1?co dteor=631421&filename=PL+4605/2009>. Acesso em:20 out.2018.

[392] Art. 980-A. A empresa individual de responsabilidade limitada será constituída por uma única pessoa titular da totalidade do capital social, devidamente integralizado, que não será inferior a 100 (cem) vezes o maior salário-mínimo vigente no País.

§ 1º O nome empresarial deverá ser formado pela inclusão da expressão «EIRELI» após a firma ou a denominação social da empresa individual de responsabilidade limitada.

§ 2º A pessoa natural que constituir empresa individual de responsabilidade limitada somente poderá figurar em uma única empresa dessa modalidade.

§ 3º A empresa individual de responsabilidade limitada também poderá resultar da concentração das quotas de outra modalidade societária num único sócio, independentemente das razões que motivaram tal concentração.

§ 4º (VETADO).

§ 5º Poderá ser atribuída à empresa individual de responsabilidade limitada constituída para a prestação de serviços de qualquer natureza a remuneração decorrente da cessão de direitos patrimoniais de autor ou de imagem, nome, marca ou voz de que seja detentor o titular da pessoa jurídica, vinculados à atividade profissional.

§ 6º Aplicam-se à empresa individual de responsabilidade limitada, no que couber, as regras previstas para as sociedades limitadas.

[393] MARTINS, Ives Gandra da Silva. Lei 12.441 de 11.07.2011. In: ANNAN JÚNIOR. Pedro; PEIXOTO, Marcelo Magalhães (coord.). *Empresa Individual de Responsabilidade Limitada – EIRELI:* aspectos econômicos e legais. São Paulo: MP, 2012, p. 106.

SERVIÇOS INTELECTUAIS PRESTADOS POR PESSOAS JURÍDICAS: PEJOTIZAÇÃO

desafio do Direito Brasileiro – a existência endêmica de sociedades pluripessoais que têm apenas existência jurídica, sem que haja, de fato, um compartilhamento de capitais e esforços a bem da constituição de uma pessoa jurídica e exploração de uma atividade negocial – editou-se a Lei 12.441/11 que, alterando Código Civil, criou a figura da empresa individual de responsabilidade limitada (Eireli).[394]

A empresa individual de responsabilidade limitada é uma espécie de pessoa jurídica de direito privado (art. 44, VI, do CC/02[395]) que explora uma atividade econômica organizada para a produção ou circulação de bens ou serviços, constituída de uma só pessoa, cuja responsabilidade é limitada ao montante do capital integralizado[396] de, no mínimo, 100 (cem) vezes o maior salário-mínimo vigente no País à época de sua criação. A condição de integralização de um capital mínimo, além de tornar a empresa sustentável, auxilia para evitar desvios de finalidade na sua constituição, com o intuito de burlar obrigações civis, trabalhistas, tributárias e previdenciárias.[397]

Sobre a natureza jurídica da EIRELI, a Solução de Consulta Interna nº 19/2013 da Coordenação-Geral de Tributação da Receita Federal dispôs:

> **ASSUNTO: IMPOSTO SOBRE A RENDA DE PESSOA JURÍDICA – IRPJ**
> A EIRELI não se confunde com as pessoas físicas consideradas empresas individuais, nos termos dos incisos II e III, do § 1º, do art. 150, do Decreto nº 3.000, de 26 de março de 1999 (RIR 99), para fins de

---

[394] MAMEDE, Gladston. *Empresa e atuação empresarial.* 7. ed. São Paulo: Atlas, 2013, p. 96-97.

[395] Art. 44. São pessoas jurídicas de direito privado:
VI – as empresas individuais de responsabilidade limitada.

[396] CAVALCANTE, Marcos de Oliveira. Quais as atividades que podem ser exploradas por uma EIRELI (e quais as diferenças entre EIRELI – prestador de serviços – e empregado). In: ANNAN JÚNIOR. Pedro; PEIXOTO, Marcelo Magalhães (coord.). *Empresa Individual de Responsabilidade Limitada – EIRELI:* aspectos econômicos e legais. São Paulo: MP, 2012, p. 204.

[397] DORNELLES, Francisco. Novas perspectivas para os empreendedores brasileiros. In: ANNAN JÚNIOR. Pedro; PEIXOTO, Marcelo Magalhães (coord.). *Empresa Individual de Responsabilidade Limitada – EIRELI:* aspectos econômicos e legais. São Paulo: MP, 2012, p. 86-87.

PLANEJAMENTO TRIBUTÁRIO

equiparação às pessoas jurídicas, eis que a EIRELI é pessoa jurídica, nos termos do Código Civil.[398]

Com o surgimento da Lei 12.441/11, instaurou-se uma discussão sobre se o profissional intelectual ou liberal poderia constituir EIRELI, em razão da interpretação do § 5º, do art. 980-A c/c o parágrafo único do art. 966, ambos do CC/02 e da inexistência de regra específica quanto ao órgão competente para efetuar o seu registro. Sob essa perspectiva, foi levantada a questão sobre a possibilidade de o objeto da EIRELI ser de natureza civil – trabalho intelectual, artístico ou cultural –, ou seja, se a EIRELI poderia ser constituída tanto com a natureza empresária quanto simples, de modo a abarcar aqueles que exercem profissão regulamentada.[399]

Isso porque, conforme o Parecer Normativo da Coordenação do Sistema de Tributação nº 15/83, a profissão legalmente regulamentada pode ser exercida por meio do trabalho assalariado (subordinado), autônomo ou associação com outros profissionais, por meio da constituição de pessoa jurídica, sob a forma de sociedade civil, que pressupõe a inexistência de natureza comercial, questionando-se a compatibilidade com a forma societária EIRELI.

A polêmica gravita em torno da suposta incompatibilidade entre a norma trazida pelo parágrafo único, do art. 966, do CC/02, conforme visto alhures, que exclui do conceito de empresário aquele que exerce profissão intelectual, salvo se constituir elemento de empresa, não podendo ser abrangida pela

---

[398] MINISTÉRIO DA FAZENDA. Receita Federal. *Solução de Consulta nº 19/2013 da Coordenação-Geral de Tributação* – COSIT, de 13 de agosto de 2013.
O art. 150, do Decreto nº 3.000/99 corresponde ao art. 162, do Decreto nº. 9.580/2018 – Regulamento do Imposto sobre a Renda e Proventos de Qualquer Natureza.

[399] Conforme o *Parecer Normativo da Coordenação do Sistema de Tributação nº 15/83*: A pessoa física, com o fito de prover a sua subsistência e de satisfazer a seus diversos encargos, exerce atividade ou ocupação, habitual, remunerada, de natureza civil ou comercial, que poderá ou não exigir conhecimentos especiais para o seu desempenho. Quando essa atividade ou ocupação é específica, visando a um determinado objetivo, para cujo desempenho sejam exigidos conhecimentos especiais, de caráter artístico, técnico ou científico, ou apenas certas habilidades físicas ou mentais, ela é considerada uma profissão. Portanto, profissão regulamentada é aquela atividade ou ocupação específica, de natureza civil ou comercial que, além de ser privativa de pessoa devidamente habilitada para o seu exercício, reúna uma ou mais das condições referidas e que tenha sido reconhecida por ato legal de autoridade competente. Ex.: advogado, médico, engenheiro, arquiteto, dentre outras tantas.

174

SERVIÇOS INTELECTUAIS PRESTADOS POR PESSOAS JURÍDICAS: PEJOTIZAÇÃO

EIRELI, que terá cunho empresarial; e a interpretação do § 5º, do art. 980-A, do CC/02, que permite a constituição de EIRELI para prestação de serviço de qualquer natureza, incluindo, dessa forma o trabalho intelectual.[400]

Ante a omissão da legislação, que introduziu a EIRELI no ordenamento jurídico, em não especificar se o seu registro deve ser efetuado apenas pelas Juntas Comerciais, como no caso do empresário e da sociedade empresária, previsto no art. 1.150, do CC/02[401], ou se é possível fazê-lo no Cartório de Registro Civil das Pessoas Jurídicas, assim como o das sociedades simples, considerando ter como objeto o exercício de profissão regulamentada, o Instituto de Registro de Títulos e Documentos e de Pessoas Jurídicas do Brasil (IRTDPJ Brasil) e da Associação dos Notários e Registradores do Brasil (Anoreg Brasil) fez um pedido de esclarecimentos perante a Coordenação-Geral de Tributação da Receita Federal nesse sentido.

A Nota Cosit nº. 446, de 16 de dezembro de 2011, explicitou que, embora não haja previsão expressa sobre o registro da EIRELI, o art. 980-A, em seu § 6º, determina que as regras aplicáveis às sociedades limitadas devam ser aplicadas subsidiariamente a ela, e conforme o art. 983, do CC/02[402]: i)- sendo uma sociedade empresária, constituída no tipo sociedade limitada, deve ter seu registro realizado perante a Junta Comercial; ii)- sendo uma sociedade simples, que também pode ser constituída sob a forma de sociedade limitada, tem seu registro feito no Cartório de Registro Civil de Pessoas Jurídicas.

Dessa forma, assim concluiu a Coordenação-Geral de Tributação da Receita Federal nos itens 19 e 20:

---

[400] MONTEIRO, Manoel Ignácio Torres; SOUZA, Glaucia Macedo de. Empresa Individual de Responsabilidade Limitada – aspectos gerais. In: ANNAN JÚNIOR. Pedro; PEIXOTO, Marcelo Magalhães (coord.). *Empresa Individual de Responsabilidade Limitada – EIRELI:* aspectos econômicos e legais. São Paulo: MP, 2012, p. 160.

[401] Art. 1.150. O empresário e a sociedade empresária vinculam-se ao Registro Público de Empresas Mercantis a cargo das Juntas Comerciais, e a sociedade simples ao Registro Civil das Pessoas Jurídicas, o qual deverá obedecer às normas fixadas para aquele registro, se a sociedade simples adotar um dos tipos de sociedade empresária.

[402] Art. 983. A sociedade empresária deve constituir-se segundo um dos tipos regulados nos arts. 1.039 a 1.092; a sociedade simples pode constituir-se de conformidade com um desses tipos, e, não o fazendo, subordina-se às normas que lhe são próprias.

PLANEJAMENTO TRIBUTÁRIO

19. Portanto, tem-se que a Lei nº 12.441/11, não informa qual é o órgão competente para o registro de EIRELI, sendo que, pela legislação vigente, entende-se que a classificação é importante para essa definição, pois o empreendedor poderá optar pela modalidade que melhor atenda a seus critérios de atuação, observada a legislação pertinente. 20. Destarte, embora não se trate de matéria de competência da RFB se manifestar acerca da competência de registro de nova figura jurídica, responde-se à consulente que, pelo exposto – em especial em função da indefinição da lei, pela referencia feita às regras previstas para sociedades limitadas e pela analogia ao que se tem hoje positivado relativamente ao registro de sociedade empresária e simples, ambas podendo ser de responsabilidade limitada –, infere-se que o registro de EIRELI poderá ser feito tanto no Registro das Empresas Mercantis pelas Juntas Comerciais, como no Registro Civil de Pessoas Jurídicas.[403]

A Receita Federal reconhece que a EIRELI pode ser constituída sob a natureza empresarial e simples, tendo atribuído, inclusive, códigos diferentes para seu cadastro – CNPJ, quais sejam: código 231-3 para EIRELI simples e código 230-5 para EIRELI empresária.

Desse modo, constata-se que os prestadores de serviços, dotados de pessoalidade, poderão exercer sua atividade por meio da constituição da EIRELI cuja natureza será simples, tendo inovado a legislação ao permitir que o profissional que exerce trabalho intelectual possa figurar sozinho como titular de uma pessoa jurídica e submeter-se aos efeitos tributários pertinentes a essa categoria.

3.4 Efeitos Tributários nas Diversas Formas de Prestação de Serviço Intelectual (Subordinado, Autônomo e por Pessoa Jurídica)

A forma de contratação/prestação de serviços, como empregado, autônomo ou pessoa jurídica, uma vez que cada qual organiza seu trabalho com a roupagem

---

[403] MINISTÉRIO DA FAZENDA. Receita Federal. *Nota da Coordenação-Geral de Tributação nº 446*, de 16 de dezembro de 2011.

que melhor lhe sirva, reflete nos custos, principalmente tributários, seja em relação ao tomador de serviço, seja em relação ao prestador de serviço, que buscam meios de otimizá-los.

Na condição de empregado, como segurado obrigatório, no Regime Geral da Previdência Social – RGPS (art. 11, I, a, da Lei 8.213/91), a contribuição previdenciária será descontada, com a aplicação de uma alíquota sobre o seu salário de contribuição, de acordo com o art. 20, da Lei 8.212/91, segundo a Tabela abaixo:[404]

Tabela para Empregado, empregado Doméstico e Trabalhador Avulso 2018	
Salário de Contribuição (R$)	Alíquota
Até R$ 1.693,72	8%
De R$ 1.693,73 a R$ 2.822,90	9%
De R$ 2.822,91 até R$ 5.645,80	11%

A empresa deverá recolher 20% sobre o total das remunerações pagas, devidas ou creditadas a qualquer título, durante o mês, aos segurados empregados, conforme previsão do art. 22, I, c/c art. 30, I, a, ambos da Lei 8.212//91.

Além da contribuição previdenciária, o Imposto de Renda Pessoa Física – IRPF do empregado, que deverá ser retido na Fonte (art. 7º, I, da Lei 7.713/1988), é calculado de acordo com a aplicação de alíquotas progressivas em razão da base de cálculo, conforme Tabela de Incidência Mensal, disponibilizada pela Receita Federal:[405]

---

[404] Fonte: Portaria Ministerial MF nº 15, de 16 de janeiro de 2018. Disponível em: <http://normas.receita.fazenda.gov.br/sijut2consulta/link.action?visao=anotado&idAto=89503>. Acesso em: 30 set. 2018.

[405] Fonte: Receita Federal do Brasil. Imposto sobre a Renda das Pessoas Físicas. Disponível em: < http://idg.receita.fazenda.gov.br/acesso-rapido/tributos/irpf-imposto-de-renda-pessoa-fisica#calculo_mensal_IRPF>. Acesso em: 05 out. 2018.

Base de Cálculo (R$)	Alíquota (%)	Parcela a deduzir do IRPF (R$)
Até 1.903,98	-	-
De 1.903,99 até 2.826,65	7,5	142,80
De 2.826,66 até 3.751,05	15	354,80
De 3.751,06 até 4.664,68	22,5	636,13
Acima de 4.664,68	27,5	869,36

Enquanto segurado obrigatório, na condição de contribuinte individual, a pessoa física que exerce, por conta própria, atividade econômica de natureza urbana, com fins lucrativos ou não, caracterizada como autônomo ou profissional liberal (art. 11, V, h, da Lei 8.213/91), deverá recolher a contribuição previdenciária na alíquota de 20% sobre os rendimentos recebidos (observado o limite do teto de contribuição), conforme previsão do art. 21, *caput*, da Lei 8.212/91, que varia, em 2018, entre R$ 190,80 (salário mínimo de R$ 954,00) e R$ 1.129,16 (teto de R$ 5.645,80); ou, no caso de trabalhar por conta própria e não prestar serviço à empresa ou equiparada, poderá recolher 11% sobre o salário mínimo vigente (em 2018 de R$ 954,00), no montante de R$ 104,94, de acordo com o Plano Simplificado de Previdência Social, implementado pela Lei Complementar 123/2006, tendo direito a todos os benefícios previdenciários, exceto aposentadoria por tempo de contribuição (art. 21, § 2º, da Lei 8.212/91) e expedição de Certidão de Tempo de Contribuição.

Se o serviço do autônomo ou profissional liberal é prestado à pessoa jurídica, o vínculo será formalizado por meio do Recibo de Pagamento Autônomo – RPA, e esta é obrigada a descontar 11% a título de contribuição previdenciária sobre a remuneração paga ao trabalhador a seu serviço até o limite do teto (art. 30, § 4º, da Lei 8.212/91), somente não o fazendo, caso o autônomo comprove documentalmente através de recibo que já recolheu para o INSS sobre esse teto naquele mês. Sobre o valor do serviço prestado, a empresa deverá recolher à Previdência Social 20% até o vigésimo dia do mês subsequente ao do serviço prestado (art. 23, III, da Lei 8.212/93 c/c art. 4º, da Lei 10.666/03 c/c conforme art. 201, II, do Regulamento da Previdência Social), se a empresa não for do Simples. Caso a empresa seja do Simples, somente terá o repasse do desconto do autônomo.

SERVIÇOS INTELECTUAIS PRESTADOS POR PESSOAS JURÍDICAS: PEJOTIZAÇÃO

A empresa tomadora do serviço também deverá descontar o Imposto de Renda da Pessoa Física – IRPF, retendo-o na Fonte (art. 7º, II, da Lei 7.713/1988), caso o valor do serviço prestado seja superior R$ 1.903,98, aplicando as alíquotas progressivas da Tabela de Incidência Mensal acima descrita.

Além da contribuição Previdenciária, o prestador de serviço como pessoa física ainda deve recolher o ISS (Imposto sobre Serviços de qualquer natureza) em percentual definido pela legislação municipal (em média, 5%) ou ISS fixo.

Quando o serviço é prestado por pessoa jurídica, a lei previdenciária prevê, dentre outros, que o titular de firma individual ou o sócio cotista, também são segurados obrigatórios na condição de contribuinte individual, devendo recolher a contribuição previdenciária, desde que recebam remuneração, de acordo com o art. 11, V, f, da Lei 8.213/91, incidindo sobre esse valor a alíquota de 11%, conforme art. 30, § 4º, da Lei 8.212/91. A contribuição da sociedade, do qual é sócio ou titular, se dá a título de 20%, conforme art. 23, III, da Lei 8.212/93 c/c art. 4º, da Lei 10.666/03 c/c art. 201, II, do Regulamento da Previdência Social.

Não havendo recebimento de remuneração, o titular da firma individual ou sócio cotista não será segurado obrigatório do RGPS, não estando obrigado a recolher a contribuição previdenciária, podendo, no entanto, fazê-lo como contribuinte facultativo.

Assim, no Brasil, todos os trabalhadores remunerados estão amparados por algum regime de previdência, abrangidos os sócios que prestam serviços à sociedade, que tem excluídos apenas os períodos que, excepcionalmente, exercem seu trabalho sem qualquer remuneração.

Sobre a distribuição de lucros, mesmo realizada de forma desproporcional entre os sócios, que não se confunde com a remuneração do sócio por se tratar do retorno do capital investido e não integrar o salário-contribuição, conforme art. 28, § 9º, j, da Lei 8.212/91 também não incide a contribuição previdenciária.

Fábio Ulhôa Coelho faz a distinção entre pró-labore e distribuição de lucros, nos seguintes termos:

No plano conceitual, os lucros remuneram o capital investido na sociedade. Todos os sócios, empreendedores ou investidores, têm direito ao seu recebimento, nos limites da política de distribuição contratada entre eles. Já o pro labore, ainda no plano dos conceitos, remunera o trabalho de direção da empresa. Seu pagamento, assim, deve beneficiar apenas os empreendedores, que dedicaram tempo à gestão dos negócios sociais.[406]

Nesse sentido, a Receita Federal, na Solução da Consulta nº. 46 da Superintendência Regional da Receita Federal do Brasil da 6ª RF, assim entendeu:

ASSUNTO: CONTRIBUIÇÕES SOCIAIS PREVIDENCIÁRIAS
DISTRIBUIÇÃO DE LUCROS AOS SÓCIOS. NÃO INCIDÊNCIA.
O sócio cotista que receba *pro labore* é segurado obrigatório do RGPS, na qualidade de contribuinte individual, havendo incidência de contribuição previdenciária sobre o pro labore por ele recebido.
Não incide a contribuição previdenciária sobre os lucros distribuídos aos sócios quando houver discriminação entre a remuneração decorrente do trabalho (*pro labore*) e a proveniente do capital social (*lucro*) e tratar-se de resultado já apurado por meio de demonstração do resultado do exercício – DRE.
Estão abrangidos pela não incidência os lucros distribuídos aos sócios de forma desproporcional à sua participação no capital social, desde que tal distribuição esteja devidamente estipulada pelas partes no contrato social, em conformidade com a legislação societária.[407]

No que tange aos lucros distribuídos aos sócios, o art. 201, II, § 1º e § 5º, I e II, do Regulamento da Previdência Social – RPS, ao tratar da contribuição a cargo da empresa, deixou claro que não incide contribuição previdenciária

---

[406] COELHO, Fábio Ulhôa. *Curso de Direito Comercial.* Volume 2. São Paulo: Saraiva, 2011, p. 452.
[407] MINISTÉRIO DA FAZENDA. Receita Federal. *Solução da Consulta nº. 46 da Superintendência Regional da Receita Federal do Brasil da 6ª RF*, de 14 de junho de 2010. Disponível em: < file:///C:/Users/thais/Downloads/SC_SRRF06-Disit_n_46-2010.pdf>. Acesso em: 05 out. 2018.

patronal sobre os lucros distribuídos aos sócios das sociedades civis (atualmente sociedades simples), exceto se não houver discriminação entre a remuneração decorrente do trabalho e a proveniente do capital social ou tratar-se de adiantamento de resultado ainda não apurado por meio de demonstração de resultado do exercício, sendo que a não incidência também alcança a contribuição do segurado quanto à referida parcela.

Desse modo, é obrigatória a discriminação entre a parcela da distribuição de lucro e aquela paga pelo trabalho, uma vez que, para fins previdenciários, não é possível considerar todo montante pago a este sócio como distribuição de lucros, sendo que pelo menos parte dos valores pagos terá necessariamente natureza jurídica de retribuição pelo trabalho, sujeita ao recolhimento de contribuição previdenciária. Esse entendimento, embora haja controvérsia que esbarra na legalidade, foi exposto pela Receita Federal na Solução de Consulta nº 120 da Coordenação-Geral de Tributação – Cosit, de 17 de agosto de 2016:

> **ASSUNTO: CONTRIBUIÇÕES SOCIAIS PREVIDENCIÁRIAS**
> SÓCIO. PRÓ-LABORE. INCIDÊNCIA DE CONTRIBUIÇÃO.
> O sócio da sociedade civil de prestação de serviços profissionais que presta serviços à sociedade da qual é sócio é segurado obrigatório na categoria de contribuinte individual, conforme a alínea "f", inciso V, art. 12 da Lei nº 8.212, de 1991, sendo obrigatória a discriminação entre a parcela da distribuição de lucro e aquela paga pelo trabalho.
> O fato gerador da contribuição previdenciária ocorre no mês em que for paga ou creditada a remuneração do contribuinte individual.
> Pelo menos parte dos valores pagos pela sociedade ao sócio que presta serviço à sociedade terá necessariamente natureza jurídica de retribuição pelo trabalho, sujeita à incidência de contribuição previdenciária, prevista no art. 21 e no inciso III do art. 22, na forma do §4º do art. 30, todos da Lei nº 8.212, de 1991, e art. 4º da Lei nº 10.666, de 8 de maio de 2003.[408]

---

[408] MINISTÉRIO DA FAZENDA. Receita Federal. *Solução de Consulta nº 120 da Coordenação--Geral de Tributação – COSIT*, de 17 de agosto de 2016. Disponível em: < file:///C:/Users/thais/Downloads/SC_Cosit_n_120-2016.pdf>. Acesso em: 05 out. 2018.

PLANEJAMENTO TRIBUTÁRIO

Nessa referida Solução de Consulta, entendeu a Receita Federal que, embora a lei não determine a obrigatoriedade da retirada de pró-labore, sua data ou periodicidade, ou até mesmo sua previsão no Contrato Social, "o fato é que as retiradas são realizadas, por vezes com denominações diversas ou juntamente com adiantamentos de distribuição de lucro ou outro título."[409]

Desse modo, se as remunerações do pró-labore e participação nos resultados estiverem regularmente indicadas na escrituração contábil, não haverá incidência da contribuição previdenciária sobre o total dos valores pagos aos sócios, conforme dispõe o art. 201, § 5º, II, do Regulamento da Previdência Social.

Esse foi o entendimento expendido pela 4ª Câmara, 1ª Turma Ordinária da Segunda Seção de Julgamento do Conselho Administrativo de Recursos Fiscais, ilustrado pela Ementa dos Acórdãos abaixo transcritas:

ASSUNTO: CONTRIBUIÇÕES SOCIAIS PREVIDENCIÁRIAS
Período de apuração: 01/01/2009 a 31/12/2009
SOCIEDADE SIMPLES. A sociedade simples possui como característica intrínseca natureza não empresarial e o exercício de função intelectual decorrente da especialização ou função exercida por seus sócios. É de sua própria natureza que os sócios de empresa constituída sob a forma de sociedade simples exerçam pessoalmente o seu objeto social e seus honorários sejam vertidos para a sociedade, sem que o mesmo esteja a agir em nome próprio e distante dos interesses da empresa, a perceber proventos decorrentes do trabalho e não do capital social.
CONTRIBUIÇÃO PREVIDENCIÁRIA. REMUNERAÇÃO DOS SÓCIOS. OPÇÃO PELO NÃO PAGAMENTO DE PRÓLABORE. DISTRIBUIÇÃO DE LUCROS DEVIDAMENTE APURADA NOS REGISTROS CONTÁBEIS. DISCRIMINAÇÃO. As remunerações de prólabore e participação nos resultados devem estar discriminadas na contabilidade, de maneira a evitar a incidência da contribuição

---

[409] MINISTÉRIO DA FAZENDA. Receita Federal. *Solução de Consulta nº 120 da Coordenação--Geral de Tributação – COSIT*, de 17 de agosto de 2016. Disponível em: < file:///C:/Users/thais/Downloads/SC_Cosit_n_120-2016.pdf>. Acesso em: 05 out. 2018.

previdenciária sobre o total dos valores pagos aos sócios à luz do disposto no inciso II do §5° do artigo 201 do Regulamento da Previdência Social. No caso, a discriminação ocorreu, não havendo que se falar a em incidência de contribuição previdenciária sobre a parcela referente a lucros.[410]

DISTRIBUIÇÃODE LUCROS DESPROPORCIONAL À PARTICIPAÇÃO SOCIETÁRIA. SOCIEDADE DE ADVOGADOS. SUI GENERIS. LIBERDADE DE PACTUAÇÃO. CONTABILIDADE VÁLIDA. INEXISTÊNCIA DA DESCONSTITUIÇÃO DA CONTABILIDADE. LUCROS EFETIVADOS. NÃO INCIDÊNCIA.

Não há vedação legal no que se refere à distribuição desproporcional de lucros em relação à participação social, nas sociedades civis de prestação de serviços profissionais relativos ao exercício de profissões regulamentadas, quando o contrato social for claro ao dispor de tal distribuição.

In casu, havendo contabilidade que cumpre com as formalidades intrínsecas e extrínsecas e sendo a apuração de lucro regular e contabilizada, não há que se falar em tributação dos valores distribuídos como lucro.

A legislação previdenciária não considera o lucro regular como base de incidência de contribuições previdenciárias.

A não observância de meras formalidades não desvirtuam a natureza dos Juros, ou seja, não gera uma presunção de pagamento de prólabore. Além do mais, é regular a utilização de email em substituição a Ata.[411]

E ainda que haja a discriminação de algum valor como sendo pago a título de pró-labore, deverão ser enquadrados como parcela dessa natureza os valores pagos a título de adiantamento de lucro que ainda não foram apurados por

---

[410] Acórdão 2401002.910. 4ª Câmara, 1ª Turma Ordinária, Segunda Seção de Julgamento do Conselho Administrativo de Recursos Fiscais. CARF. Relator: Igor Araújo Soares. Sessão de 20 de janeiro de 2013.

[411] Acórdão 2401005.677. 4ª Câmara, 1ª Turma Ordinária, Segunda Seção de Julgamento do Conselho Administrativo de Recursos Fiscais, CARF. Relator: Rayd Santana Ferreira. Sessão de 07 de agosto de 2018.

meio de demonstração de resultado do exercício.[412] Há controvérsia nesse entendimento, tendo em vista que o fato gerador constante do art. 201, § 5º, II, do Regulamento da Previdência Social atribui obrigação tributária futura, que caracteriza o instituto do fato gerador antecipado, o qual estabelece a obrigação de recolher tributo com base em ocorrência material que possa vir a se subsumir à hipótese de incidência futura.

É certo que a organização dos documentos contábeis da sociedade, com a discriminação correta dos valores, bem como com a diligência na elaboração das cláusulas do Contrato Social, prevendo a distribuição antecipada de lucros e o pagamento de pró-labore, são indispensáveis para evitar atuação contrária do fisco.

A pessoa jurídica, se optar pelo Lucro Presumido (base de cálculo presumida de 32% do faturamento mensal, que apresenta o regime de apuração do IRPJ e CSLL pagos trimestralmente), ainda deve recolher ou sofrer retenção na Fonte (art. 30, da Lei 10.833/03) de contribuições sociais PIS no percentual mensal de 0,65% sobre a receita ou faturamento, COFINS no percentual mensal de 3% sobre a receita ou faturamento[413] (alíquotas estabelecidas conforma art. 31, da Lei 10.833/03) e CSLL no percentual de 2,88% sobre o lucro líquido apurado trimestralmente (alíquota de 9% estabelecida conforme art. 3º, III, da Lei 7.689/88, aplicada sobre a base presumida de 32% do faturamento mensal), bem como Imposto de Renda – IRPJ à alíquota de 4,8% (alíquota de 15% aplicada sobre a base de cálculo presumida de 32%) sobre faturamento trimestral de até R$ 187.500,00 e 10% (3,15%) de adicional sobre o Lucro Presumido trimestral superior a R$ 60.000,00 – o que excede ao limite (R$ 187.500,00 x 32%).

Ressalte-se que, no âmbito hospitalar, incluídas atividades de saúde não desenvolvidas nesse ambiente – conforme Instruções Normativas expedidas pela Receita Federal que ora ampliavam, ora restringiam o conceito de

---

[412] MINISTÉRIO DA FAZENDA. Receita Federal. *Solução de Consulta nº 120 da Coordenação--Geral de Tributação – COSIT*, de 17 de agosto de 2016. Disponível em: < file:///C:/Users/thais/Downloads/SC_Cosit_n_120-2016.pdf>. Acesso em: 05 out. 2018.

[413] Art. 31, da Lei 10.833/03: Art. 31. O valor da CSLL, da COFINS e da contribuição para o PIS/PASEP, de que trata o art. 30, será determinado mediante a aplicação, sobre o montante a ser pago, do percentual de 4,65% (quatro inteiros e sessenta e cinco centésimos por cento), correspondente à soma das alíquotas de 1% (um por cento), 3% (três por cento) e 0,65% (sessenta e cinco centésimos por cento), respectivamente.

SERVIÇOS INTELECTUAIS PRESTADOS POR PESSOAS JURÍDICAS: PEJOTIZAÇÃO

serviços hospitalares[414] –, a base de cálculo presumida para o IRPJ é reduzida para 8% e da CSLL para 12%. Essa base de cálculo presumida, conforme a Lei 11.727/2008, que alterou o art. 15, da Lei 9.249/95 é aplicável não só para os serviços hospitalares, como para os de auxílio diagnóstico e terapia, patologia clínica, imagenologia, anatomia patológica e citopatologia, medicina nuclear e análises e patologias clínicas, desde que a prestadora destes serviços seja organizada sob a forma de sociedade empresária e atenda às normas da Agência Nacional de Vigilância Sanitária – Anvisa (Resolução de Diretoria Colegiada – RDC nº 5/2002), conforme art. 15, § 1º, III, a, da Lei 9.249/95, beneficiando os prestadores de serviços hospitalares e os que não necessariamente estejam estruturados como estabelecimentos hospitalares definidos na lei com o recolhimento menor de IRPJ.

Desse modo, considerando o lucro presumido, restam assim configuradas as alíquotas incidentes sobre os serviços hospitalares e outros ligados à saúde: são mantidas as alíquotas do PIS no percentual mensal de 0,65% e da COFINS no percentual mensal de 3%; são modificadas a alíquota da CSLL para o percentual de 1,08%, a do IRPJ para 1,20% e a do adicional de IRPJ para 0,75% sobre o Lucro Presumido excedente. Nesse caso, para a aplicação da base de cálculo presumida, a sociedade deve ser empresária. Caso contrário, o lucro presumido será apurado pelo percentual de 32%, aplicável às prestadoras de serviço em geral.[415]

---

[414] Quatro Instruções Normativas da Receita Federal trataram da aplicação da alíquota de 8% sobre atividades hospitalares, ora alargando o seu conceito, ora restringindo-o:
Abrangentes: Instrução Normativa SRF nº 306/2003, conforme previsto no seu art. 23. Disponível em: < http://normas.receita.fazenda.gov.br/sijut2consulta/link.action?idAto=15195 &visao=original>. Acesso em: 05 out. 2018; Instrução Normativa SRF nº 539/2005, conforme previsto no seu art. 27. Disponível em: < http://normas.receita.fazenda.gov.br/sijut2consulta/ link.action?idAto=15455&visao=original>. Acesso em: 05 out. 2018.
Restritivas: Instrução Normativa SRF nº 480/2003, revoga a IN 306/2003. Disponível em: < http://normas.receita.fazenda.gov.br/sijut2consulta/link.action?visao=anotado&idA to=15389>. Acesso em: 05 out. 2018; Instrução Normativa SRF nº 791/2007, altera o art. 27 IN 480/2004. Disponível em: < http://normas.receita.fazenda.gov.br/sijut2consulta/link.ac tion?idAto=15744&visao=anotado>. Acesso em: 05 out. 2018.
[415] PAULSEN, Leandro; DIAS, Lucas Martins. Tributação das Sociedades Médicas. In: HARET, Florence; MENDES, Guilherme Adolfo (coord.). *Tributação na Saúde*. Ribeirão Preto: Altai, 2013, p. 61-62.

PLANEJAMENTO TRIBUTÁRIO

O sentido da norma em reduzir a presunção do lucro redunda-se em beneficiar aqueles que, prestando serviços na área médica, não contam com lucros tão elevados por demandarem maior estrutura com maiores custos. Assim, a alíquota de 8% na apuração do lucro presumido, portanto, só é aplicável a sociedades das áreas médicas indicadas pela lei e desde que desempenhadas em caráter empresarial.

Nesse sentido, o Tribunal Regional Federal da 4ª Região, manifestando-se sobre o assunto, explicitou seu entendimento, conforme as fundamentações a seguir transcritas:

> A intenção do legislador em conceder a benesse em questão foi a de minorar os custos das entidades com despesas decorrentes de atividades que demandem, por exemplo, maquinário específico para realização de exames e procedimentos, beneficiando a sociedade médica que, para consecução de seu objeto, conta com elevados gastos, advindos de estrutura física complexa, altos custos da aparelhagem, funcionários, etc.[416]

> Com relação ao período posterior, em face da superveniente alteração na redação do inciso II, aliena "a", do artigo 15 da Lei 9.249/95, por força da Lei nº 11.727/08, passou-se a exigir, para a aplicação do percentual reduzido, que a "prestadora destes serviços seja organizada sob a forma de sociedade empresária e atenda às normas da Agência Nacional de Vigilância Sanitária – Anvisa".
> (...)
> Conforme se depreende da legislação em vigor, somente as sociedades sob a forma de sociedade empresária é que estão abrangidas pela base minorada. A impetrante, contudo é sociedade simples.
> Veja-se que o Novo Código Civil dividiu as sociedades em duas categorias, as sociedades empresárias e as sociedades simples (não empresárias). A sociedade empresária é a que exerce atividade econômica organizada e habitual, para a produção ou a circulação de bens ou

---

[416] AC 5009755-05.2010.404.7100. 2ª Turma, TRF da 4ª Região. Rel. Luciane Amaral Corrêa Münch. Data Publicação: 19/09/2012.

SERVIÇOS INTELECTUAIS PRESTADOS POR PESSOAS JURÍDICAS: PEJOTIZAÇÃO

serviços. Já a sociedade simples é a que exerce atividade econômica de natureza intelectual, científica, literária ou artística (arts. 966 e 982 do CC). Acrescente-se, ainda, que, nos termos dos artigos 982 e 967, é obrigatória a inscrição da sociedade empresária no Registro Público de Empresas Mercantis da respectiva sede, para que se possa considerar a sociedade como empresária.

A autora não comprovou, portanto, se inserir na categoria das sociedades empresárias, descumprindo, pois, um dos pressupostos legais para o acolhimento do pedido.[417]

Por outro lado, se optar pelo lucro real, a escolha pode implicar economia tributária quando o lucro efetivo é inferior a 32% do faturamento no período a ser apurado trimestral ou anualmente, devendo recolher PIS no percentual de 1,65%, COFINS na alíquota de 7,6%, mantendo a alíquota de CSLL em 9% e Imposto de Renda Pessoa Jurídica à base de 15% sobre o lucro real total até R$ 20.000,00/mês ou R$ 240.000,00/ano, adicionado de 10% sobre o lucro excedente a esse limite. Ou seja, no lucro real, IRPJ e CSLL variam de 24% (15% + 9%) a 34% (25% + 9%) aplicados sobre o lucro.

Além da tributação acima, a pessoa jurídica deverá recolher o ISS, variável, em média, entre 2% e 5%, a depender da legislação municipal.

Há de se mencionar, por fim, a tributação da pessoa jurídica pelo Regime do Simples Nacional (Lei 9.317/96 e Lei Complementar 123/06), em que os principais tributos federais (IRPJ, CSLL, PIS, COFINS, IPI e INSS) podem ser recolhidos de forma consolidada, por meio da aplicação de uma alíquota única, variável de acordo com o faturamento da micro e pequena empresa, bem como de ICMS e ISS de Estados e Municípios que quiseram firmar convênio para o recolhimento conjunto com os tributos federais, administrados pela União.

O cálculo desses tributos obedece aos valores constantes nos Anexos I a V da Lei Complementar 123/2006. Especificamente, para os serviços de medicina, conforme art. 18, § 5º-B, XIX, da LC 123/06, a tributação será aplicada, conforme seu Anexo III.

---

[417] AC 5006381-53.2011.404.7000. 2ª Turma, TRF da 4ª Região. Rel. Otávio Roberto Pamplona. Data Publicação: 10/2012.

ANEXO III		
Receita Bruta Total em 12 meses (R$)	Alíquota	Parcela Dedutível
Até 180.000,00	6%	0
De 180.000,01 a 360.000,00	11,20%	R$ 9.360,00
De 360.000,01 a 720.000,00	13,50%	R$ 17.640,00
De 720.000,01 a 1.800.000,00	16%	R$ 35.640,00
De 1.800.000,01 a 3.600.000,00	21%	R$ 125.640,00
De 3.600.000,01 a 4.800.000,00	33%	R$ 648.000,00

Necessário ressaltar que as alíquotas definidas no Anexo III, chamadas de alíquotas nominais, não são aplicadas diretamente sobre a receita, seguida da parcela dedutível, mas elas devem ser submetidas à fórmula matemática prevista no art. 18, § 1º, da LC 123/06, para se encontrar a alíquota efetiva que será aplicada sobre a receita, de modo a se chegar ao valor devido para recolhimento:

> Art. 18. O valor devido mensalmente pela microempresa ou empresa de pequeno porte optante pelo Simples Nacional será determinado mediante aplicação das alíquotas efetivas, calculadas a partir das alíquotas nominais constantes das tabelas dos Anexos I a V desta Lei Complementar, sobre a base de cálculo de que trata o § 3º deste artigo, observado o disposto no § 15 do art. 3º.
>
> § 1º Para efeito de determinação da alíquota nominal, o sujeito passivo utilizará a receita bruta acumulada nos doze meses anteriores ao do período de apuração.
> § 1º A. A alíquota efetiva é o resultado de:
>
> RBT12xAliq-PD, em que:
> RBT12
>
> I – RBT12: receita bruta acumulada nos doze meses anteriores ao período de apuração

II – Aliq: alíquota nominal constante dos Anexos I a V desta Lei Complementar; III – PD: parcela a deduzir constante dos Anexos I a V desta Lei Complementar.

Exposta a incidência da tributação, relacionada às formas que o trabalhador pode optar por prestar seus serviços – empregado; autônomo; ou por meio de pessoa jurídica, inclusive individual de responsabilidade limitada (EIRELI), que pode ser enquadrada no regime do lucro presumido, real ou simples nacional – passa-se à análise do planejamento tributário, calcado na possibilidade de constituição de EIRELI para prestação de serviços médicos, bem como nos limites para a desconsideração da personalidade jurídica dessas pessoas e a requalificação da operação pela Administração Tributária para tributar a pessoa física.

4 Planejamento Tributário: da Constituição de EIRELI para Prestação de Serviços Médicos e dos Limites para a Requalificação da Operação

4.1 Pejotização do Profissional Médico: Procedimento Lícito ou Ilícito?

O fenômeno da pejotização, pautado na prestação de serviços pela pessoa física sob a forma de pessoa jurídica, incluindo os serviços intelectuais e personalíssimos, como permitido pelo art. 129, da Lei 11.196/05, e verificado, seja em razão das mudanças no mercado de trabalho, decorrentes da exigência de contratações alternativas aos tradicionais "empregados" ou "autônomos"; seja em razão da competitividade que impõe a busca pela redução de custos, despesas e encargos, por meio da utilização de soluções empresariais permitidas pelo direito; seja em razão somente da motivação para realizar economia tributária dentro dos limites previstos no ordenamento jurídico; alcançou a atividade médica.

As vantagens financeiras, sob o ponto de vista da contratante (hospital, clínicas, etc.) dos serviços médicos prestados por meio de pessoas jurídicas, referem-se à economia no que tange a verbas trabalhistas e previdenciárias (20% sobre a folha de salários, contribuição para o sistema "S", alíquota de 8% referente ao FGTS e indenização de 40% sobre o total dos valores depositados em caso de rescisão, aviso prévio, reajuste salarial, 13º salário, férias) e à prestação ininterrupta de serviços pelos 12 (doze) meses, uma vez que a empresa contratada não tem direito a gozo de férias; e sob o ponto de vista dos profissionais médicos, a possibilidade de estabelecer múltiplos vínculos (embora, a depender da carga horária, também possa fazê-lo como empregado ou autônomo), ser melhor remunerado em razão da diminuição dos custos suportados pelo contratante e incorrer em menor carga tributária, uma vez que a tributação na pessoa jurídica é mais favorável do que na pessoa física.

Desse modo, com fulcro no princípio da legalidade e da segurança jurídica, da autonomia de vontade e da livre iniciativa, o profissional médico tem o direito de escolher prestar o seu trabalho como pessoa física ou jurídica, de acordo com o que entender mais proveitoso para sua atividade e contabilidade, o que atende inclusive o preceito da eficiência, revelada como um direito e dever do indivíduo na busca de meios que lhe reduzam custos sobre seus serviços e aumentem a lucratividade. Desse modo, se a decisão pela prestação do serviço por meio da pessoa jurídica for do profissional, que escolheu outro meio legal e válido para desenvolver sua atividade, que não o trabalho subordinado, e desde que cumpridos todos os requisitos exigidos para sua constituição, não deve ser desmerecida sua escolha pela pejotização que, neste caso, é perfeitamente lícita.

Ocorre que, em detrimento da liberdade de escolha do profissional, as empresas contratantes, com vistas a desobrigarem-se dos custos trabalhistas e tributários, forçam os médicos a constituírem pessoas jurídicas – às vezes, fictícia – contra a sua vontade e seus interesses, excluindo-os da proteção do Direito do Trabalho e fazendo-os assumir os riscos da atividade, tais como o pagamento de impostos e contribuições, contratação de contabilidade, custos com emissão de nota fiscal, etc.

Sob a perspectiva de Atilla Magno e Silva Barbosa e Juliani Veronezi Orbem, na pejotização ilícita, verifica-se: i)- o prejuízo do trabalhador que, uma vez não inserido em uma relação de emprego, abre mão dos direitos sociais trabalhistas; ii)- o prejuízo das empresas que atuam na legalidade e assumem riscos inerentes à sua atividade econômica, que se veem submetidas a uma concorrência desleal; iii)- o processo de dualização salarial dentro da empresa, que possui trabalhadores executando as mesmas funções com valores remuneratórios diferenciados; iv)- a fragmentação da solidariedade de classe, em razão da inexistência de uma identidade coletiva; v)- a conscientização do trabalhador de que o seu direito aos benefícios da seguridade social está condicionado à sua responsabilidade pela arrecadação da contribuição previdenciária.[418]

Como se trata de contrato civil, cujas cláusulas são estabelecidas pela legislação pertinente, e não trabalhista, com base na autonomia, liberdade, capacidade organizativa do prestador de serviços e igualdade das partes, a pretensão é que não se extraia dessa relação o vínculo empregatício, com todos os custos pertinentes.

Maria Amélia Lira de Carvalho, corroborando a existência desse cenário de pejotização ilícita na área médica, na sua pesquisa de mestrado, entrevistou 10 médicos que se encontravam prestando ou que já haviam prestado em algum momento de suas vidas, serviços por intermédio de pessoa jurídica em instituições públicas ou privadas de Salvador. Dos entrevistados, foi constatado que muitos deles foram obrigados a constituir pessoas jurídicas para serem contratados, embora desenvolvam sua atividade sem qualquer traço de autonomia, mas subordinados aos contratantes, participando de uma relação típica de emprego. Diante essa situação, os entrevistados compreenderam o conceito de pessoa jurídica atrelado à finalidade da exigência de sua constituição:

> Um ponto comum em quase todas as respostas é de que a PJ é uma empresa para prestar serviços (8), sem estabelecimento de vínculo empregatício (3),
> um grupo de profissionais que se reúne com CNPJ (cadastro nacional de pessoa jurídica) que através deste pode estabelecer contratos de trabalho sem vínculo de emprego (entrevistada nº 3)
> Outra informação extraída dos entrevistados é que a PJ representa uma forma legal para percepção do salário (3), e que implica a perda de direitos, constituindo-se ainda uma forma de ludibriar o prestador de serviço e ainda o pagamento de menos impostos (2), o que revela que a maior parte dos entrevistados vê a sociedade de forma pragmática,

---

[418] BARBOSA, Attila Magno e Silva; ORBEM, Juliani Veronezi. "Pejotização": precarização das relações de trabalho, das relações sociais e das relações humanas. *Revista Eletrônica do Curso de Direito da UFSM.* v. 10, n. 2/2015. Disponível em: <https://www.ufsm.br/redevistadireito>. Acesso em: 15 out. 2018.

ou seja, apenas como uma organização de inserção no mercado de trabalho.[419]

Frente a essa realidade existente, a pejotização é considerada ilícita, sendo-lhe atribuído um sentido pejorativo, uma vez que se mostra como um mecanismo artificial de aquisição de serviços, principalmente de profissões regulamentadas, resultado da descaracterização da relação de emprego, por meio da contratação da pessoa jurídica em substituição ao contrato de trabalho, de forma a potencializar a realização de lucros e resultados financeiros, mediante a redução dos encargos trabalhistas para as empresas e do imposto de renda dos profissionais prestadores dos serviços.

À vista disso, parece que houve uma generalização, em detrimento da autonomia da vontade e livre iniciativa, de que a constituição de pessoa jurídica para prestação de serviço intelectual tem como único escopo reduzir a incidência de tributos e encobrir relação de emprego.

Essa foi a conclusão expendida pela Receita Federal do Brasil – Centro de Estudos Tributários e Aduaneiros, em 25/04/2016, que analisando a questão sob o ponto de vista do impacto na arrecadação dos tributos federais e da contribuição previdenciária, entendeu que a motivação tributária – redução de custos fiscais e previdenciários – demonstrou ser determinante para a adoção dessa sistemática, em detrimento do contrato de emprego, cujo manejo foi positivado pelo art. 129, da Lei 11.196/05, autorizando a utilização não usual da pessoa jurídica para ocultar típica relação de emprego, sob a forma de contrato de prestação de serviços por meio de sociedades:

15. Já no plano econômico, a prevalência da forma jurídica artificial transforma uma única pessoa – o profissional que exerce a atividade regulamentada (médico, dentista, engenheiro, advogado, psicólogo etc.) – num ente jurídico que exerce atividade de empresa, ou seja, que profissionalmente realiza atividade econômica organizada para a produção ou a circulação de serviços.

---

[419] CARVALHO, Maria Amélia Lira de. *Pejotização e Descaracterização do contrato de emprego*: o caso dos médicos em Salvador. Dissertação (Mestrado em Políticas Sociais e Cidadania) – Universidade Católica de Salvador. Salvador, p. 154. 2010, p. 101-102.

16. Isso denota o completo desvirtuamento do uso da pessoa jurídica, como sociedade empresária. Não há como defender economicamente o fato de uma única pessoa que presta serviços intelectuais ser equiparada a uma sociedade empresária normal, que emprega diversos trabalhadores, combina demais fatores de produção e exerce uma atividade econômica de forma mais complexa.

17. Nesse ponto, a discussão em torno da pejotização assume relevância quanto ao aspecto da incidência tributária. Não há como conceber que o modelo de tributos que incide sobre uma sociedade empresária normal, que possui empregados, instalações, máquinas e equipamentos, intangíveis (v.g. marca, know-how) e carteira de clientes, seja também adequado a pessoa jurídica cujo único sócio é o prestador do serviço, sem agregar qualquer outro fator na produção.

18. Ou seja, a incidência tributária que recai sobre a pessoa jurídica empresária é incompatível com a incidência sobre um prestador de serviço de natureza intelectual. Para fins fiscais e previdenciários, um trabalhador não deve receber o mesmo tratamento que uma sociedade empresária, que representa uma combinação organizada mais complexa dos fatores de produção.

19. A comparação entre a carga incidente sobre o serviço contratado de uma pessoa jurídica e a carga sobre esse mesmo serviço contratado segundo as legislações trabalhista, fiscal e previdenciária atuais revela um hiato existente em razão dos fatores díspares que determinaram a forma distinta de concepção desses modelos. Por outras palavras, na concepção das regras de tributação de uma relação de emprego e de uma relação entre pessoas jurídicas, os elementos são diferentes, o que resulta numa carga tributária também diferente.

20. Essa diferença na incidência tributária motiva os agentes econômicos a adotarem a forma atípica e inusual para suas operações. Ou seja, o fenômeno da pejotização pode ser explicado com base na vantagem fiscal obtida com a contratação de serviços intelectuais por intermédio de pessoas jurídicas, ainda que seja economicamente inapropriado considerar essa relação como típica entre empresas.[420]

---

[420] MINISTÉRIO DA FAZENDA. Receita Federal. *O fenômeno da pejotização e a motivação tributária.* 25/04/2016. Disponível em: <http://idg.receita.fazenda.gov.br/dados/receitadata/

PLANEJAMENTO TRIBUTÁRIO

No citado estudo, a Receita Federal fez uma simulação, em termos quantitativos, da diferença existente entre a contratação de serviços intelectuais por meio de vínculo empregatício, considerando a incidência tributária sobre a pessoa física; e a contratação dos mesmos serviços prestados por pessoa jurídica, tributada com base no lucro presumido, apresentando o seguinte Gráfico e Conclusões:

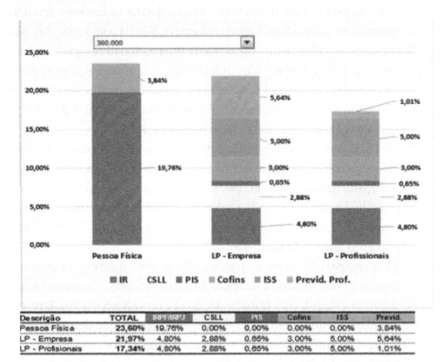

24. Nessa simulação, foi considerada a incidência do Imposto sobre a Renda da Pessoa Física e do Imposto sobre a Renda da Pessoa Jurídica (IRPF/IRPJ), da Contribuição Social sobre o Lucro Líquido (CSLL), da Contribuição para o PIS e da Cofins, do Imposto sobre Serviços de Qualquer Natureza (ISS) e dos encargos sociais do empregador: contribuição previdenciária patronal, depósito para o FGTS e encargos do Sistema S (Terceiros) e do Risco Ambiental do Trabalho (RAT).

estudos-e-tributarios-e-aduaneiros/estudos-e-estatisticas/estudos-diversos/o-fenomeno-da-
-pejotizacao-e-a-motivacao-tributaria.pdf/view>. Acesso em: 25. out. 2018.

25. Na faixa de renda equivalente a R$ 30.000 mensais, o peso dos tributos federais corresponde a 23,6% da renda bruta auferida pela pessoa física, na condição de empregado regularmente contratado. Caso esse profissional constitua uma pessoa jurídica (pejotização) e estabeleça um contrato de prestação de serviços com a empresa tomadora, a incidência tributária é reduzida para 17,34% (redução de 6,26%).

26. Na coluna central, onde está disposta a incidência sobre uma empresa prestadora de serviços normais (oficina mecânica, por exemplo), verifica-se que a mesma renda sofreria uma incidência correspondente a 21,97%, muito próxima da carga suportada pela pessoa física. Ou seja, para uma mesma faixa de renda, o modelo de tributação indica que não há diferença significativa entre o empregado pessoa física e uma pessoa jurídica prestadora de serviços. A distorção ocorre na comparação entre a pessoa física, contratada como empregado, e o profissional intelectual que presta o mesmo serviço como pessoa jurídica.

27. Pois bem, mas essa não é a única vantagem fiscal envolvida na pejotização. Há que se considerar que a empresa tomadora de serviços intelectuais, quando opta por contratar o prestador segundo o regime trabalhista – ou seja, estabelecer uma relação jurídica de emprego na acepção dada pela Consolidação das Leis Trabalhistas (CLT) –, deve suportar também o pagamento da contribuição previdenciária patronal (20%), dos encargos do Sistema S e do RAT (3%), do depósito para o FGTS (8%), além dos demais direitos (custos) trabalhistas que devem ser assegurados ao trabalhador, como décimo terceiro salário, férias, horas extras, vale-transporte, vale-alimentação, etc.

28. Por outro lado, caso a empresa tomadora dos serviços opte por contratar a pessoa jurídica constituída pelo profissional para prestar os mesmos serviços, ficará desincumbida dos encargos trabalhistas em 31% aproximadamente, além de simplificar a relação jurídica com o prestador, pela não necessidade de cumprir obrigações acessórias da legislação trabalhista.[421]

---

[421] MINISTÉRIO DA FAZENDA. Receita Federal.. *O fenômeno da pejotização e a motivação tributária*. 25/04/2016. Disponível em: <http://idg.receita.fazenda.gov.br/dados/receitadata/

PLANEJAMENTO TRIBUTÁRIO

Com base nesses dados, a Receita Federal concluiu que a vantagem tributária, responsável pela redução significativa do custo final do serviço, constitui a principal motivação, senão a única, para a utilização de pessoas jurídicas na prestação de serviços intelectuais de profissões regulamentadas, principalmente por trabalhadores com maior nível de renda, como os médicos, provocando um desequilíbrio financeiro[422], transparecendo sua preocupação com a arrecadação, pautada no dever de solidariedade social, e recrudescendo a fiscalização nas áreas que mais pejotizam, como a da medicina.[423]

Com vistas a discutir a questão da pejotização (ilícita) dos médicos, em 04/04/2017, o Conselho Regional de Medicina do Estado de Goiás (CREMEGO) reuniu-se com Delegado da Receita Federal que expôs dois pontos principais observados pela fiscalização, quais sejam, o planejamento tributário abusivo e o interesse individual da pejotização em detrimento do interesse coletivo. Nessa última situação, argumentou que a constituição de empresas tem como propósito benefícios coletivos, como empregabilidade e ampliação do atendimento da própria empresa; e não vantagens individuais, como a redução da alíquota do imposto devido, tendo em vista que o percentual pago pelo empregado é maior do que aquele recolhido por empresas.[424]

No caso de fiscalização dos médicos que prestaram serviços por meio de pessoas jurídicas, estes serão notificados a pagar a diferença da tributação decorrente da discrepância entre as alíquotas incidente sobre a pessoa jurídica e as que se aplicam à pessoa física. Em caso de reincidência, será aplicada multa de ofício de 75% a 150%, a depender da gravidade da situação, sendo que, no

---

estudos-e-tributarios-e-aduaneiros/estudos-e-estatisticas/estudos-diversos/o-fenomeno-da-
-pejotizacao-e-a-motivacao-tributaria.pdf/view>. Acesso em: 25. out. 2018.

[422] MINISTÉRIO DA FAZENDA. Receita Federal.. *O fenômeno da pejotização e a motivação tributária*. 25/04/2016. Disponível em: <http://idg.receita.fazenda.gov.br/dados/receitadata/ estudos-e-tributarios-e-aduaneiros/estudos-e-estatisticas/estudos-diversos/o-fenomeno-da-
-pejotizacao-e-a-motivacao-tributaria.pdf/view>. Acesso em: 25. out. 2018.

[423] SINDIMED/BA. Rigor na fiscalização acende sinal de alerta para a pejotização indiscriminada. *Revista 34 – Pejotização na mira da Receita Federal*. Disponível em: < http://www. sindimed-ba.org.br/wp-content/uploads/2016/10/Revista-34-Pejotiza%C3%A7%C3%A3o-
-na-mira-da-Receita-Federal.pdf>. Acesso em: 25 out. 2018.

[424] CONSELHO REGIONAL DE MEDICINA DO ESTADO DE GOIÁS. *"Pejotização" é discutida em reunião entre o Cremego e a Receita Federal*. 04/04/2017. Disponível em: < http:// www.cremego.org.br/index.php?option=com_content&view=article&id=27528:2017-04-
04-15-31-37&catid=3>. Acesso em: 25 out. 2018.

caso de a aplicação da multa se dar no percentual máximo, a autoridade fiscal é obrigada a encaminhar representação penal ao Ministério Público Federal para a apuração da prática de ilícito tributário.[425]

Ocorre que, sob o ponto de vista trabalhista – que repercute diretamente na esfera tributária – ante a heterogeneidade do mercado de trabalho, não mais restrito à divisão subordinação e autonomia, não há como presumir a existência de uma relação empregatícia – ou impô-la contra a vontade do trabalhador –, quando não revelada no contrato de trabalho. Somente havendo o indício de fraude para a descaracterização da condição de empregado (art. 3º, da CLT), com a consequente violação da legislação trabalhista, fiscal e previdenciária, é que a pessoa jurídica será desconsiderada, pelo Poder Judiciário em obediência ao princípio da primazia da realidade, para aplicação dos ônus legais decorrentes dessa relação. Caso contrário, em sendo a pessoa jurídica constituída de forma regular, calcada na livre iniciativa do profissional sem imposição de terceiro, assumindo os riscos econômicos pertinentes à pessoa jurídica (lucros e prejuízos) e agindo com total liberdade e autonomia, a pejotização é lícita.

No julgamento do Recurso de Revista 22300-30.2009.5.04.0025 pela 7ª Turma do Tribunal Superior do Trabalho, aplicando-se a primazia da realidade, a pejotização de médica pediatra foi considerada ilícita, tendo em vista a constatação dos requisitos do vínculo empregatício:

> MÉDICA PEDIATRA. TRABALHO EM HOSPITAL. "PEJOTIZA-ÇÃO". PRESSUPOSTOS DA RELAÇÃO DE EMPREGO. PRINCÍPIO DA PRIMAZIA DA REALIDADE. O Tribunal Regional, soberano na análise do conjunto probatório carreado aos autos, destacou que a prova oral corroborou "a conclusão acerca do procedimento de contratação de médicos por empresa interposta", evidenciando que "todos os materiais utilizados pela reclamante (estetoscópio, otoscópio, jaleco, material para sutura e curativo) eram fornecidos pela reclamada como afirmou o seu preposto." Ressaltou, ainda, a presença dos pressupostos

---

[425] SINDIMED/BA. Rigor na fiscalização acende sinal de alerta para a pejotização indiscriminada. *Revista 34 – Pejotização na mira da Receita Federal.* Disponível em: < http://www.sindimed-ba.org.br/wp-content/uploads/2016/10/Revista-34-Pejotiza%C3%A7%C3%A3o--na-mira-da-Receita-Federal.pdf>. Acesso em: 25 out. 2018.

PLANEJAMENTO TRIBUTÁRIO

da relação de emprego, porquanto "incontroversa a existência de onerosidade (...), bem como a não eventualidade na prestação de serviços" Especificamente quanto à subordinação, asseverou "que os protocolos de atendimento 'são elaborados pelos médicos com acompanhamento de algum representante do hospital, o qual deve endossar o protocolo", a caracterizar também a existência de fiscalização, concretizada pelo "acompanhamento do trabalho do médico e de reuniões". Evidenciou, ainda, que a prova "deixa clara a pessoalidade."[426]

Sobre a pejotização lícita, mostra-se interessante o julgamento proferido pela 3ª Turma do Tribunal Regional do Trabalho da 5ª Região no RO 0001466-25.2013.5.05.0611, em que o Ministério Público do Trabalho propôs Ação Civil Pública contra Vitalmed – Serviços de Emergência Médica Ltda., pleiteou a proibição de o estabelecimento de saúde contratar profissionais médicos, senão na qualidade de empregados, e não como autônomos ou sociedades médicas, uma vez que as normas trabalhistas são cogentes e aplicáveis independente da vontade das partes, bem como a rescisão dos contratos de prestação de serviços existentes, sob pena de multa pecuniária.

As razões do Acórdão pautadas na inexistência de subordinação entre os médicos e a contratante, bem como na sua liberdade de não desejar prestar os serviços na condição de empregado, valorizando o trabalho humano e a livre iniciativa, foram expostas com a seguinte fundamentação:

> Deste modo, considero não prosperar a argumentação do Ministério Público, lançada na manifestação antes transcrita, no sentido de querer forçar a recorrente e os médicos que lhe prestam serviços como autônomos a manterem relação de emprego que nenhuma das partes envolvidas deseja.
>
> A Constituição Federal em seu art. 1º, inciso IV e o Código Civil no art. 421 consagram os princípios da livre iniciativa e da liberdade de contratar.
>
> (...)

---

[426] RR 22300-30.2009.5.04.0025. 7ª Turma, TST. Rel. Cláudio Brandão. DJ 29/032017.

Deste modo, estes princípios somente se harmonizam, quando as partes, no uso da livre vontade, estipulam o contrato de forma justa e equitativa para ambas, não se utilizando dele para lesar terceiros, sonegar direitos trabalhistas ou causar desequilíbrio social.

Analisando-se o caso sob exame à luz destes fundamentos, verifica-se que, do ponto de vista individual, os médicos não sofrem nenhum dano pelo fato de terem sido contratados como autônomos e não como empregados. Conforme já ressaltado anteriormente, inclusive, eles declaram não desejar a última forma de contratação referida, pois esta lhes seria prejudicial, pois lhes retiraria a autonomia de que gozam atualmente.

Sob a óptica do interesse público, também, não enxergo lesão a interesse da coletividade. Não há contratação de empresa fornecedora de mão de obra com a consequente precarização das relações de trabalho. *Também não se pode cogitar em fraude à legislação trabalhista, pois não existe relação de subordinação entre os médicos e a recorrente, (...)*

(...)

Entendo, por estas razões não albergar qualquer tipo de ilicitude a contratação de médicos autônomos para o desenvolvimento de atuação em atividade fim da reclamada. O procedimento está protegido pelos princípios da livre iniciativa e da liberdade de contratar, assegurados na legislação vigente e que garantem ao empresário o direito de organizar o seu negócio da forma que melhor lhe convier, desde que isto não implique em violação da lei ou do contrato.

O entendimento contrário daria ensejo a uma solução desarrazoada de se obrigar quem não quer a ser empregado de outrem. Constituiria, ademais, uma ingerência descabida do Judiciário no direcionamento da atividade empresarial.[427]

(grifo nosso)

Raciocínio semelhante foi aplicado pela 2ª Turma do Tribunal Regional do Trabalho da 22ª Região que não reconheceu o vínculo empregatício entre o Hospital São Marcos e o médico que prestava seus serviços por meio de

---

[427] RO 0001466-25.2013.5.05.0611. 3ª Turma, TRT da 5ª Região. Rel. Heliana Neves da Rocha. DJ 01/12/2015.

PLANEJAMENTO TRIBUTÁRIO

pessoa jurídica, por própria opção, sem estar submetido aos requisitos da relação empregatícia, principalmente a subordinação, nos seguintes termos:

> Ressalte-se que não se estar a tratar de hipossuficiente, facilmente suscetível a coações, mas de cidadão com alto grau de instrução e formação que, além da profissão médica, ocupa alta patente militar (fl. 244).
>
> Destarte, o conjunto probatório existente nos autos afasta a existência de dependência econômica entre empregado e empregador, como é comum ocorrer na hipótese de relação de emprego, uma vez que a ocupação principal do Recorrente lhe proporciona renda considerável, mesmo superior à percebida da Recorrida, circunstância incompatível com a alegada coação.
>
> *Resta claro que, em verdade, a contratação na forma de pessoa jurídica foi mais benéfica para ambas as partes: a um, porque a Ré desonerou-se consideravelmente; a dois porque o Autor sobejava o valor quase integral da contraprestação remuneratória entregue através da Ré, eis que não submetida aos descontos do imposto de renda retido na fonte e do INSS.*
>
> Ainda, extrai-se do acordo firmado entre a Ré e o Ministério Público do Trabalho (id 217053f) que a contratação de médicos por meio de pessoa jurídica interposta só restaria proibida se houvesse efetivamente pessoalidade, não eventualidade e subordinação direta, o que não se revelou no presente feito.
>
> (...)
>
> Ante tais fundamentos, não vislumbro a presença dos elementos fático--jurídicos da relação empregatícia insculpidos no art. 3º da CLT, razão pelo qual julgo improcedentes os pedidos objeto da ação.[428]

Outro requisito observado na jurisprudência para reconhecer ou não o vínculo empregatício do médico refere-se à pessoalidade na prestação dos serviços, ou seja, que o serviço pode ser prestado apenas por aquele profissional, sem substituição, apresentando-se Acórdãos ementados que definem

---

[428] RO 0000297-45.2015.5.22.0001. 2ª Turma, TRT da 22ª Região. Rel. Giorgi Alan Machado Araújo. DJ 17/05/2016.

a questão de modos diferentes, em razão da realidade fática, com base nesse critério:

MÉDICO PLANTONISTA. RELAÇÃO DE EMPREGO INEXIS-
TENTE. AUTONOMIA. *Se o conjunto probatório dos autos corrobora* a tese defensiva de que, na prestação de serviços, o reclamante, *médico plantonista, atuava com autonomia, podendo fazer-se substituir ao seu exclusivo alvedrio*, bastando comunicar tal fato à diretoria do hospital, resta evidente a não configuração dos pressupostos caracterizadores do vínculo empregatício pretendido, sendo indevidas as parcelas postuladas a tal título.[429] (grifo nosso)

RELAÇÃO DE EMPREGO. MÉDICO. PESSOALIDADE. A pessoalidade exigida pelo artigo 3º como um dos pressupostos da relação de emprego resulta do fato de o empregado colocar à disposição do empregador sua energia psicofísica e não da infungibilidade da prestação de serviços. A organização empresarial comporta funções cujo exercício pressupõe qualificações relativamente homogêneas, o que torna normal a substituição de um empregado por outro, razão pela qual a prestação de serviços, embora intuitu personae, admite exceções temporárias, como, por exemplo, no caso de suspensão do contrato (afastamento por doença, parto, acidente, greve, etc). O simples fato de ocorrer a substituição da empregada médica por um colega do corpo clínico do hospital, em determinadas ocasiões, não evidencia a ausência da pessoalidade.[430]

Mostra-se importante ressaltar que a inserção da figura do autônomo exclusivo no ordenamento jurídico, por meio do art. 442-B da CLT (Lei 13.467/2017), introduziu a possibilidade de a prestação de serviços, principalmente os intelectuais, ser realizada por pessoa física ou jurídica – desde que constituída pela vontade do profissional e não por uma imposição –, mediante

---

[429] RO 00290-2010-143-03-00-1. TRT da 3ª Região, Turma Recursal de JF, Relator Des. Rogério Valle Ferreira. Data Publicação: 03/03/2011.

[430] RO 0000096-23.2011.5.03.0001. 7ª Turma, TRT da 3ª Região. Rel. Des. Convocada Maristela Iris S. Malheiros. Data Publicação 05/03/2012.

PLANEJAMENTO TRIBUTÁRIO

pessoalidade e continuidade, sem que configure vínculo empregatício. Nesse sentido, uma mudança de paradigma na análise de relações de trabalho, na qual a pessoalidade, em detrimento da jurisprudência anteriormente apresentada, não será determinante para a definição de uma relação empregatícia e os consectários dela decorrentes, mas sim a subordinação jurídica.

Inegavelmente, a previsão, primeiro da possibilidade de constituição de pessoas jurídicas para prestação de serviços intelectuais (art. 129, da Lei 11.196/05) e segundo, da figura do autônomo exclusivo (mesmo com regramento incipiente), atendendo às novas exigências do mercado de trabalho, pautadas em relações atípicas e alheias ao tradicional trabalho subordinado ou autônomo, imprime maior segurança jurídica às relações entabuladas entre médicos e hospitais, clínicas, planos de saúde, etc., que podem definir com clareza qual a melhor forma de prestação do serviço, seja porque o médico não quer ser subordinado – como relatado no acórdão julgado pelo TRT da 5ª Região –, seja porque as partes buscam vantagens financeiras, mediante a economia tributária.

O fato é que, não havendo fraude com vistas a mascarar uma relação trabalhista e tampouco imposição ao profissional para a criação de pessoa jurídica como a única forma de se posicionar no mercado, a prestação dos serviços médicos por meio de pessoa jurídica legalmente constituída é lícita, ainda que a sua única motivação seja tributária.

Sob o ponto de vista tributário, conforme defendido neste estudo, a estruturação da atividade com vistas a incorrer em menor ônus tributário não é reprovável, muito pelo contrário, está albergada pela ideia da livre iniciativa, da limitação do Estado de criar impedimentos ao desenvolvimento de qualquer atividade lícita e do direito e dever da eficiência.

Por isso, não nos parece plausível a conduta do Estado em censurar a constituição de pessoas jurídicas pelos profissionais liberais, quando essa conduta recebe proteção constitucional e legal, sob o argumento, fundado na solidariedade social, de que essa modalidade gera menos tributos do que aqueles que incidiriam no caso de os serviços serem prestados pela pessoa física[431], causando impacto na arrecadação e prejudicando os interesses da coletividade.

---

[431] MARTINS, Ives Gandra da Silva. A liberdade de criar empresa de profissionais e a norma antielisão. In: ANAN JÚNIOR, Pedro; PEIXOTO, Marcelo Magalhães (coord.). *Prestação de*

Não existe um dever altruístico de pagar tributo, uma vez que esse dever decorre da lei e, por isso, ninguém é obrigado a desenvolver sua atividade da forma mais onerosa sob a condição de atender o interesse coletivo em detrimento ao individual. Portanto, se a lei permite a constituição de pessoas jurídicas pelos prestadores de serviço intelectual, nele incluídos os médicos, esses, baseados na autonomia de vontade, auto-organização e no próprio interesse da formação de uma relação trabalhista autônoma e com custos, principalmente tributários, reduzidos, podem fazer essa opção, considerada perfeitamente lícita.

Os médicos, assim como os demais contribuintes, podem adotar condutas que tornem menos onerosos, sob o ponto de vista fiscal e respeitados os limites impostos pelo ordenamento jurídico, da melhor forma de prestar sua atividade, como mediante a criação de pessoa jurídica, conforme permite o art. 129, da Lei 11.196/05, inclusive sozinho – sem a necessidade de formar uma sociedade – por meio da constituição de EIRELI, sobre a qual se operará, a depender dos valores auferidos, vantagens tributárias, conforme será analisado.

4.2 Planejamento Tributário: da Constituição de EIRELI para a Prestação de Serviços Médicos

4.2.1 Da Constituição de EIRELI para a Exploração de Atividade Médica

A natureza da atividade médica é eminentemente intelectual, uma vez que o profissional se obriga, enquanto empregado, autônomo ou por meio de uma pessoa jurídica, a desempenhar um trabalho consciencioso e de acordo com as técnicas científicas disponíveis[432], resultado, exclusivamente, do seu esforço mental e conhecimento, independentemente de fatores de produção.[433]

---

serviços intelectuais por pessoas jurídicas: aspectos legais, econômicos e tributários. São Paulo: MP, 2008, p. 208.

[432] MELO, Nehemias Domingos de. *Responsabilidade Civil por Erro Médico:* doutrina e jurisprudência. 3. ed. São Paulo: Atlas, 2014, p. 75.

[433] MARCONDES, Sylvio. Questões de direito mercantil. 1. ed. São Paulo: Saraiva, 1977, p. 11 apud ANDRADE FILHO, Edamar Oliveira. Análise estrutural e teleológica do enunciado

Essa característica imprime o caráter personalíssimo, ou *intuitu personae*, ao serviço, cujo objeto, por sua natureza e especificidade, será atendido apenas quando executado pelo prestador de serviço contratado.

Desse modo, predominando a característica intelectual de natureza científica, a atividade médica, quando prestada mediante a constituição de pessoa jurídica, de acordo com o art. 966, do CC/02, é concebida como sociedade simples ou não empresária, exceto quando for um componente do serviço oferecido pela empresa.

No que tange às sociedades médicas, segue exemplo esclarecedor sobre a constituição de sociedade simples ou empresária emitido por José Edwaldo Tavares Borba:

> O trabalho intelectual seria um elemento de empresa quando representasse um mero componente, às vezes até o mais importante, do produto ou serviço fornecido pela empresa, mas não esse produto ou serviço em si mesmo.
>
> A casa de saúde ou o hospital seriam uma sociedade empresária porque, não obstante o labor científico dos médicos seja extremamente relevante, é esse labor apenas um componente do objeto social, tanto que um hospital compreende hotelaria, farmácia, equipamentos de alta tecnologia, além de salas de cirurgia e de exames com todo um aparato de meios materiais.
>
> Uma clínica médica, ou um laboratório de análises clínicas (uniprofissional ou não), compostos por vários profissionais sócios e contratados, ainda que dotados de uma estrutura organizacional, mas cujo produto fosse o próprio serviço médico, que se exerceria através de consultas, diagnósticos e exames, e que portanto teriam no exercício de profissão de natureza intelectual a base de sua atividade, seriam evidentemente uma sociedade simples.

do art. 129 da Lei nº 11.196/05. In: ANAN JÚNIOR, Pedro; PEIXOTO, Marcelo Magalhães (coord.). *Prestação de serviços intelectuais por pessoas jurídicas:* aspectos legais, econômicos e tributários. São Paulo: MP, 2008, p. 509.

No primeiro caso (o hospital), o trabalho intelectual é uma elemento da empresa (um componente); no segundo caso (a clínica médica), o trabalho intelectual é o próprio serviço oferecido pela sociedade.[434]

Desse modo, a norma que determina que a exploração da atividade médica seja concebida como sociedade simples parte do pressuposto de que o seu produto (realização de bens ou serviços) não se dá pela organização dos fatores de produção, mas pelos fatores intelectuais dos seus executores, pautados na pessoalidade de seus sócios, tanto entre si (*affectio societatis*), quanto na identificação da própria sociedade a partir deles e das suas referências profissionais, elementos que constituem o seu objeto social.

Por essa razão, Leandro Paulsen e Lucas Martins Dias entendem que, mesmo que a sociedade médica se estruture com um dos tipos societários, previstos no art. 983, do CC/02[435], próprios das sociedades empresárias (tais como: sociedades limitadas ou sociedades anônimas), por mais que implique na adoção de regras societárias distintas[436], não altera a sua natureza e classificação não empresarial, em razão de o seu objeto estar pautado nas premissas da atividade intelectual.[437] Nesse sentido:

> (...) para as sociedades médicas, em razão do tipo societário a que pertencem, independente da adoção de outras estruturas societárias, a natureza jurídica das suas atividades econômicas irão sempre

[434] BORBA, José Edwaldo Tavares. *Sociedades Simples e Empresárias* – Parecer. ago./2003. Disponível em: < http://www.irtdpjminas.com.br/rtds/sociedade_simples_empresarias_jose_edwaldo.pdf>. Acesso em: 24 out. 2018.

[435] Art. 983. A sociedade empresária deve constituir-se segundo um dos tipos regulados nos arts. 1.039 a 1.092; a sociedade simples pode constituir-se de conformidade com um desses tipos, e, não o fazendo, subordina-se às normas que lhe são próprias.

[436] Se a sociedade simples adotar o tipo limitada deverá obedecer, quanto ao registro a norma insculpida no art. 1.150, do CC/02: Art. 1.150. O empresário e a sociedade empresária vinculam-se ao Registro Público de Empresas Mercantis a cargo das Juntas Comerciais, e a sociedade simples ao Registro Civil das Pessoas Jurídicas, o qual deverá obedecer às normas fixadas para aquele registro, se a sociedade simples adotar um dos tipos de sociedade empresária.

[437] PAULSEN, Leandro; DIAS, Lucas Martins. Tributação das Sociedades Médicas. In: HARET, Florence; MENDES, Guilherme Adolfo (coord.). *Tributação na Saúde*. Ribeirão Preto: Altai, 2013, p. 45 e 50.

PLANEJAMENTO TRIBUTÁRIO

apresentar como primordial o intelecto dos seus sócios, ficando em segundo plano a necessidade de investimento de capitais para o acréscimo e incremento das atividades a que se dispõe como sociedade. Sobre esta condição desencadeiam-se inúmeras outras questões que, até então, foram pouco abordadas pela doutrina.

(...)

Para tanto, (...) considera-se que não há quaisquer objeções em relação à manutenção da preponderância da intelectualidade nestas sociedades médicas. Logo, conclui-se que, nesses casos, a adoção de um tipo societário empresarial pelas sociedades médicas não modificará a sua classificação como sociedade simples, pois existem apenas as sociedades simples com as atividades que lhe são peculiares e atribuídas por lei, justamente em razão dessa prevalência do capital intelectual.

Assim sendo, independente das sociedades médicas serem compostas por poucos ou muitos sócios, e ainda que venham a adotar a formatação societária em seu contrato social, essas sociedades, enquanto exercerem atividades exclusivamente correlacionadas à medicina, manter-se-ão sob a condição imperativa de que seu capital intelectual sobrepõe-se ao pecuniário e, por tal razão, serão consideradas como sociedades simples até sua liquidação total.[438]

No mesmo sentido, Nelson Nery Júnior e Rosa Maria Andrade Nery expõem que "a opção pelo tipo empresarial não afasta a natureza simples da sociedade"[439], corroborando o entendimento de que os serviços intelectuais se sobressaem ao capital. Por isso, a não ser que constitua elemento da empresa, a natureza da organização da atividade médica, enquanto pessoa jurídica, será simples.

Do mesmo modo, relacionado aos outros segmentos, antes da existência da Lei 12.441/11, os médicos que desejavam alcançar a otimização da carga tributária, mediante a prestação dos seus serviços por meio de pessoa jurídica,

---

[438] PAULSEN, Leandro; DIAS, Lucas Martins. Tributação das Sociedades Médicas. In: HARET, Florence; MENDES, Guilherme Adolfo (coord.). *Tributação na Saúde*. Ribeirão Preto: Altai, 2013, p. 50.

[439] NERY JÚNIOR, Nelson; ANDRADE NERY, Rosa Maria. *Código Civil anotado e legislação extravagante*. 2. ed. São Paulo: RT, 2003, p. 518.

possuía como alternativa a associação com outra ou outras pessoas, criando uma sociedade simples (pura, em que a responsabilidade é ilimitada, respondendo com o próprio patrimônio, caso os bens da sociedade não fossem suficientes para cobrir eventual débito – art. 1.023, do CC/02; ou limitada, vista como mais vantajosa, em razão da separação do patrimônio da sociedade e dos sócios), muitas das vezes com um sócio fictício, apenas para cumprir a formalidade de sua criação.

Assim, sob o ponto de vista fiscal, com vistas à redução da carga tributária sobre os serviços médicos prestados, não era possível a esses profissionais atuarem sozinhos, na condição de empresários individuais[440] – equiparados às pessoas jurídicas para efeitos de Imposto de Renda, com tributação menor, portanto –, tendo em vista que o art. 162, § 2º, I, do Decreto 9.580/2018 (correspondente ao art. 150, § 2º, I, do Decreto nº 3.000/99 – Revogado), os exclui desse enquadramento, sujeitando-os à tributação própria da pessoa física. Por isso, a constituição de uma sociedade (de natureza simples), especialmente limitada, é vantajosa.

Ocorre que a Lei 12.441/11 inaugurou um cenário diferente, ao permitir a criação de EIRELI para prestação de serviço de qualquer natureza, o que inclui os intelectuais, nos quais estão abrangidos os serviços médicos, levantando os seguintes questionamentos: i)- a EIRELI pode ter natureza simples, decorrente da exploração de atividades intelectuais, ou pode ter somente natureza empresarial?; ii)- sob o ponto de vista jurídico-tributário, as personalidades jurídicas da empresa individual e da empresa individual de responsabilidade limitada são equivalentes? iii)- Os profissionais médicos podem atuar sozinhos, mediante a constituição de EIRELI para submeterem-se ao tratamento próprio das pessoas jurídicas ou estão igualmente excluídos dessa regra, em razão do impedimento de ser empresários individuais?

Sobre a primeira questão, levada à análise da Receita Federal e conforme explicitado anteriormente, a Nota Cosit nº 446, de 16 de dezembro de 2011, emitida pela Coordenação-Geral de Tributação, concluiu que a EIRELI pode

---

[440] Conforme art. 162, § 1º, II, do Decreto 9.580/2018, são empresas individuais: II – as pessoas físicas que, em nome individual, explorem, habitual e profissionalmente, qualquer atividade econômica de natureza civil ou comercial, com o fim especulativo de lucro, por meio da venda a terceiros de bens ou serviços (Lei nº 4.506, de 1964, art. 41, § 1º, alínea "b"; e Decreto-Lei nº 5.844, de 1943, art. 27, § 1º).

ter natureza empresária (levada a registro nas Juntas Comerciais) ou natureza simples (levada a registro no Cartório de Registro Civil de Pessoas Jurídicas), sendo que o empreendedor pode optar pela modalidade que melhor atenda a seus critérios de atuação, disponibilizando inclusive códigos diferentes para cadastro do CNPJ. Com esse entendimento, aponta a compatibilidade da EIRELI com o desenvolvimento de atividade intelectual.[441]

Acerca da segunda indagação, cuja conclusão complementa e decorre logicamente da anterior, já analisada previamente, a Receita Federal, por meio da Solução de Consulta Interna nº 19 Cosit da Coordenação-Geral de Tributação, de 13 de agosto de 2013, entendeu que a EIRELI não se confunde com as pessoas físicas consideradas empresas individuais, com base no art. 150, § 1º, I e II, do RIR/99 (atual art. 162, § 1º, I e II, do Decreto nº 9.580/2018), para fins de equiparação às pessoas jurídicas, uma vez que a EIRELI, de acordo com o art. 44, VI, do CC/02, é pessoa jurídica e, por isso, terá o tratamento tributário pertinente a essa natureza.[442]

Constatado que as personalidades jurídicas da empresa individual e da empresa individual de responsabilidade limitada são distintas, resta evidenciar se, em razão da exclusão, dentre outras, da profissão do médico, do enquadramento como empresa individual, conforme previsto no art. 162, § 2º, I, do Decreto 9.580/2018, também está impedido de constituir EIRELI, ou seja, se as vedações para o enquadramento como empresa individual são aplicáveis à constituição da EIRELI, sujeitando o profissional à tributação própria das pessoas físicas.

Essa dúvida, elaborada por uma pessoa jurídica de direito privado prestadora de serviços médicos em âmbito hospitalar e ambulatorial, foi esclarecida pela Receita Federal, por meio da Solução de Consulta nº 131 da Superintendência Regional da Receita Federal – SRRF / 9ª RF, em 07 de agosto de 2013; e da Solução de Consulta nº 272 Cosit da Coordenação-Geral de Tributação, em 26 de setembro de 2014, que considerou inexistir qualquer impedimento legal para que a EIRELI explore, individualmente, atividade médica, submetendo-se à tributação pertinente às pessoas jurídicas, uma vez que possui essa natureza, colacionadas, respectivamente:

---

[441] MINISTÉRIO DA FAZENDA. Receita Federal. *Nota da Coordenação-Geral de Tributação nº 446*, de 16 de dezembro de 2011.

[442] MINISTÉRIO DA FAZENDA. Receita Federal. *Solução de Consulta nº 19/2013 da Coordenação-Geral de Tributação* – COSIT, de 13 de agosto de 2013.

ASSUNTO: IMPOSTO SOBRE A RENDA DE PESSOA JURÍDICA – IRPJ

PROFISSIONAL LIBERAL. EIRELI.

Embora o art. 150 do Decreto nº 3.000, de 1999 (RIR/99) não permita que um profissional liberal (médico, no caso) possa ser enquadrado como "empresa individual" (Código Civil, art. 966, parágrafo único), é-lhe possível o enquadramento como EIRELI (empresa individual de responsabilidade limitada – Código Civil, art. 980-A).

O art. 980-A do Código Civil não alterou a legislação tributária, mas tão-somente a forma de constituição de uma pessoa jurídica relativamente à proteção (separação) patrimonial desta em relação ao seu único responsável, diferentemente do que ocorre com o empresário individual.[443]

ASSUNTO: IMPOSTO SOBRE A RENDA DE PESSOA JURÍDICA – IRPJ

A EIRELI se caracteriza efetivamente como uma pessoa jurídica e não como uma pessoa física equiparada à jurídica.

Não existe qualquer impedimento legal a que a EIRELI explore, individualmente, a atividade médica.[444]

No mesmo sentido, a Solução de Consulta nº 15 Cosit da Coordenação-Geral de Tributação, em 23 de fevereiro de 2015, respondeu a questão levantada por contador, profissional lançado, ao lado do médico, no rol de proibição para desenvolver sua atividade como empresário individual (art. 162, § 2º, I, do Decreto 9.580/2018), emitindo entendimento semelhante ao anterior, sob o argumento de que o § 5º, do art. 980-A, do CC/02 abriu a possibilidade para que as empresas individuais, constituídas sob a forma de responsabilidade

---

[443] MINISTÉRIO DA FAZENDA. Receita Federal. *Solução de Consulta nº 131 da Superintendência Regional da Receita Federal – SRRF / 9ª RF*, de 07 de agosto de 2013.

O art. 150, do Decreto nº 3.000/99 corresponde ao art. 162, do Decreto nº. 9.580/2018 – Regulamento do Imposto sobre a Renda e Proventos de Qualquer Natureza.

[444] MINISTÉRIO DA FAZENDA. Receita Federal. *Solução de Consulta nº 272 Cosit*, de 26 de setembro de 2014.

limitada, tenham suas receitas tributadas como pessoas jurídicas, nos seguintes termos:

ASSUNTO: IMPOSTO SOBRE A RENDA DE PESSOA JURÍDICA – IRPJ
SERVIÇOS PROFISSIONAIS – PRESTAÇÃO POR SOCIEDADE, POR EMPRESÁRIO INDIVIDUAL OU POR EMPRESA INDIVIDUAL DE RESPONSABILIDADE LIMITADA – EIRELI -. FORMA DE TRIBUTAÇÃO.

Os serviços profissionais (no caso, de contador), em caráter personalíssimo ou não, com ou sem a designação de quaisquer obrigações a sócios ou empregados, se sujeitam à legislação tributária aplicável às pessoas jurídicas se forem prestados por uma sociedade. Se prestados individualmente por pessoa física, ainda que cadastrada no CNPJ como empresária individual, se sujeitam à legislação tributária aplicável às pessoas físicas, mesmo que possua estabelecimento em que desenvolve suas atividades e emprega auxiliares. *Entretanto, se constituída sob a forma de empresa individual de responsabilidade limitada – EIRELI –, conforme estabelecido pelo art. 980-A da Lei 10.406/2002 – Código Civil Brasileiro, terá suas receitas tributadas nos moldes das demais pessoas jurídicas.*[445] (grifo nosso)

Desse modo, contata-se que há uma permissão legal, inclusive interpretada favoravelmente a partir dos entendimentos externados pela Receita Federal sobre o assunto, para que o médico, pautado na autonomia de sua vontade e escolha de um regime tributário mais favorável, constitua-se em uma EIRELI para submeter a prestação de seus serviços à incidência própria às pessoas jurídicas e mais favorável do que a aplicável às pessoas físicas, sem a obrigatoriedade de associar-se a outras pessoas para usufruir desse regime.

---

[445] MINISTÉRIO DA FAZENDA. Receita Federal. *Solução de Consulta nº 15 Cosit*, de 23 de fevereiro de 2015.

4.2.2 Constituição e Registro da EIRELI Prestadora de Serviços Médicos

A criação da EIRELI está condicionada à elaboração do Ato Constitutivo, assinado por seu titular ou representante, no qual estarão contempladas cláusulas obrigatórias e facultativas, adaptadas conforme as peculiaridades e interesses do titular.

Conforme as orientações do Manual de Registro de Empresa Individual de Responsabilidade Limitada – EIRELI, elaborado pelo Departamento de Registro Empresarial e Integração em 2017[446], o ato constitutivo da EIRELI deve conter, no mínimo, preâmbulo, corpo do ato constitutivo com as cláusulas obrigatórias e fecho.

No preâmbulo, deve constar a qualificação do titular da empresa ou do seu representante, com a indicação: do nome civil por extenso; nacionalidade; estado civil (se for o caso, a união estável); data de nascimento, se solteiro; profissão; documento de identidade, número e órgão expedidor/UF; CPF e endereço.

No corpo do Ato Constitutivo, as cláusulas obrigatórias, conforme art. 980-A e §§ c/c art. 1.054 e art. 997, todos do CC/02, devem contemplar: nome empresarial; capital, expresso em moeda corrente; declaração de integralização de todo o capital (art. 980-A do Código Civil); endereço da sede, bem como o endereço das filiais, quando houver; declaração precisa e detalhada do objeto da empresa; prazo de duração da empresa; data de encerramento do exercício social, quando não coincidente com o ano civil; a(s) pessoa(s) natural(is) incumbida(s) da administração da empresa, e seus poderes e atribuições; qualificação do administrador, caso não seja o titular da empresa; e declaração de que o seu titular não participa de nenhuma outra empresa dessa modalidade, se o titular for pessoa natural.

No fecho, constará: localidade e data, nome do titular pessoa natural e assinatura.

---

[446] DEPARTAMENTO DE REGISTRO EMPRESARIAL E INTEGRAÇÃO. *Manual de Registro de Empresa Individual de Responsabilidade Limitada – EIRELI*. Brasília/DF, 2017. Disponível em: <http://www.mdic.gov.br/images/REPOSITORIO/SEMPE/DREI/INs_EM_VIGOR/ANEXOS/Anexo-V-IN-38-2017-Manual-de-Registro-EIRELI---alterado-pela-IN-40-2017--16abr18.doc.pdf>. Acesso em: 25 out. 2018.

O capital da EIRELI deve ser inteiramente integralizado no valor mínimo correspondente a 100 (cem) vezes o maior salário mínimo vigente no país, não havendo necessidade de atualização do capital quando houver mudanças no valor instituído pelo Governo Federal. Podem ser utilizados para a integralização do capital quaisquer bens passíveis de avaliação em dinheiro, sendo vedada a contribuição ao capital com prestadas de serviços. O objeto social, que deve ser preciso e claro quanto às atividades a ser desenvolvidas, será descrito por meio do Código integrante da estrutura da Classificação Nacional de Atividades Econômicas – CNAE: 8630-5/03 "ATIVIDADE MÉDICA AMBULATORIAL RESTRITA A CONSULTAS", que abrange as atividades de consultas e tratamentos médicos prestados a pacientes externos e exercidos em consultórios, ambulatórios, postos de assistência médica, clínicas médicas, clínicas oftalmológicas e policlínicas, consultórios privados em hospitais, clínicas de empresas, centros geriátricos, bem como realizadas no domicílio do paciente e de unidades móveis fluviais equipadas apenas de consultório médico e sem leitos para internação.[447]

A administração da EIRELI poderá ser exercida por uma ou mais pessoas, conforme designado no ato constitutivo, podendo ser o titular ou não. No caso de não ser titular, o administrador será investido no cargo, mediante aposição da sua assinatura no ato constitutivo em que foi nomeado. No caso da EIRELI prestadora de serviços médicos, a função de responsável técnico da empresa, obrigatoriamente, será exercida por médico.[448]

Conforme explicitado anteriormente, em razão de o serviço médico ser caracterizado como atividade intelectual, geralmente, a EIRELI será registrada perante o Cartório de Registro de Pessoa Jurídica, em razão de sua natureza simples. Mas, ao contrário, se o serviço for apenas elemento da empresa, a EIRELI terá natureza empresarial e o registro deverá ser realizado perante a

---

[447] INSTITUTO BRASILEIRO DE GEOGRAFIA E ESTATÍSTICA – IBGE. Comissão Nacional de Classificação – CONCLA. Disponível em: < https://concla.ibge.gov.br/busca--online-cnae.html?subclasse=8630503&tipo=cnae&versao=9&view=subclasse>. Acesso em: 25 out. 2018.

[448] Art. 5º c/c Art. 6º, a, da Resolução CFM nº 1.980/2011. Fixa regras para cadastro, registro, responsabilidade técnica e cancelamento para as pessoas jurídicas, revoga a Resolução CFM nº 1.971, publicada no D.O.U. de 11 de julho de 2011 e dá outras providências. Disponível em: < https://sistemas.cfm.org.br/normas/visualizar/resolucoes/BR/2011/1980>. Acesso em: 25 out. 2018.

Junta Comercial. Deverá ainda providenciar sua inscrição perante a Receita Federal pelo Código 231-3 (EIRELI simples) ou Código 230-5 (EIRELI empresária) para obtenção do CNPJ e perante o respectivo Município, para fins de tributação, obtenção de licença de funcionamento e alvará da Vigilância Sanitária.

Entretanto, o registro perante esses órgãos não determina a conclusão do procedimento para o exercício regular da profissão médica por meio da EIRELI, tendo em vista a obrigatoriedade de sua inscrição perante o respectivo Conselho Regional de Medicina – CRM, de acordo com as normas emanadas pelo Conselho Federal de Medicina – CFM, previstas na Resolução CFM nº 1.980/2011.[449]

O registro da EIRELI perante o respectivo CRM será requerido pelo médico responsável técnico da empresa, devendo constar as seguintes informações e documentações, estabelecidas pelo art. 6º, da Resolução CFM 1.980/2011:

Art. 6º No requerimento devem constar as seguintes informações:
a) Relação de médicos componentes do corpo clínico, indicando a natureza do vínculo com a empresa, se associado ou quotista, se contratado sob a forma da legislação trabalhista ou sem vínculo;
b) Número de leitos;
c) Nome fantasia, caso haja;
d) Nome e/ou razão social;
e) Endereço completo;
f) Natureza jurídica;
g) Tipo de estabelecimento (hospital, clínica, laboratório, dentre outros);
h) Capital social;
i) Especialidades desenvolvidas;
j) Nome e número de CRM do médico responsável técnico;
k) Nome e número de CRM do médico diretor clínico eleito, caso haja;
l) Qualificação do corpo societário;

---

[449] Resolução CFM nº 1.980/2011. Fixa regras para cadastro, registro, responsabilidade técnica e cancelamento para as pessoas jurídicas, revoga a Resolução CFM nº 1.971, publicada no D.O.U. de 11 de julho de 2011 e dá outras providências. Disponível em: < https://sistemas. cfm.org.br/normas/visualizar/resolucoes/BR/2011/1980>. Acesso em: 25 out. 2018.

PLANEJAMENTO TRIBUTÁRIO

m) Qualificação do responsável pela escrita fiscal;

n) Número de inscrição no CNPJ do Ministério da Fazenda;

o) Licença de funcionamento da prefeitura municipal, de acordo com a legislação local;

p) Alvará da vigilância sanitária.

Parágrafo primeiro. O requerimento a que se refere o "caput" do art. 6º deste anexo deverá ser instruído, no mínimo, com as seguintes documentações:

a) Instrumento de constituição (contrato social, estatuto, ata de fundação, dentre outros);

b) Cópia do cartão de inscrição no CNPJ do Ministério da Fazenda;

c) Alteração do instrumento de constituição, caso haja;

d) Comprovante de pagamento das taxas de inscrição, anuidade e certificado;

e) Ata da eleição do diretor clínico e comissão de ética, quando for o caso;

f) Alvará da vigilância sanitária;

g) Licença da prefeitura municipal para funcionamento.[450]

Como decorrência natural da exploração da atividade médica por EIRELI, o seu responsável técnico deverá ser médico, que assume, perante o CRM, a inteira responsabilidade pelos dados declarados no requerimento de inscrição, bem como pela parte técnica do estabelecimento. Ressalte-se que o responsável ou diretor técnico da pessoa jurídica que presta serviços de saúde especializados, necessariamente, deve ostentar o título de especialista na área médica respectiva, conforme o art. 1º, da Resolução CFM nº 2.007/ 2013:

> Art. 1º Para o médico exercer o cargo de diretor técnico ou de supervisão, coordenação, chefia ou responsabilidade médica pelos serviços assistenciais especializados é obrigatória a titulação em especialidade

---

[450] Resolução CFM nº 1.980/2011. Fixa regras para cadastro, registro, responsabilidade técnica e cancelamento para as pessoas jurídicas, revoga a Resolução CFM nº 1.971, publicada no D.O.U. de 11 de julho de 2011 e dá outras providências. Disponível em: < https://sistemas. cfm.org.br/normas/visualizar/resolucoes/BR/2011/1980>. Acesso em: 25 out. 2018.

médica, registrada no Conselho Regional de Medicina (CRM), conforme os parâmetros instituídos pela Resolução CFM nº 2.005/2012.[451]

Destaque-se que o Conselho Federal de Medicina, instado a se manifestar em pedido de esclarecimento formulado pelo Conselho Regional de Medicina do Amazonas – CRM/AM, sobre a necessidade de o titular da EIRELI ser a mesma pessoa do responsável técnico, ou seja, se somente médico pode constituir EIRELI, informou, por meio do Despacho SEJUR nº 280/2014, de 21/10/2014, que a legislação permite que a EIRELI possa ser administrada por titular e/ou não titular, exigindo-se, para o caso de pessoas jurídicas que prestem atividades médicas, que o administrador, independente de ser titular ou não, seja necessariamente médico. Nessa oportunidade, o CFM frisou que a EIRELI é uma realidade prevista na lei e, por essa razão, os Conselhos de Medicina não devem criar obstáculos que inviabilizem o livre exercício da profissão e da atividade econômica, adequando seu sistema às regras legais previstas para a constituição da EIRELI[452], emitindo a conclusão:

a) Não há obrigatoriedade de a pessoa física titular da pessoa jurídica denominada EIRELI ser médico, porém, necessariamente, deverá haver a indicação de profissional médico no momento do registro da entidade junto ao SIEM, o qual assumirá perante o CRM a inteira responsabilidade pelos dados declarados no requerimento de inscrição, bem como pela parte técnica do estabelecimento.

b) O médico responsável técnico da EIRELI poderá ser associado, quotista ou mesmo empregado, com vínculo regido pela legislação trabalhista;

c) Deve-se promover a alteração do sistema de registro da pessoa jurídica junto ao CRM para permitir a inclusão da EIRELI nos casos em que

---

[451] Resolução CFM nº 2.007/2013. Dispõe sobre a exigência de título de especialista para ocupar o cargo de diretor técnico, supervisor, coordenador, chefe ou responsável médico dos serviços assistenciais especializados. Disponível em: <http://www.portalmedico.org.br/resolucoes/cfm/2013/2007_2013.pdf>. Acesso em: 25 out. 2018.

[452] CONSELHO FEDERAL DE MEDICINA. Despacho SEJUR nº 280/2014, de 21/10/2014. Disponível em: <http://www.portalmedico.org.br/notasdespachos/CFM/2014/280_2014.pdf>. Acesso em: 25 out. 2018.

PLANEJAMENTO TRIBUTÁRIO

o titular da pessoa jurídica não seja médico, mas indique profissional médico para ocupar a função de responsável técnico.

Desse modo, cumpridas todas as formalidades para a constituição e registro da EIRELI, tem-se por admitida a viabilidade do exercício da profissão médica por meio da pessoa jurídica, no qual, dentre outros aspectos, concebe o tratamento tributário em condições diferenciadas e mais vantajosas a esses profissionais, em razão da tributação na pessoa jurídica ao invés daquela aplicável à física.

4.2.3 Vantagens Tributárias da Constituição de EIRELI: Comparativo da Tributação do Médico como Pessoa Física e Jurídica

A vantagem do profissional de saúde deixar de atuar como pessoa física para atuar como pessoa jurídica, de modo geral, resulta, basicamente, da redução dos custos com o Imposto de Renda e a Contribuição Previdenciária. No que tange ao Imposto de Renda, há uma tendência de ampliação desse benefício à medida que o rendimento bruto do profissional cresce para a maior faixa de tributação dentro da Tabela Progressiva, que prevê a alíquota máxima de 27,5%.[453]

As críticas para a prestação dos serviços por meio de pessoa jurídica estão assentadas no fato de que esses profissionais, embora tenham a economia tributária durante o vínculo contratual, perdem todos os direitos trabalhistas, como hora extra, adicional noturno, 13º salário, férias, FGTS, etc. e, em eventual desligamento da empresa, restam prejudicados pela falta de recebimento das verbas rescisórias.

Por isso, a escolha do profissional em constituir pessoa jurídica para a prestação do serviço médico deve estar atenta ao fato de o valor da contraprestação estabelecido no contrato englobar – ou pelo menos se aproximar – aqueles, referentes às verbas trabalhistas, que deixa de receber caso fosse empregado, bem como os custos pela manutenção da estrutura da pessoa

---

[453] LEMOS, Alexandre Marques Andrade. *Tributação da Atividade de Saúde*. 1. ed. Salvador: Open Treinamentos Empresariais e Editora, 2012, p. 176-177.

jurídica (contabilidade, emissão de nota fiscal, tributação, contratação de substituto para períodos de férias, etc.). Dessa forma, se o valor pago para o serviço prestado como empregado for idêntico ao oferecido como remuneração para o serviço prestado como pessoa jurídica, essa escolha não compensa, tendo em vista o prejuízo dos diversos encargos sociais a que o profissional faria *jus* como empregado.

Assim é que a contratante deve partilhar uma parcela de seus ganhos com o contratado, compensando, no valor da remuneração, aqueles que seriam desembolsados, principalmente, com os custos trabalhistas e tributários, já que deixa de recolhê-los, uma vez que não é razoável cogitar que o profissional da saúde aceite a substituição do modelo tradicional de emprego, abrindo mão de todos os direitos inerentes a uma relação empregatícia, por uma relação entre pessoas jurídicas apenas em nome da redução de sua carga tributária.

Na dissertação desenvolvida por Maria Amélia Lira de Carvalho sobre a pejotização dos médicos, os profissionais entrevistados reconheceram que as contratações como pessoa jurídica ocorrem em valores superiores do que os pagos aos empregados, que chegam a ser admitidos pela metade do valor recebido pelas pessoas jurídicas prestadoras de serviços[454], sendo interessante o posicionamento de um entrevistado:

> (...) não me importa a formalidade da contratação – se por PJ ou como empregado, porque tudo depende de acordo entre as partes. Se você sabe fazer conta você transforma sua PJ em CLT e vice versa (entrevistado nº 6).[455]

Realmente, a manifestação desse médico entrevistado naquela ocasião não poderia ser mais acertada, em razão de a escolha do profissional, além do aspecto de querer manter sua autonomia e não se vincular a uma relação subordinada, estar condicionada à verificação das vantagens financeiras de

---

[454] CARVALHO, Maria Amélia Lira de. *Pejotização e Descaracterização do contrato de emprego:* o caso dos médicos em Salvador. Dissertação (Mestrado em Políticas Sociais e Cidadania) – Universidade Católica de Salvador. Salvador, p. 154. 2010, p. 109.

[455] CARVALHO, Maria Amélia Lira de. *Pejotização e Descaracterização do contrato de emprego:* o caso dos médicos em Salvador. Dissertação (Mestrado em Políticas Sociais e Cidadania) – Universidade Católica de Salvador. Salvador, p. 154. 2010, p. 98.

deixar de ser empregado para prestar seus serviços por meio de uma pessoa jurídica.

Sob essa perspectiva, o médico deve analisar qual o valor será pago a título de salário ou remuneração, de forma a ter condições de comparar a incidência tributária e previdenciária pertinente a cada forma de prestação de serviço, seja como empregado, autônomo[456] ou pessoa jurídica, conforme abaixo descrito em resumo:

Empregado	Autônomo	Pessoa Jurídica (EIRELI)***
INSS – 8% a 11% IRPF – 7,5% a 27,5%*	INSS – 20% IRPF – 7,5% a 27,5% ISS – 2% a 5%**	IRPJ – 4,8% CSLL – 2,88% COFINS – 3% PIS – 0,65% ISS – 2% a 5%** INSS – 11%****

*De acordo com a tabela progressiva do Imposto de Renda Pessoa Física.

**A alíquota do ISS varia de acordo com a legislação municipal.

***Alíquotas apresentadas conforme regime de apuração pelo lucro presumido com base de cálculo de 32%, uma vez que, para essa circunstância, não é aplicável a base reduzida de 8%.

****Somente se houver o pagamento de pró-labore, o sócio é segurado obrigatório na condição de contribuinte individual, conforme art. 11, V, f, da Lei 8.213/91. Havendo a escolha pela distribuição de lucros, não há incidência de contribuição previdenciária.

Fonte: Preparado pela Autora

Desse modo, visando à apresentação dos custos tributários e previdenciários para a atividade médica, a depender da remuneração e do vínculo estabelecido, realizaremos abaixo três simulações, considerando o profissional que recebe R$ 6.000,00 (seis mil reais); R$ 12.000,00 (doze mil reais) e R$ 24.000,00 (vinte e quatro mil reais), de modo a se ter uma compreensão do impacto financeiro da escolha realizada para a prestação do serviço: como empregado, autônomo ou por meio de pessoa jurídica. Cumpre ressaltar que, nesses exemplos, não foram quantificados os encargos sociais pertinentes à relação trabalhista – que devem ser avaliados pelo profissional na definição

---

[456] O autônomo exclusivo pode se inserir no mercado tanto como pessoa física como pessoa jurídica.

da remuneração no momento da contratação para não restar prejudicado –, bem como os custos de manutenção da pessoa jurídica, atendo os cálculos à incidência tributária e previdenciária.

Ademais, esses valores ilustrativos foram definidos, considerando o teto máximo da previdência social (R$ 5.645,80), para que sejam aplicadas as alíquotas máximas, tanto referente à contribuição previdenciária, quanto pertinente ao Imposto de Renda, de modo que, aumentando significativamente a remuneração, em dobro ou triplo, possamos verificar se há correspondente redução vantajosa da carga tributária.[457] Ressalte-se, por fim, que os cálculos apresentados para fins de incidência, ou não, da contribuição previdenciária, no caso de os serviços serem prestados por meio de pessoa jurídica, consideram o pagamento ou não pagamento de pró-labore ao sócio. Isso porque, o sócio somente é segurado obrigatório como contribuinte individual, se receber pró-labore, conforme estabelece o art. 11, V, f, da Lei 8.213/91. Caso contrário, se houver apenas distribuição de lucros, não há incidência de contribuição previdenciária, podendo o sócio fazer o recolhimento do respectivo tributo na qualidade de contribuinte facultativo (item 3.4).

a) Simulação 1: Profissional que recebe R$ 6.000,00 (seis mil reais):

a.1) Empregado:

Tributo	Alíquota/Cálculo	Valor
INSS	11% x R$ 5.645,80 (teto máximo em 2018)	R$ 621,03
IRPF	27,5% x R$ 6.000,00 – R$ 869,36 (parcela a deduzir tabela progressiva em 2018)	R$ 780,64
Total de tributos (%)		R$ 1.401,67 (23,36%)
Líquido a receber		R$ 4.598,33

---

[457] Foram utilizados como parâmetro, os exemplos trazidos à baila por: LEMOS, Alexandre Marques Andrade. *Tributação da Atividade de Saúde*. 1. ed. Salvador: Open Treinamentos Empresariais e Editora, 2012, p.176-181; e CARVALHO, Maria Amélia Lira de. *Pejotização e Descaracterização do contrato de emprego*: o caso dos médicos em Salvador. Dissertação (Mestrado em Políticas Sociais e Cidadania) – Universidade Católica de Salvador. Salvador, p. 154. 2010, p. 84.

a.2) Autônomo:

Tributo	Alíquota/Cálculo	Valor
INSS	20% x R$ 5.645,80 (teto máximo em 2018)	R$ 1.129,16
IRPF	27,5% x R$ 6.000,00 – R$ 869,36 (parcela a deduzir tabela progressiva em 2018)	R$ 780,64
ISS	5% (alíquota máxima)	R$ 300,00
Total de tributos (%)		**R$ 2.209,80 (36,83%)**
Líquido a receber		**R$ 3.790,20**

a.3) Pessoa Jurídica (EIRELI) – lucro presumido:

Tributo	Alíquota/Cálculo	Valor
IRPJ	4,8% x R$ 6.000,00	R$ 288,00
CSLL	2,88% x R$ 6.000,00	R$ 172,80
COFINS	3% x R$ 6.000,00	R$ 180,00
PIS	0,65% x R$ 6.000,00	R$ 39,00
ISS	5% (alíquota máxima)	R$ 300,00
Total de tributos sem pró-labore		**R$ 979,80 (16,33%)**
Líquido a receber sem pró-labore		**R$ 5.020,20**
INSS (caso receba pró-labore de 1 salário mínimo – R$ 954,00)	Patronal 20% x R$ 954,00	R$ 190,80
	Retido 11% x R$ 954,00	R$ 104,94
Total de tributos com pró-labore		**R$ 1.275,54 (21,25%)**
Líquido a receber com pró-labore		**R$ 4.724,46**

Percebendo a remuneração de R$ 6.000,00 (seis mil reais), verifica-se que não haveria uma vantagem significativa para o médico na constituição de pessoa jurídica, tendo em vista que os custos tributários seriam menores do que a sua tributação como empregado somente no patamar de 2,11%, advertindo-se que o profissional ainda teria que arcar com gastos pertinentes à manutenção da própria pessoa jurídica.

Como os ganhos da contratante aumentam, em razão de sua economia com o não pagamento das verbas trabalhistas e previdenciárias, o ideal é que seja negociado entre as partes um valor maior de remuneração, caso haja a substituição da contratação do empregado pela pessoa jurídica, de modo que o profissional não reste prejudicado.

Nesse cenário, verifica-se que a tributação mais alta, seja comparada com a do empregado, seja com a da pessoa jurídica, se dá quando o profissional opta por prestar seus serviços como autônomo. Sob os aspectos financeiros estudados, parece a escolha menos vantajosa, de modo que parece que o profissional a escolheria quando não quer se submeter à subordinação e manter sua autonomia, bem como não está disposto a arcar com os custos pecuniários e com as exigências legais, pertinentes à constituição de uma pessoa jurídica.

b) Simulação 2: Profissional que recebe R$ 12.000,00 (doze mil reais):

b.1) Empregado:

Tributo	Alíquota/Cálculo	Valor
INSS	11% x R$ 5.645,80 (teto máximo em 2018)	R$ 621,03
IRPF	27,5% x R$ 12.000,00 – R$ 869,36 (parcela a deduzir tabela progressiva em 2018)	R$ 2.430,64
Total de tributos (%)		**R$ 3.051,67 (25,43%)**
Líquido a receber		**R$ 8.948,33**

b.2) Autônomo:

Tributo	Alíquota/Cálculo	Valor
INSS	20% x R$ 5.645,80 (teto máximo em 2018)	R$ 1.129,16
IRPF	27,5% x R$ 12.000,00 – R$ 869,36 (parcela a deduzir tabela progressiva em 2018)	R$ 2.430,64
ISS	5% (alíquota máxima)	R$ 600,00
Total de tributos (%)		R$ 4.159,80 (34,66%)
Líquido a receber		R$ 7.840,20

b.3) Pessoa Jurídica (EIRELI) – lucro presumido:

Tributo	Alíquota/Cálculo	Valor
IRPJ	4,8% x R$ 12.000,00	R$ 576,00
CSLL	2,88% x R$ 12.000,00	R$ 345,60
COFINS	3% x R$ 12.000,00	R$ 360,00
PIS	0,65% x R$ 12.000,00	R$ 78,00
ISS	5% (alíquota máxima)	R$ 600,00
Total de tributos sem pró-labore		R$ 1.959,60 (16,33%)
Líquido a receber sem pró-labore		R$ 10.040,40
INSS (caso receba pró-labore de 1 salário mínimo – R$ 954,00)	Patronal 20% x R$ 954,00	R$ 190,80
	Retido 11% x R$ 954,00	R$ 104,94
Total de tributos com pró-labore		R$ 2.255,34 (18,79%)
Líquido a receber com pró-labore		R$ 9.744,66

A percepção de uma remuneração mais alta reflete no aumento da economia tributária por parte do profissional, que ganhando R$ 12.000,00 (doze mil reais) e prestando seus serviços por meio de pessoa jurídica, recolhe em torno de 6,64% a menos de tributos que pagaria como empregado.

Da mesma forma, considerando os ganhos da contratante com a redução de gastos com encargos trabalhistas e a perda de alguns desses direitos pelo médico, necessária a busca de um ponto de equilíbrio para estabelecer o valor da remuneração da pessoa jurídica para que ambos usufruam da redução dos custos tributários. Nessa simulação, o trabalho autônomo, sob o ponto de vista financeiro, continua sendo a opção mais prejudicial à prestação dos serviços pelo médico.

c) Simulação 3: Profissional que recebe R$ 24.000,00 (vinte quatro mil reais):

c.1) Empregado:

Tributo	Alíquota/Cálculo	Valor
INSS	11% x R$ 5.645,80 (teto máximo em 2018)	R$ 621,03
IRPF	27,5% x R$ 24.000,00 – R$ 869,36 (parcela a deduzir tabela progressiva em 2018)	R$ 5.790,64
Total de tributos (%)		R$ 6.351,67 (26,46%)
Líquido a receber		R$ 17.648,33

c.2) Autônomo:

Tributo	Alíquota/Cálculo	Valor
INSS	20% x R$ 5.645,80 (teto máximo em 2018)	R$ 1.129,16
IRPF	27,5% x R$ 24.000,00 – R$ 869,36 (parcela a deduzir tabela progressiva em 2018)	R$ 5.790,64
ISS	5% (alíquota máxima)	R$ 1.200,00
Total de tributos (%)		R$ 8.119,80 (33,83%)
Líquido a receber		R$ 15.880,20

c.3) Pessoa Jurídica (EIRELI) – lucro presumido:

Tributo	Alíquota/Cálculo	Valor
IRPJ	4,8% x R$ 24.000,00	R$ 1.152,00
CSLL	2,88% x R$ 24.000,00	R$ 691,20
COFINS	3% x R$ 24.000,00	R$ 720,00
PIS	0,65% x R$ 24.000,00	R$ 156,00
ISS	5% (alíquota máxima)	R$ 1.200,00
Total de tributos sem pró-labore		R$ 3.919,20 (16,33%)
Líquido a receber sem pró-labore		R$ 20.080,80
INSS (caso receba pró-labore de 1 salário mínimo – R$ 954,00)	Patronal 20% x R$ 954,00	R$ 190,80
	Retido 11% x R$ 954,00	R$ 104,94
Total de tributos com pró-labore		R$ 4.214,94 (17,56%)
Líquido a receber com pró-labore		R$ 19.785,06

Da mesma forma que explicitado na simulação anterior, a percepção de uma remuneração mais alta permite uma mais e significativa economia tributária que, nesse caso, de o ganho estar no patamar de R$ 24.000,00 (vinte e quatro mil reais), representa 8,9% a menos do que o valor recolhido enquanto empregado que, pode ser ainda maior, na faixa de 10,13%, se não houver o pagamento de pró-labore.

O trabalho prestado como autônomo, do mesmo modo que nos exemplos anteriores, representa o maior custo tributário frente às demais formas de desenvolvimento da atividade, resultando em um impacto negativo do valor líquido recebido ao final.

Cotejando as três simulações apresentadas, no que tange à prestação do serviço como empregado ou como pessoa jurídica, verifica-se que a grande variável, que representa um impacto significativo sobre o valor a ser percebido ao final, está relacionada ao Imposto de Renda, uma vez que a incidência da contribuição previdenciária permanece idêntica nas três situações, por estar limitada ao teto máximo, no caso do empregado; e, no caso de pessoa jurídica, do valor pago, se pago, a título de pró-labore ao sócio, que pode variar, em 2018, de 01 (um) salário mínimo (R$ 954,00) ao teto (R$ 5.645,80); sendo que no caso da prestação do serviço por pessoa jurídica representa um impacto positivo, com ou sem pagamento de pró-labore.

Constata-se, dessa forma, que quanto maior o rendimento do profissional enquanto pessoa física, ao desenvolver sua atividade como pessoa jurídica, mais expressiva a redução da fatia de seus ganhos, principalmente, no que tange àquela destinada ao Imposto de Renda, quando comparado à prestação dos seus serviços como empregado ou como autônomo, o que representa uma vantagem, nessa situação e sob o ponto de vista financeiro, a escolha pela constituição da pessoa jurídica.

Nesse sentido, Alexandre Marques Andrade Lemos alerta que o médico, para analisar as vantagens de constituir pessoa jurídica para a prestação de seus serviços, deve ponderar, em síntese:

> a) que quanto maior for sua(s) remuneração(ões) como pessoa física, maior tende a ser a economia com a redução de sua carga tributária ao se transformar em PJ;
>
> b) que os direitos trabalhistas a que faz jus como empregado devem ser, de algum modo, compensados com condições de trabalho mais favoráveis, o que não necessariamente deve se traduzir em remuneração bruta maior; é possível que certo profissional passe a ter a vantagem de um horário mais flexível após a alteração, sendo esse fator importante para que ele obtenha ganhos de outras formas;
>
> c) que algumas oportunidades podem se apresentar exclusivamente com a condição de o profissional atuar como PJ; ou seja, em casos como tais, a avaliação comparativa é menos importante, tornando-se fundamental a avaliação de outros fatores econômicos e profissionais, que vão desde a remuneração proposta até as possibilidades de crescimento e desenvolvimento na carreira.[458]

---

[458] LEMOS, Alexandre Marques Andrade. *Tributação da Atividade de Saúde.* 1. ed. Salvador: Open Treinamentos Empresariais e Editora, 2012, p.204.

Enfim, do ponto de vista estritamente tributário do prestador de serviço, só haverá vantagem ao profissional em alterar a relação de emprego para a prestação do serviço por meio de pessoa jurídica, se a sua remuneração média mensal for superior a R$ 6.000,00 (seis mil reais) (considerando os números vigentes em 2018), não sendo interessante para quem possui rendimento médio abaixo dessa cifra, uma vez que a redução da carga tributária é pouco expressiva, para se abrir mão dos direitos trabalhistas e agregar custos com a estruturação e manutenção da pessoa jurídica. Outro aspecto importante a ser observado para a realização da mudança do regime de empregado para pessoa jurídica está relacionado ao recebimento das verbas rescisórias relativas ao contrato de trabalho que, a depender das circunstâncias, podem representar uma relevante capitalização para as pretensões pessoais do profissional.[459]

Dessa forma, dentre outras diversas variáveis pertinentes ao próprio desenvolvimento da carreira, sob o aspecto tributário, o profissional, devidamente orientado dos ônus e bônus decorrentes da prestação de seus serviços por meio de pessoa jurídica, em exercício da sua liberdade e da livre iniciativa, desde que cumpra os requisitos legais, pode fazê-lo dessa forma com o objetivo de, tão-somente, otimizar seus custos tributários.

4.3 Limites à Atuação da Administração Tributária à Luz do Art. 129, da Lei 11.196/05: Desconsideração da Pessoa Jurídica x Desconsideração dos Negócios Jurídicos para Requalificação da Operação

A relação entre fisco e contribuinte, pautada na existência de expectativas e interesses contrapostos, em matéria de planejamento tributário, a despeito da lisura ou não da sua utilização, nunca foi marcada por traços de tranquilidade, uma vez que há, por parte do Estado, uma busca contínua de mecanismos que lhe reduzam o raio de ação e, por outro lado, dos contribuintes, uma escolha de formas fiscalmente menos onerosas na consecução de suas atividades.[460]

---

[459] LEMOS, Alexandre Marques Andrade. *Tributação da Atividade de Saúde*. 1. ed. Salvador: Open Treinamentos Empresariais e Editora, 2012, p.203.
[460] SILVEIRA, Rodrigo Maitto da; GRISI FILHO, Celso Cláudio de Hildebrand e. Critérios, objetivos e limites da atuação do fisco em relação à desconsideração de atos, negócios e personalidade jurídica. In: ANAN JÚNIOR, Pedro; PEIXOTO, Marcelo Magalhães (coord.).

Diante disso, pode ser extraída a grande dificuldade de se estabelecer quais são os limites de atuação da administração frente ao contribuinte que, pautado em princípios constitucionais e regras legais, entabula determinado negócio jurídico com vistas a incorrer em menor custo tributário, o que deixa o administrador e o contribuinte em uma situação de insegurança.

A solução para esse conflito de interesses deveria estar na lei, clara o tanto quanto possível para evitar a proliferação de ações oportunistas por parte dos contribuintes e por parte do Estado. Nesse sentido, é que a repressão ao planejamento tributário deve ser realizada por meio da lei, permitindo que as pessoas tenham condições de saber, com antecedência e razoável precisão, o que é proibido ou obrigatório; caso contrário, as normas se transformam em instrumento de arbítrio.[461]

O exemplo mais recente, no Brasil, na tentativa de restringir as possibilidades do planejamento tributário, é o parágrafo único, do art. 116, do CTN, pelo qual as autoridades fiscais podem desconsiderar atos ou negócios jurídicos praticados com a finalidade de dissimular a ocorrência do fato gerador do tributo ou a natureza dos elementos constitutivos da obrigação tributária, desde que observados os procedimentos a serem estabelecidos em lei ordinária. Edmar Oliveira Andrade Filho ensina que esse dispositivo abre uma nova fase para o combate à elisão fiscal e arremata:

> Depois de regulamentado – se não vier, antes, a ser declarado inconstitucional – poderá servir como poderoso instrumento de combate à elisão fiscal. Trata-se, todavia, de norma com largo espectro de aplicação, o que pode dar azo à exigência de tributo com base em simples raciocínio por analogia, isto é, sem que os atributos essenciais dos fatos tributáveis estejam delineados em lei específica.[462]

Prestação de serviços intelectuais por pessoas jurídicas: aspectos legais, econômicos e tributários. São Paulo: MP, 2008, p. 531.

[461] ANDRADE FILHO, Edmar Oliveira. *Planejamento Tributário*. 2. ed. rev., ampl. e atual. São Paulo: Saraiva, 2016, p. 26.

[462] ANDRADE FILHO, Edmar Oliveira. *Planejamento Tributário*. 2. ed. rev., ampl. e atual. São Paulo: Saraiva, 2016, p. 27.

Mesmo pendente de regulamentação, esse dispositivo inaugurou uma tendência de as autoridades fiscais desconsiderarem atos e negócios jurídicos praticados pelos contribuintes e, no tocante à constituição de sociedade unipessoal – EIRELI –, reclassificar os rendimentos auferidos pelas pessoas jurídicas, imputando-lhes a tributação própria das pessoas físicas, conforme a fiscalização, levada a efeito pela Receita Federal, sobre os médicos em 2016.

E é nesse ponto que resta centrada a presente discussão: com a inserção do art. 129, na Lei 11.196/05, de forma a imprimir maior segurança jurídica à escolha do contribuinte, pessoa física, de prestar seu serviço por meio da pessoa jurídica e sujeitar-se ao seu regime de tributação, em regra, mais vantajoso, restou estabelecido que a aplicação do instituto da desconsideração da personalidade jurídica é prerrogativa afeta apenas à jurisdição, ou seja, ao Poder Judiciário.

Ocorre que, sob a fundamentação de desconsiderar, não a personalidade jurídica da pessoa jurídica, cuja análise é exclusiva do Poder Judiciário, mas de atos e negócios jurídicos simulados, conforme autoriza o CTN, que a administração afasta a pessoa jurídica constituída para prestação de serviços intelectuais para tributar seu sócio como pessoa física. Nessa situação, parece que vigora a mesma insegurança antes constatada, consubstanciada na atuação da administração em face dos contribuintes, questionando-se, quais seriam os limites e poderes para a desconsideração da personalidade jurídica, na verdade levada a efeito pela própria administração, sob o fundamento de requalificação de negócio jurídico simulado realizado pela EIRELI prestadora de serviço intelectual?

Sob esse enfoque, permitir que o agente fiscal possa desconsiderar uma operação legal, construída pelo contribuinte por ser uma solução mais eficiente, sob o aspecto econômico e empresarial, apenas porque considera que seria melhor se o contribuinte tivesse praticado outra operação que garantisse aos cofres públicos maior arrecadação, é provocar, constantemente, a insegurança jurídica. É submeter o contribuinte a constante estado de incerteza, podendo ser surpreendido a qualquer momento pela desconsideração de seus atos, fundada em mero palpite da fiscalização, em violação à estabilidade das relações jurídicas e da ordem social e econômica, preconizadas pela Constituição Federal.[463]

---

[463] MARTINS, Ives Gandra da Silva. A liberdade de criar empresa de profissionais e a norma antielisão. In: ANAN JÚNIOR, Pedro; PEIXOTO, Marcelo Magalhães (coord.). *Prestação de*

PLANEJAMENTO TRIBUTÁRIO: DA CONSTITUIÇÃO DE EIRELI

Por isso, necessário o estudo dos limites a serem observados pela administração, quando diante de pessoas jurídicas prestadoras de serviços intelectuais, às quais deve ser aplicada, ou não, a teoria da desconsideração da personalidade jurídica, pois depende do Judiciário; ou quando diante de atos e negócios jurídicos praticados nessa operação, supostamente, simulados ou estabelecidos mediante fraude, abuso de direito ou abuso de forma, que podem ser afastados diretamente pelo agente fiscal. É que a atuação da autoridade, nesse caso, para afastar a pessoa jurídica e atingir o sócio, está localizada em uma linha tênue entre até que ponto se refere à desconsideração da personalidade jurídica e até que ponto se relaciona com a desconsideração do negócio jurídico supostamente praticado mediante fraude ou abuso de direito ou forma.

4.3.1 Da Desconsideração da Personalidade Jurídica da EIRELI Constituída pelo Médico: Atuação Obrigatória do Poder Judiciário

O instituto da desconsideração da personalidade jurídica, a ser aplicado excepcionalmente, é um instrumento de oposição previsto na lei contra o uso fraudulento e abusivo da pessoa jurídica, constituída artificialmente para obter vantagem ilícita, e legitima a desqualificação ou requalificação de atos ou negócios jurídicos que, envoltos por essa roupagem, burlam o ordenamento jurídico. Nesse sentido, alerta Gustavo Tepedino:

> A desconsideração da personalidade jurídica não tem por objetivo a anulação da personalidade ou a dissolução da pessoa jurídica, mas tão-somente, a sua superação, excepcionalmente, para a atribuição subjetiva de uma determinada relação obrigacional instituída de forma fraudulenta ou abusiva. Daí a doutrina afastar o termo *despersonalização*, tendo também o projeto de Código Civil seguido este caminho ao distanciar-se da solução originária que aventava a possibilidade de dissolução da pessoa jurídica nos casos de fraude ou abuso.

---

serviços intelectuais por pessoas jurídicas: aspectos legais, econômicos e tributários. São Paulo: MP, 2008, p. 207.

PLANEJAMENTO TRIBUTÁRIO

A dissolução da pessoa jurídica como remédio à sua utilização fraudulenta não é, em regra, admitida pelo ordenamento, restando consagrada a desconsideração como medida pontual, específica e não contraposta à garantia da personalidade jurídica e da autonomia patrimonial, informadas pelo valor constitucional da livre iniciativa.[464]

Assim, o que está autorizado é a extensão aos administradores ou sócios dos efeitos de certas e determinadas relações de obrigações, mas não a declaração da nulidade ou dissolução ou desconstituição da pessoa jurídica, cuja personalidade desconsiderada episodicamente para reprimir fraude ou abuso, permanece válida e eficaz em outros negócios da sociedade.[465]

Na seara administrativo-tributária, o poder de a administração proceder com a avaliação da operação e a requalificação dos atos e realização do lançamento decorre da lei, cuja consequência é a desnecessidade da busca ao Poder Judiciário para solicitar a definição do direito aplicável em cada caso. Ocorre que, sobre o afastamento da pessoa jurídica prestadora de serviços intelectuais, o art. 129, da Lei 11.196/05 colocou a sua análise sob reserva de jurisdição ao fazer remissão à aplicação do art. 50, do CC/02, que prevê o remédio da desconsideração.

O CC/02, para evitar abuso na utilização da teoria da desconsideração e assegurar sua excepcionalidade, estabeleceu que o abuso de personalidade jurídica é caracterizado, objetivamente, pelo desvio de finalidade ou pela confusão patrimonial.[466] O desvio de finalidade pode ser constatado mediante a desobediência ou discrepância do propósito que autorizou a própria constituição da pessoa jurídica. Por outro lado, a confusão patrimonial resta

---

[464] TEPEDINO, Gustavo. Sociedade prestadora de serviços intelectuais: qualificação das atividades privadas no âmbito do direito tributário. In: ANAN JÚNIOR, Pedro; PEIXOTO, Marcelo Magalhães (coord.). *Prestação de serviços intelectuais por pessoas jurídicas:* aspectos legais, econômicos e tributários. São Paulo: MP, 2008, p. 42-43.

[465] CAMPIHO, Sérgio. *O Direito de Empresa à Luz do Código Civil.* 13. ed. Rio de Janeiro: Renovar, 2014, p. 72.

[466] Art. 50. Em caso de abuso da personalidade jurídica, caracterizado pelo desvio de finalidade, ou pela confusão patrimonial, pode o juiz decidir, a requerimento da parte, ou do Ministério Público quando lhe couber intervir no processo, que os efeitos de certas e determinadas relações de obrigações sejam estendidos aos bens particulares dos administradores ou sócios da pessoa jurídica.

232

caracterizada pelo uso efetivo do patrimônio da pessoa jurídica em benefício direto e exclusivo do sócio, havendo uma verdadeira fusão das esferas patrimoniais.[467]

Ademais, a partir da sua excepcionalidade e garantia da autonomia patrimonial da pessoa jurídica, fruto da livre iniciativa, a faculdade da desconsideração da personalidade jurídica é atribuída restritivamente ao juiz, que não pode fazê-la de ofício, mas senão por requerimento da parte ou do Ministério Público, inexistindo a aplicação da teoria sem pronunciamento judicial, que deve estar pautada na comprovação cabal do desvio de finalidade ou da confusão patrimonial, não sendo suficiente a presença de meros indícios. Nesse sentido, ensina Sérgio Campinho:

> Somente se verificando a prova cabal e incontroversa da fraude ou do abuso de direito, perpetrado pelo desvio de finalidade da pessoa jurídica é que se admite a sua aplicação, como forma de reprimir o uso indevido e abusivo da entidade jurídica. Simples indícios e presunções de atos abusivos ou fraudulentos, ou ainda a simples incapacidade econômica da pessoa jurídica, por si sós, não autorizam a aplicação do instituto.[468]

Em decorrência do art. 129, da Lei 11.196/05, a solução de ponderação de interesses de contribuintes e fisco, empregada pelo legislador, não permite a desconsideração da personalidade jurídica de pessoas jurídicas prestadoras de serviços intelectuais sem que reste caracterizado o abuso de direito com todos os seus requisitos de conformação, de modo a afastar exageros praticados pela administração, que aplicava esse instituto pela mera identidade (nem sempre efetivamente demonstrada) de efeitos econômicos entre a atividade do prestador de serviços e o regime empregatício.[469]

---

[467] ASSUMPÇÃO ALVES, Alexandre Ferreira de. *A desconsideração da Personalidade Jurídica à luz do Direito Civil-Constitucional:* o descompasso entre as disposições do Código de Defesa do Consumidor e a disregard doctrine. Tese (Doutorado em Direito). Rio de Janeiro: 2003, p. 142.

[468] CAMPIHO, Sérgio. *O Direito de Empresa à Luz do Código Civil.* 13. ed. Rio de Janeiro: Renovar, 2014, p. 83.

[469] RIBEIRO, Ricardo Lodi. A natureza interpretativa do art. 129 da Lei 11.196/2005 e o combate à elisão abusiva na prestação de serviços de natureza científica, artística e cultural.

Nesse contexto, a administração desconsiderava a personalidade jurídica das prestadoras de serviços, mormente quando presentes alguns dos elementos da relação de emprego, como habitualidade, contrato exclusivo com um só tomador de serviço e a remuneração fixa, sem investigar se houve prática de atos abusivos na criação da pessoa jurídica, atendo-se à verificação da economia tributária. Sobre a possibilidade de criação da pessoa jurídica para prestação de serviço intelectual e os limites para a desconsideração da personalidade jurídica, alerta Ricardo Lodi Ribeiro:

> Na verdade, longe de revelar abuso pelo descompasso entre os elementos constitutivos do negócio jurídico, a criação da pessoa jurídica, ainda que de pequeno porte, é medida que adequa-se plenamente à realidade econômica. Como vimos acima, a criação de uma pessoa jurídica por um prestador de serviços científicos, artísticos e culturais vai muito além de um mero planejamento fiscal, mas se revela como a forma mais adequada ao desempenho de uma atividade livre, desenvolvida com autonomia em relação ao tomador de serviço, em que o conhecimento e criatividade do prestador não podem ser controlados pelo contratante.
>
> Procurar a tributação fora dos sentidos oferecidos pela lei, apenas buscando a identidade dos efeitos econômicos entre o ato praticado pelo contribuinte e a hipótese de incidência tributária é, afastando-se da moderna doutrina pós-positivista, retornar à teoria da interpretação econômica do fato gerador, tão cara aos causalistas da primeira metade do século XX, mas rejeitada nos dias atuais, mesmo nos regimes que não adotam a teoria da tipicidade fechada.[470]

In: ANAN JÚNIOR, Pedro; PEIXOTO, Marcelo Magalhães (coord.). *Prestação de serviços intelectuais por pessoas jurídicas:* aspectos legais, econômicos e tributários. São Paulo: MP, 2008, p. 445.

[470] RIBEIRO, Ricardo Lodi. A natureza interpretativa do art. 129 da Lei 11.196/2005 e o combate à elisão abusiva na prestação de serviços de natureza científica, artística e cultural. In: ANAN JÚNIOR, Pedro; PEIXOTO, Marcelo Magalhães (coord.). *Prestação de serviços intelectuais por pessoas jurídicas:* aspectos legais, econômicos e tributários. São Paulo: MP, 2008, p. 443.

A eventual desconsideração das pessoas jurídicas que prestam serviços intelectuais depende da estrita observância das restrições legalmente impostas para a aplicação da excepcional teoria, o que condiciona a atuação fiscal.

Ricardo Lodi Ribeiro defende que não existe óbice, no regime jurídico-tributário, que o abuso seja reconhecido pela autoridade fiscal, em razão do seu mister de investigar a realidade, intrínseco à função fiscal – diferentemente do que ocorre na lei civil, que exige a presença do Judiciário –, desde que demonstre cabalmente a divergência entre os elementos constitutivos do negócio jurídico e a realidade econômica, não podendo alegar meramente a identidade de efeitos jurídicos. Ou seja, o art. 129, da Lei 11.196/05 proíbe a desconsideração da personalidade jurídica da pessoa jurídica, exceto se demonstrada pela fiscalização que esta não existe na realidade econômica, ou que sua criação tem vício quanto à finalidade, ou ainda, que há confusão patrimonial entre seus bens e os do sócio, não sendo plausíveis as alegações pertinentes ao Direito do Trabalho, como a exclusividade e habitualidade na prestação dos serviços[471], marcantes nessa seara científica da atividade médica.

Por outro lado, Gustavo Tepedino sustenta que a administração pública não pode dispensar o cumprimento dos requisitos determinados pela legislação em vigor, principalmente, no que tange ao controle judicial sobre a desconsideração da personalidade jurídica das prestadoras de serviços intelectuais, uma vez que não há cabimento em afastar a aplicabilidade do CC/02 em razão do poder de fiscalização outorgado pelo CTN, a uma porque a desconsideração é matéria não contemplada na lei tributária, a duas porque sua excepcionalidade tem fundamento nos valores constitucionais, cabendo à administração demonstrar, judicialmente, o uso abusivo da pessoa jurídica pelo desvio de finalidade ou confusão patrimonial.[472]

---

[471] RIBEIRO, Ricardo Lodi. A natureza interpretativa do art. 129 da Lei 11.196/2005 e o combate à elisão abusiva na prestação de serviços de natureza científica, artística e cultural. In: ANAN JÚNIOR, Pedro; PEIXOTO, Marcelo Magalhães (coord.). *Prestação de serviços intelectuais por pessoas jurídicas:* aspectos legais, econômicos e tributários. São Paulo: MP, 2008, p. 445.

[472] TEPEDINO, Gustavo. Sociedade prestadora de serviços intelectuais: qualificação das atividades privadas no âmbito do direito tributário. In: ANAN JÚNIOR, Pedro; PEIXOTO, Marcelo Magalhães (coord.). *Prestação de serviços intelectuais por pessoas jurídicas:* aspectos legais, econômicos e tributários. São Paulo: MP, 2008, p. 47.

Edmar Oliveira Andrade Filho compreende que a menção do art. 50 do CC/02 na parte final do art. 129, da Lei 11.196/05 é equivocada, vez que não seria aplicável ao direito tributário. Isso porque, em sua visão, a recepção da desconsideração da personalidade jurídica, para fins de atribuição de responsabilidade, está sob reserva de lei complementar, conforme o art. 146, da CF/88, e foi tratada pelas regras do art. 134 e do art. 135, do CTN, o que impede a recepção do art. 50, do CC/02 pelo direito tributário material. Além disso, as normas constantes no CTN têm caráter especial, não sendo atingidas pelas regras gerais do CC/02.[473] Nesse sentido, expõe didaticamente:

> Ora, o problema *desconsideração da personalidade jurídica* tem outra face que não a atribuição de responsabilidade de uma pessoa para outra; trata-se daquela em que o foco das análises dirige-se para as questões pertinentes à validade dos atos ou negócios com o uso de personalidade jurídica para fins ilícitos. Neste último caso, os problemas a serem enfrentados, em cada situação concreta, dizem respeito aos limites do planejamento tributário em face das circunstâncias que caracterizam fraude, simulação, sonegação ou conluio; ora isto não tem a ver com a imputação de responsabilidade a uma pessoa diferente daquela que faz parte de uma relação jurídica obrigacional, como é próprio da desconsideração da personalidade jurídica referida no artigo 50 do Código Civil.
>
> O artigo 129 da Lei nº 11.196, ao que parece, não atentou para esta singela diferença e, ao fazer menção expressa ao artigo 50 do Código Civil, colocou a matéria sob reserva de jurisdição.[474]

Embora levantada a crítica, é certo que o art. 129, da Lei 11.196/05, restringiu a atuação fiscal no seu poder fiscalizatório na situação específica de afastar a pessoa jurídica para atingir o sócio e imputar-lhe a

---

[473] ANDRADE FILHO, Edmar Oliveira. *Desconsideração da personalidade jurídica no novo código civil.* 1. ed. São Paulo: MP, 2005.

[474] ANDRADE FILHO, Edmar Oliveira. Análise estrutural e teleológica do enunciado do art. 129 da Lei nº 11.196/05. In: ANAN JÚNIOR, Pedro; PEIXOTO, Marcelo Magalhães (coord.). *Prestação de serviços intelectuais por pessoas jurídicas:* aspectos legais, econômicos e tributários. São Paulo: MP, 2008, p. 514.

tributação pertinente à pessoa física, por condicionar essa análise ao Poder Judiciário.

Sacha Calmon Navarro Côelho sintetizou os motivos pelos quais as pessoas jurídicas legalmente constituídas para a prestação de serviços intelectuais não podem ser descaracterizadas diretamente pelos agentes fiscais:

> A uma, porque a presunção de existência de vínculo empregatício é de competência tão-somente do juiz do trabalho; a duas, porque a desconsideração da personalidade jurídica somente pode ser levada a cabo pelo Judiciário, presentes os requisitos legais para tanto; a três, porque a Constituição de 1988 assegura a liberdade de empreender e contratar (art. 170); a quatro, porque o parágrafo único do art. 116 do Código Tributário Nacional (invocado pela fiscalização para tributar as sociedades de prestação de serviços intelectuais como se a renda fosse auferida pelas pessoas físicas que as integram) não permite a desconstrução de situações jurídicas consolidadas, mas apenas – e tão-somente – a desconsideração de atos ou negócios jurídicos simulados (o exercício dessa competência depende, ainda, de lei ordinária definindo os procedimentos para sua execução).[475]

O artigo 129, da Lei 11.196/05 foi instituído, portanto, com o objetivo de esclarecer aos fiscais que estes não detêm competência legal para desconsiderar o regime tributário das pessoas jurídicas, não lhes sendo autorizado aplicar às pessoas jurídicas prestadoras de serviços intelectuais o regime tributário das pessoas físicas sem o aval do Poder Judiciário. Nas palavras de Antônio Carlos Rodrigues do Amaral e Letícia M. F. do Amaral Viggiano:

> Não obstante o fato de a remissão do aludido dispositivo ao art. 50 do CC/02 contrariar a reserva de lei do artigo 146, III, b, da CF/88 – como explicado acima –, o fato é que, enquanto vigente o artigo 129, as autoridades fiscais, *a priori*, podem, ante a presença de indícios de

[475] CÔELHO, Sacha Calmon Navarro. *Art. 129*: contribuintes da lei 11.196/05. Diário do Nordeste, caderno opinião, p. 02, 19/02/2006. Disponível em: <http://www.prt7.mpt.gv.br/mpt_na_midia/2006/fevereiro/19_02_06_DN_contribuintes_mp_do_bem.htm>. Acesso em: 25 out. 2018.

abuso de personalidade jurídica por parte dos sócios da sociedade prestadora de serviços intelectuais, recorrer ao Poder Judiciário para requerer a desconsideração daquela personalidade jurídica para fins de coibir o suposto ato ilícito dos sócios e alcançar seu patrimônio pessoal, inclusive para fins de tributação.[476]

Importante destacar que os debates em torno do poder de tributar em face do direito de obter otimização da carga tributária e a atuação da administração tributária nesse tema ganharam relevância com a discussão do Projeto de Lei 6.272/05 (Super Receita), transformado na Lei 11.457/07, que modificou profundamente a estrutura dos órgãos encarregados do lançamento e cobrança dos tributos federais, no qual foi apresentada a Emenda nº 3 ao seu texto original pelo Senado Federal, que alterava o art. 6º, da Lei 10.593/02, acrescendo-lhe o § 4º, nos seguintes termos (art. 9º, do Projeto de Lei):

> Art. 9º A Lei nº 10.593, de 6 de dezembro de 2002, passa a vigorar com a seguinte redação:
> Art. 6º
> (...)
> § 4º No exercício das atribuições da autoridade fiscal de que trata esta Lei, a desconsideração da pessoa, ato ou negócio jurídico que implique reconhecimento de relação de trabalho, com ou sem vínculo empregatício, deverá sempre ser precedida de decisão judicial.

Esta emenda, subscrita por 62 senadores, teve como fundamento as razões:

> Esta Emenda pretende tão-somente esclarecer um pormenor, conquanto relevante, no campo das atribuições das autoridades fiscais integrantes dos quadros de servidores da receita Federal do Brasil, prevenindo situações que possam resultar em lançamentos insubsistentes

---

[476] AMARAL, Antônio Carlos Rodrigues do; VIGGIANO, Letícia M. F. do Amaral. Apontamentos sobre a desconsideração da personalidade jurídica e os serviços de natureza intelectual. In: ANAN JÚNIOR, Pedro; PEIXOTO, Marcelo Magalhães (coord.). *Prestação de serviços intelectuais por pessoas jurídicas:* aspectos legais, econômicos e tributários. São Paulo: MP, 2008, p. 327.

em virtude de exorbitação de atribuições, em prejuízo de um adequado relacionamento entre o fisco e o contribuinte, além de impor constrangimentos de toda ordem, inclusive de natureza financeira ao contribuinte.

No caso específico, cuida-se de explicitar que a atribuição da autoridade administrativa no tocante à desconsideração da pessoa, ato ou negócio jurídico com vistas a reconhecer relação de trabalho, com ou sem vínculo empregatício, está condicionada à prévia decisão judicial. Esse entendimento tem por fundamento direitos e garantias assegurados na Constituição e em normas infraconstitucionais. Ainda que possa parecer despiciendo, não é demais assinalar que:

– a liberdade de iniciativa é um princípio constitucional que assegura a todos o poder para organizar seus próprios negócios, conforme lhes sejam convenientes, sem qualquer tipo de ingerência. (art. 170 da CF);

– a liberdade de contratar é exaustivamente tratada no Código Civil (art. 421 e outros);

– a Constituição Federal, em seu art. 114, VII, atribui, expressamente, à Justiça do Trabalho competência exclusiva para compor os conflitos decorrentes da relação do trabalho, inclusive para reconhecimento do vínculo empregatício;

– somente o Poder Judiciário, nos termos no disposto no art. 50 do Código Civil, é competente para proceder à desconsideração da personalidade jurídica, e dentro dos limites da lei.[477]

Ocorre que o referido Projeto de Lei, submetido à sanção presidencial, teve esse dispositivo vetado pelo Presidente da República, cedendo a pressões políticas, pautadas em discussões de que a norma retirava os direitos trabalhistas de todos os trabalhadores, sendo que os trabalhadores formais,

---

[477] SENADO FEDERAL. Emendas do Senado ao Projeto de Lei da Câmara nº 20 de 2006 (PL nº 6.272, de 2005, na Casa de origem), que "dispõe sobre a Administração Tributária Federal: altera as Leis nºs 10.593, de 6 de dezembro de 2002, 10.683, de 28 de maio de 2003, 8.212, de 24 de julho de 1991, 10.910, de 15 de julho de 2004, e o Decreto-Lei nº 5.452, de 1º de maio de 1943: revoga dispositivos das Leis nºs 8.212, de 24 de julho de 1991, 10.593, de 6 de dezembro de 2002, 10.910, de 15 de junho de 2004, 11.098, de 13 de janeiro de 2005, e 9.317, de 5 de dezembro de 1996: e dá outras providências". Disponível em: <http://www.camara. gov.br/proposicoesWeb/fichadetramitacao?idProposicao=338651>. Acesso em: 29 set. 2018.

PLANEJAMENTO TRIBUTÁRIO

de qualquer segmento seriam demitidos e obrigados a constituírem pessoa jurídica para oferecer sua mão de obra. O veto, baseado em uma retórica vazia[478], foi expendido com as seguintes razões:

> Razões do veto
> As legislações tributária e previdenciária, para incidirem sobre o fato gerador cominado em lei, independem da existência de relação de trabalho entre o tomador do serviço e o prestador do serviço. Condicionar a ocorrência do fato gerador à existência de decisão judicial não atende ao princípio constitucional da separação dos Poderes.[479]

Nota-se que a Emenda 3 não pretendeu afastar a aplicabilidade do disposto no art. 149, VII do CTN, relacionado ao lançamento de ofício pela autoridade fiscal nas situações em que existe dolo, fraude ou simulação, sendo que esse assunto não foi debatido com a devida seriedade. Na verdade, a Emenda 3 visava retirar dos agentes de fiscalização e outorgar ao Judiciário a competência relativa à cognição e decisão preliminar de casos localizados em zonas cinzentas ou de penumbra, como aqueles relativos aos que organizam suas atividades sob a forma de pessoas jurídicas para assim contratarem com terceiros a prestação de serviços, situação que não pode ficar à mercê do sistema de valores do fisco[480], ao considerar a relação como dissimulação da relação de emprego para reduzir o impacto tributário.

Na visão de Edmar Oliveira Andrade Filho, o veto mostrou-se irrelevante[481], tendo em vista que a Emenda 3 não inovou o ordenamento jurídico

---

[478] DONOSO, Diego Felipe Muñoz. A chamada Emenda 3 – reflexões sobre o real debate jurídico encoberto pelo discurso político – um problema de aplicação do direito à luz dos valores constitucionais. In: ANAN JÚNIOR, Pedro; PEIXOTO, Marcelo Magalhães (coord.). *Prestação de serviços intelectuais por pessoas jurídicas: aspectos legais, econômicos e tributários.* São Paulo: MP, 2008, p. 560-564.

[479] PRESIDÊNCIA DA REPÚBLICA. Casa Civil. Subchefia para assuntos jurídicos. MENSAGEM Nº 140, DE 16 DE MARÇO DE 2007. Disponível em: <http://www.planalto.gov.br/ccivil_03/_Ato2007-2010/2007/Msg/VEP-140-07.htm>. Acesso em: 29 set. 2018.

[480] DE SANTI, Eurico Marcos Diniz. Planejamento Tributário e Estado de Direito: fraude à Lei, Reconstruindo Conceitos. In: *III Congresso Nacional de Estudos Tributários – Interpretação e Estado de Direito.* São Paulo: Noeses, 2006, p. 239.

[481] ANDRADE FILHO, Edmar Oliveira. *Planejamento Tributário.* 2. ed. rev., ampl. e atual. São Paulo: Saraiva, 2016, p. 338.

brasileiro para limitar a atuação dos agentes fiscais, explicitando que a matéria da desconsideração da personalidade jurídica é de competência do Poder Judiciário. Essa garantia já vem consagrada no: i)- art. 114, da CF/88, que prevê a competência da Justiça do Trabalho para reconhecer relação de emprego, não sendo estendida às autoridades fiscais; ii)- art. 50, do CC/02, em que a desconsideração da personalidade jurídica somente pode ocorrer por meio de autorização judicial; iii)- art. 116, parágrafo único, do CTN, ainda pendente de regulamentação; iv)- art. 129, da Lei 11.196/05, no qual há previsão de que a desconsideração da personalidade jurídica da pessoa jurídica prestadora de serviço intelectual está sob a reserva de jurisdição, nos termos do art. 50, do CC/02.[482]

Antônio Carlos Rodrigues do Amaral e Letícia M. F. do Amaral Viggiano dispõem:

> A Emenda 3, contudo, visava tão-somente consolidar o que já estava previsto no artigo 129 da Lei nº 11.196/05, ou seja, assegurar que não será apenas um palpite fiscal que jogará no vazio uma pessoa jurídica legitimamente estabelecida pelo contribuinte para a prestação de serviços. A sua eventual desconsideração dependerá de prévia decisão judicial. Importante notar que até mesmo a justificativa apresentada para o veto presidencial em nada tem a ver com a questão da violação à legislação trabalhista. Como já visto acima, por evidente que o Estado Democrático de Direito, amparado pela livre iniciativa e o empreendedorismo, requer, como já positivado pelo artigo 129 da lei nº 11.196/05, a prévia decisão judicial antes de proceder a qualquer desconsideração de personalidade jurídica de sociedade legitimamente constituída, para fins de reconhecimento de relação de emprego.[483]

---

[482] ANNAN JÚNIOR, Pedro. Comentários sobre o veto da Emenda 3, que alterava o art. 6º da Lei 10.593/02, e as autuações fiscais das sociedades prestadoras de serviços. In: ANAN JÚNIOR, Pedro; PEIXOTO, Marcelo Magalhães (coord.). *Prestação de serviços intelectuais por pessoas jurídicas*: aspectos legais, econômicos e tributários. São Paulo: MP, 2008, p. 529-530.

[483] AMARAL, Antônio Carlos Rodrigues do; VIGGIANO, Letícia M. F. do Amaral. Apontamentos sobre a desconsideração da personalidade jurídica e os serviços de natureza intelectual. In: ANAN JÚNIOR, Pedro; PEIXOTO, Marcelo Magalhães (coord.). *Prestação de serviços intelectuais por pessoas jurídicas*: aspectos legais, econômicos e tributários. São Paulo: MP, 2008, p. 330-331.

Ives Gandra da Silva Martins sempre entendeu que a Emenda 3 constituía uma mera ordem legislativa para que o governo cumprisse a lei, uma vez que o art. 129, da Lei 11.196/05, em plena vigência e eficácia, reconhece as sociedades de profissionais e de prestação de serviços como pessoas jurídicas, que não podem ser desconsideradas sem autorização judicial, mediante a observância de requisitos. Nesse ponto, esclarece que, se o art. 170, parágrafo único, da CF/88 permite a ampla criação de sociedades sem a interferência do Poder Público, não pode um agente fiscal impor limites que a Constituição não estabeleceu.[484]

Assim, no caso de verificação do abuso de personalidade jurídica, caracterizado pelo desvio de finalidade ou confusão patrimonial, o ente público tributante (no caso União – Receita Federal ou INSS), ou mesmo o Ministério Público, pode requerer, ao Poder Judiciário, a desconsideração da personalidade jurídica para exigir os tributos que seriam devidos no âmbito de uma relação de emprego, pagos, porém, no regime próprio da pessoa jurídica, o que reforça a prevalência da livre iniciativa que consagra a liberdade empreendedora dos profissionais liberais[485] e a atuação da administração em observância ao princípio da legalidade.

Por outro lado, instaura-se uma confusão em relação à aplicação dessa teoria, quando a administração se depara com situações de abuso de direito, fraude, dolo ou simulação, que são figuras reguladas pelo direito civil, cujos atos por elas viciados, e caracterizados como ilícitos, são nulos e podem ser declarados como tal pela própria administração. Logo, a verificação de quaisquer desses vícios não acarreta a aplicação da desconsideração da personalidade jurídica, mas, tão-somente, a declaração de ineficácia momentânea de determinado ato ou negócio jurídico. Nessa lógica, o art. 149, VII, do CTN, indica o dolo, a fraude e a simulação, como hipóteses de revisão de ofício do lançamento, sendo desnecessária a desconsideração da personalidade jurídica nesses casos, uma vez que basta a prova dos vícios na prática do ato.

---

[484] MARTINS, Ives Gandra da Silva. A liberdade de criar empresa de profissionais e a norma antielisão. In: ANAN JÚNIOR, Pedro; PEIXOTO, Marcelo Magalhães (coord.). *Prestação de serviços intelectuais por pessoas jurídicas*: aspectos legais, econômicos e tributários. São Paulo: MP, 2008, p. 213-214.

[485] AMARAL. Antônio Carlos Rodrigues do. *O empreendedorismo e a justiça fiscal*. Valor Econômico. Caderno Legislação e Tributos. São Paulo. 20/09/2006.

Ocorre que, a linha tênue que separa a atuação da administração em verificar: i)- o abuso de direito na constituição da pessoa jurídica (principalmente, o desvio de finalidade ou a confusão patrimonial), condicionado à apreciação judicial; e ii)- a prática do ato de sua criação com suposta fraude ou simulação para mascarar uma relação de emprego e afastar a tributação da pessoa física, situação submetida somente à análise da própria administração, acaba por gerar uma insegurança jurídica, pela interpretação imprecisa do que seja desconsideração da personalidade jurídica com o que seja desconsideração de atos e negócios jurídicos fraudulentos e simulados, aos profissionais liberais que prestam seus serviços por meio de pessoas jurídicas e são alvo da fiscalização.

Essa imprecisão e confusão, que não define os limites de atuação da administração, podem ser destacadas nas razões apresentadas pelo STJ no julgamento do Recurso em Mandado de Segurança nº 15.166/BA, que por analogia ao poder conferido à administração para desconsiderar atos e negócios jurídicos fraudulentos, entendeu que também poderia desconsiderar a personalidade jurídica de pessoa jurídica:

> Ninguém duvida que à Administração Fazendária sempre foi facultada, antes mesmo da entrada em vigor do parágrafo único, do art. 116 do CTN, a possibilidade de desconsiderar atos ou negócios jurídicos praticados pelo contribuinte ou responsável com o intuito de dissimular a ocorrência do fato gerador. Assim, o Poder Público sempre dispôs de um mecanismo eficaz de combate à evasão fiscal, na medida em que a própria Administração Fazendária, desde que permitido ao contribuinte ou responsável o exercício do contraditório e da mais ampla defesa, poderia, sem o socorro do Judiciário e à margem de autorização legal específica, desconsiderar a forma jurídica de um ato ou negócio praticado, na busca de sua realidade econômica. O art. 116, parágrafo único, do CTN veio, apenas e tão-somente, positivar uma prática antiga da Administração Tributária, admitida pelo Judiciário, mesmo à margem de previsão legal específica.
> *Analogamente, como forma de garantir à Administração Pública um mecanismo eficaz de combate à fraude, é de admitir-se, em homenagem aos Princípios da Moralidade Administrativa e da Indisponibilidade do Interesse Público,*

PLANEJAMENTO TRIBUTÁRIO

> *possa a Administração desconsiderar a personalidade jurídica de uma socie-*
> *dade constituída em fraude à lei e com abuso de forma, mesmo à margem de*
> *previsão legal específica e sem a interveniência do Poder Judiciário,* graças à
> executoriedade dos atos administrativos, desde que, repita-se, tenha
> sido assegurado ao administrado a mais ampla defesa em processo
> administrativo regular.[486] (grifo nosso)

Em razão disso, necessário o estudo sobre os limites da administração na desconsideração de atos e negócios jurídicos, tidos por fraudulentos ou simulados, de modo que, ao final, possamos verificar se sua atuação ao desconsiderar as pessoas jurídicas prestadoras de serviços intelectuais e atingir seu sócio sob esse fundamento está adequada à legislação.

4.3.2 Da Desconsideração dos Atos e Negócios Jurídicos para Requalificação dessa Operação: É Possível?

O exercício do poder fiscalizatório da administração na busca da verdade material tem como fundamento o art. 145, § 1º, da CF/88, que será analisado, nesse tópico, em situações submetidas à incidência de tributos sujeitos ao lançamento por homologação (art. 150, do CTN), tais como os incidentes sobre as pessoas jurídicas prestadoras de serviços médicos. Nessa situação, o contribuinte antecipa as atividades pertinentes ao lançamento tributário, as quais são submetidas à homologação do fisco (art. 142, do CTN) que, se delas discordar, realiza um lançamento complementar, de ofício, nos termos do art. 149, do CTN[487], requalificando a situação apresentada pelo contribuinte.

Caso a administração verifique, mediante a análise da descrição do fato apresentado pelo contribuinte e do contexto fático-probatório que, o que foi reproduzido para revelar a prática de ato ou negócio jurídico passível de incidência de determinado regime tributário, está dissonante da qualificação da realidade fática e da intenção almejada pela parte, poderá questioná-la e corrigi-la (art. 147, do CTN), uma vez que aquela não está vinculada à

---

[486] RMS 15.166/BA. 2ª Turma do STJ. Rel. Ministro Castro Meira. DJ 08/09/2003.

[487] TÔRRES, Heleno Taveira. *Direito tributário e direito privado:* autonomia privada, simulação, elusão tributária. São Paulo: Revista dos Tribunais, 2003, p. 367.

qualificação conferida pelos contribuintes à sua atividade, em razão do princípio da verdade material.[488]

Nesse sentido, o que será observado pela administração não é o fato em si ou o que ocorre na realidade, mas a qualificação que pode ser atribuída a esse fato, conforme a previsão do art. 118, do CTN.[489] Conforme este dispositivo, praticado o ato ou negócio jurídico que a lei tributária definiu como fato gerador, nasce a obrigação perante o fisco, que subsiste independente da validade ou invalidade do ato. Desse modo, o sujeito passivo não pode negar o cumprimento de uma obrigação tributária, questionando a validade (nulidade ou anulabilidade); ou a natureza lícita ou ilícita; ou os efeitos do negócio ou ato que deu causa ao surgimento do fato jurídico tributável.[490]

Por outro lado, não se aplica o art. 118, do CTN, a ato ou negócio jurídico inexistente. Disso decorre que, ante a verificação da ausência de um pressuposto formal para a incidência tributária, o fato gerador do tributo não ocorre, independente de eventual manifestação de capacidade do contribuinte no plano concreto, a não ser que esteja caracterizada uma situação de fato (art. 116, I, do CTN) descrita na lei como fato tributável, mas que não tem um vínculo intrínseco com alguma forma do direito privado.[491]

Nessa situação, caso a administração comprove alguma irregularidade, vício ou defeito na forma utilizada pelo contribuinte capaz de lhe retirar a eficácia, então haverá a possibilidade de tributar a referida materialidade hipotética, desde que comprove: i)- o vício ou defeito específico da forma adotada pelo contribuinte; ou ii)- a realidade concreta passível de tributação, apresentada pela forma irregular. Não é suficiente apontar que o ato ou negócio jurídico contém irregularidades, devendo comprovar cabalmente que ele tem outra qualificação jurídica.[492] Isso porque, inexistindo lastro probatório suficiente para rechaçar a qualificação jurídica realizada pelo contribuinte de

---

[488] GERMANO, Lívia de Carli. *Planejamento tributário e limites para a desconsideração dos negócios jurídicos*. São Paulo: Saraiva, 2013, p. 119.

[489] GRECO, Marco Aurélio. *Planejamento Tributário*. São Paulo: Dialética, 2008, p. 518.

[490] ANDRADE FILHO, Edmar Oliveira. *Planejamento Tributário*. 2. ed. rev., ampl. e atual. São Paulo: Saraiva, 2016, p. 263.

[491] ANDRADE, Leonardo Aguirra de. *Estruturação Elusiva de Atos e Negócios Jurídicos no Direito Tributário Brasileiro:* Limites ao Planejamento Tributário. Dissertação (Mestrado em Direito) – Faculdade de Direito, Universidade de São Paulo. São Paulo, p. 364. 2014, p. 174.

[492] GRECO, Marco Aurélio. *Planejamento Tributário*. São Paulo: Dialética, 2008, p. 166.

PLANEJAMENTO TRIBUTÁRIO

forma a tornar os atos e negócios jurídicos inoponíveis ao fisco, eles devem ser respeitados, garantindo-se a proteção de todas as respectivas consequências jurídicas, inclusive as que revelam economia fiscal.

A inoponibilidade, em que negócios jurídicos válidos não prevalecem e são inoperantes em relação a determinadas pessoas, no direito tributário, deve estar determinada pela lei, sem a qual o Estado não pode negar eficácia aos atos ou negócios jurídicos, praticados pelos particulares, sob o fundamento de atender os interesses estatais de arrecadação. O art. 116, parágrafo único, do CTN, a despeito de não estar regulamentado, permite às autoridades fiscais desconsiderar atos ou negócios jurídicos, praticados com a finalidade de dissimular a ocorrência do fato gerador do tributo ou a natureza dos elementos constitutivos da obrigação tributária, negando eficácia aos mesmos para fins fiscais – inoponibilidade.[493]

Assim, o desprezo, pela administração, da forma utilizada pelo contribuinte na estruturação do seu ato ou negócio jurídico somente pode se concretizar em caso de nulidade comprovada ou declarada, devendo a administração demonstrar a ilicitude da qualificação e (in)justificação do conjunto de atos e negócios jurídicos, praticados pelo contribuinte, sob a configuração dos pressupostos eleitos pelo ordenamento jurídico para o controle da regularidade da atividade dos particulares. E, uma vez demonstrada a irregularidade, gênese da sua ineficácia, é viável a requalificação da materialidade concreta em relação aos fatos geradores vinculados à situação de fato.[494]

Marcus Abraham e James Marins defendem a ideia de que a administração, ao verificar a forma jurídica viciada, utilizada pelo contribuinte, somente atribuirá o caráter de ineficácia ou invalidade a uma operação societária, financeira ou contratual em relação aos efeitos fiscais, ou seja, o ato ou negócio realizado permanece, atingindo-se apenas seus efeitos fiscais.[495] [496]

---

[493] ANDRADE FILHO, Edmar Oliveira. *Planejamento Tributário*. 2. ed. rev., ampl. e atual. São Paulo: Saraiva, 2016, p. 264.

[494] TÔRRES, Heleno Taveira. *Direito tributário e direito privado*: autonomia privada, simulação, elusão tributária. São Paulo: Revista dos Tribunais, 2003, p. 196.

[495] ABRAHAM, Marcus. *O Planejamento Tributário e o Direito Privado*. São Paulo: Quartier Latin, 2007, p. 356.

[496] MARINS, James. *Elisão Tributária e sua Regulação*. São Paulo: Dialética, 2002, p. 70-71.

PLANEJAMENTO TRIBUTÁRIO: DA CONSTITUIÇÃO DE EIRELI

Duas questões podem ser colocadas, sob o ponto de vista da segurança do contribuinte: i)- se a Justiça do Trabalho não reconhecer o vínculo empregatício, supostamente considerado pela fiscalização para afastar a pessoa jurídica que presta serviços intelectuais para tributar a pessoa física, como a autoridade fiscal poderá realizar uma autuação pautada meramente na sua existência? Não cabe à autoridade fiscal a valoração dessa realidade; e ii)- quais seriam os efeitos fiscais? Isso porque, a desconsideração de um ato ou negócio jurídico por determinado ente fiscalizador pode negar efeitos tributários à competência de uma pessoa em detrimento de outra pessoa jurídica – ente tributante, que tem interesse na sua permanência para fins de incidência do seu tributo.

Sob essa perspectiva, mostra-se cabível a análise da contratação de pessoa jurídica prestadora de serviços intelectual personalíssimo, como no caso dos médicos. Edmar Oliveira Andrade Filho expõe com clareza o conflito e a instabilidade gerados, perante os contribuintes e os Municípios, quando a fiscalização previdenciária entende por bem afastar a pessoa jurídica para tributar a respectiva contribuição da pessoa física do sócio, nos seguintes termos:

> Tomemos o caso de uma sociedade que contratou a prestação de certo serviço de caráter pessoal. Na prática, o serviço será prestado pessoalmente por uma pessoa física (sócio da contratante); então, o contrato é firmado com uma pessoa jurídica e a prestação do serviço tem caráter pessoal. Tratando-se de serviço de natureza pessoal, a sua prestação não requer a existência de uma estrutura organizada de fatores de produção (a empresa, em sentido ordinário); no entanto, foram emitidas notas fiscais e pagos os tributos devidos (PIS, COFINS, IRPJ, CSLL e ISS). Tomando conhecimento dos fatos, o INSS resolve desconsiderar a pessoa jurídica e imputar os rendimentos da prestação dos serviços a uma pessoa física (o sócio) sob o argumento de que estaria caracterizada, no caso, a relação de emprego. O ato final da desconsideração é a lavratura de auto de infração contra o contratante a quem foi imputada a condição de empregador.
>
> No caso, a desconsideração da personalidade jurídica – abstraída a questão da sua validade – criou um problema de inoponibilidade. O INSS exerceu o seu poder de inoponibilidade perante as partes do

contrato; todavia, este fato acarretou a transmudação do fato gerador e isto interfere no "poder de tributar" do Município que recebeu o ISS e que, todavia, não deveria recebê-lo se a relação jurídica fosse típica de empregador-empregado. Neste caso, parece certo que o Município tem legítimo interesse tributário na manutenção do contrato como foi inicialmente firmado; logo, ele tem um poder de inoponibilidade em face do ato perpetrado pelo INSS.

A existência do citado conflito de inoponibilidade indica que o melhor a fazer, no caso, é submeter cada caso ao arbitramento do Poder Judiciário, onde as partes poderiam discutir a validade do contrato – ou a validade da desconsideração – e cada um dos interessados (o Município, inclusive) pudesse apresentar as suas razões. O que não se pode admitir é que um contrato seja válido para um efeito (para o Município, por exemplo), e seja, ao mesmo tempo, inválido para o INSS; nem mesmo uma interpretação literal do art. 118 do CTN pode levar a uma conclusão dessa natureza, porquanto haveria um fato tributável inexistente (declarado nulo) e, portanto, desprovido de capacidade contributiva.

Se não houver um freio da desconsideração de atos ou negócios jurídicos não tardará o dia em que os Municípios adentrarão as empresas à procura de "contratos de trabalho" que simulem ou desvirtuem uma prestação de serviços de forma autônoma.[497]

Essa atuação da fiscalização não gera impacto apenas sobre a relação do contribuinte com outro ente tributante, como o Município, mas senão sobre o seu próprio direito de auto-organização e livre iniciativa de prestar seus serviços por meio de pessoa jurídica e somente vê-la afastada, em caso de verificação de abuso de personalidade jurídica, pelo Poder Judiciário, conforme regra específica, insculpida no art. 129, da Lei 11.196/05. A despeito disso, em decisão recente, de 24 de julho de 2018, da 2ª Turma da Câmara Superior de Recursos Fiscais – CSRF, restou definida a "desconsideração da relação

---

[497] ANDRADE FILHO, Edmar Oliveira. *Planejamento Tributário*. 2. ed. rev., ampl. e atual. São Paulo: Saraiva, 2016, p. 264-265.

societária e a formalização da exigência da contribuição social considerada a realidade fática"[498], no caso de sociedade formada por médicos:

> CONTRIBUIÇÕES SOCIAIS PREVIDENCIÁRIAS. CONDIÇÃO DE SÓCIO. DESCONSIDERAÇÃO. SEGURADO EMPREGADO. CARACTERIZAÇÃO.
> Ante a constatação de que a relação societária formalmente estabelecida entre os profissionais médicos e a sociedade visavam dissimular a relação de emprego, é legítima a desconsideração da relação societária e a formalização da exigência da contribuição social considerada a realidade fática.

Desse julgamento, cujas razões serão transcritas a seguir, percebe-se a incerteza dos limites impostos à administração para afastar a pessoa jurídica, legalmente constituída, e fazer incidir a carga tributária sobre o seu sócio, demonstrando que, ainda em 2018, há uma dificuldade na interpretação das normas aplicáveis a esse assunto. Isso porque, verifica-se que, instada a CSRF a se manifestar sobre a impossibilidade de a fiscalização desconsiderar a personalidade jurídica da sociedade médica, em razão da vigência do art. 129, da Lei 11.196/05, que condiciona esse procedimento à autorização judicial, proferiu a decisão:

> (...) Pois bem, quanto à possibilidade de a Fiscalização considerar os sócios não diretores como segurados empregados, ante o artigo 129 da Lei nº 11.196/2005, a questão não pode ser analisada sem que se considere as circunstâncias narradas no relatório fiscal, de que haveria uma situação de fato diferente daquela expressa pelos atos formais.
> Com efeito, a todo momento, na extensa descrição dos fatos apurados, o relatório fiscal procurou demonstrar que *"a forma aparente* como o contribuinte se organizou tem como objetivo precípuo o de produzir efeitos diferentes daqueles que a realidade dos fatos demonstra"; que havia um *"liame empregatício de fato* entre a pessoa jurídica e seus

---

[498] Acórdão 9202-007.031. 2ª Turma da Câmara Superior de Recursos Fiscais, CSFR. Relatora: Rita Eliza Reis da Costa Bacchieri. Sessão de 24 de julho de 2018.

PLANEJAMENTO TRIBUTÁRIO

> sócios médicos não ocupantes de cargos de diretoria"; que da "*realidade fática* evidenciada dos elementos de prova exsurgem de forma cristalina os pressupostos da relação de emprego". A autuação, portanto, desconsiderou a forma aparente e considerou a situação de fato.
>
> O que deve ser respondido é se, diante dos elementos apresentados, a Fiscalização poderia assim proceder.
>
> Penso que sim. Embora sem empregar essa designação, as circunstâncias descritas no relatório fiscal, configuram caso típico de simulação (...)
>
> A partir da compreensão dos fatos descritos no relatório fiscal, a Fiscalização concluiu que a Autuada procurou dissimular a efetiva natureza da relação entre a empresa e os tais sócios. Nessas circunstâncias, a Fiscalização não só poderia como deveria realizar a tributação considerando a realidade fática apurada, desconsiderando os atos simulados.
>
> O art. 142 do CTN define o lançamento como o procedimento administrativo tendente a verificar a ocorrência do fato gerador e determinar a matéria tributável. Foi o que fez a Fiscalização, ao apurar e demonstrar no relatório fiscal os fatos apurados e, coerentemente com estes, realizar as devidas imputações.
>
> Não vejo, assim, os descompassos apontados no acórdão recorrido que ensejariam a nulidade do lançamento.[499]

Dos fundamentos expostos na decisão, depreende-se à evidência que a administração, a despeito da norma do art. 129, da Lei 11.196/05, sob o argumento de dissimulação de situação fática, matéria afeta à sua competência e que permite a requalificação do ato ou negócio jurídico para tributar a pessoa física, na verdade, indiretamente, desconsidera a personalidade jurídica das prestadoras de serviços intelectuais, sem a comprovação dos requisitos pertinentes à aplicação da teoria e, principalmente, à submissão de autorização judicial, pautando-se, no fim, pela constatação de vínculo empregatício, cujo reconhecimento não está, de forma alguma, sob a sua esfera de atuação. Disso decorre que as autoridades fiscais ainda têm lavrado auto de infração

---

[499] Acórdão 9202-007.031. 2ª Turma da Câmara Superior de Recursos Fiscais, CSRF. Relatora: Rita Eliza Reis da Costa Bacchieri. Sessão de 24 de julho de 2018.

utilizando-se de critérios jurídicos próprios da legislação que rege as relações de trabalho de natureza empregatícia, em razão da incerteza da análise do próprio caso concreto e dos limites da sua atuação, o que gera uma insegurança aos profissionais.

O fisco, nesse caso, entende, à luz do conteúdo econômico da relação, que o contrato entabulado por pessoa jurídica, com a inteveniência-anuência de um de seus sócios, que realize pessoalmente o objeto do contrato, equivaleria, sob uma perspectiva econômica, a uma pactuação direta somente com o sócio, pessoa física, sob a existência de um contrato de emprego, o que constitui fundamento da sua atuação para requalificação do ato nos princípios da isonomia, capacidade contributiva e solidariedade social.

A tributação sobre as pessoas físicas dos sócios, no caso dos serviços prestados por pessoas jurídicas regularmente constituídas, viola frontalmente o sistema jurídico, uma vez que configura uma total despersonalização da pessoa jurídica e não uma mera desconsideração. Isso porque, as autoridades fiscais não só atentam contra a chancela que haviam anteriormente concedido no momento da constituição da pessoa jurídica, mas provocam uma "pandesconsideração", na medida em que abrangem a totalidade dos atos praticados com aquele propósito e, portanto, todos os atos realizados pela sociedade no atendimento do seu objeto social. Enfim, a administração, com essa atuação, não busca reprimir o desvio de finalidade, mas a finalidade em si, suprimindo-a, o que compromete toda a vida da sociedade, que, na verdade, não está sendo desconsiderada, mas dissolvida ou despersonalizada.[500]

Assim é que o art. 129, da Lei 11.196/05 interfere nos poderes da administração para dirimir as questões acerca da validade dos atos estabelecidos pelos particulares e os respectivos efeitos tributários, pois condicionada à avaliação do Poder Judiciário, referendando a limitação da atuação do fisco nessa matéria. Desse modo, essa norma retira temporariamente da administração, em relação a esta matéria, o seu poder de desconsiderar e requalificar atos e negócios jurídicos, determinando que todas as questões relacionadas com os

---

[500] TEPEDINO, Gustavo. Sociedade prestadora de serviços intelectuais: qualificação das atividades privadas no âmbito do direito tributário. In: ANAN JÚNIOR, Pedro; PEIXOTO, Marcelo Magalhães (coord.). *Prestação de serviços intelectuais por pessoas jurídicas*: aspectos legais, econômicos e tributários. São Paulo: MP, 2008, p. 48.

efeitos tributários do trabalho personalíssimo prestado por pessoa jurídica seja submetida à apreciação judicial.[501]

Tem-se, portanto, que somente é possível à administração proceder para afastar o ato constitutivo da pessoa jurídica (desconsideração do ato jurídico inválido e não da personalidade jurídica), em caso de comprovada fraude ou simulação, em razão de o seu poder-dever de identificar o patrimônio, rendimentos e as atividades econômicas do contribuinte, de verificar a ocorrência do fato gerador, bem como efetuar a revisão do lançamento.

Ocorre que, em razão de a exploração da atividade intelectual por pessoas físicas, estruturadas como pessoas jurídicas, localizar-se em uma zona de penumbra, a dificuldade de delimitar a atuação da administração para o caso da criação de pessoas jurídicas para prestação de serviços intelectuais centra-se, exatamente, no ponto de detectar a fraude ou simulação, ligada à causa da sua constituição para atingir o objetivo concreto e passível de requalificação da administração, com base no art. 149, VII, do CTN. Isso porque, a não ser que a pessoa jurídica seja completamente fictícia, a análise da sua constituição supostamente fraudulenta ou simulada, geralmente, perpassa pela análise de um contrato de trabalho para reconhecimento de eventual vínculo empregatício, ante a imposição ao trabalhador de pejotizar-se, bem como da comprovação do abuso do direito, pautado no desvio de finalidade da sua criação, matéria afeta à apreciação somente do Poder Judiciário.

A discussão desses limites ainda está em pauta, tendo em vista a tramitação do PL 113/07, apensados ao PL 536/07 e 888/07[502] que, voltados à administração, visam estabelecer procedimentos de desconsideração da pessoa, ato ou negócios jurídicos pelas autoridades fiscais, tendo sido apresentado Projeto de Lei Substitutivo pela Comissão de Desenvolvimento Econômico, Indústria e Comércio[503], estabelecendo como requisito para a desconsideração de

---

[501] ANDRADE FILHO, Edmar Oliveira. *Planejamento Tributário*. 2. ed. rev., ampl. e atual. São Paulo: Saraiva, 2016, p. 264-265.

[502] O teor desses Projetos de Lei foi abordado no item 2.4.

[503] *Substitutivo ao PL 536/2007 proposto pelo Deputado Osório Adriano* (não trata do procedimento em si):

Art. 1º Os atos ou negócios jurídicos praticados com a finalidade de dissimular a ocorrência de fato gerador do tributo ou a natureza dos elementos constitutivos da obrigação tributária serão desconsiderados, para fins tributários, pela autoridade administrativa competente,

pessoas jurídicas prestadoras de serviços a autorização judicial prévia, ou seja, necessidade de intervenção do Judiciário, sob a justificativa:

> Além dessa questão da hipossuficiência, cabe uma análise mais específica da relação dos fiscais da Receita com os contribuintes.
>
> Não é novidade para esta Casa que há casos de abusos das autoridades fiscais no exercício de suas atividades. (...) Acreditamos que a aprovação de ambos os projetos, na forma em que se encontram, exacerbariam tais excessos reportados na fiscalização tributária. (...)
>
> Dessa forma, acreditamos que os dispositivos que estabelecem a possibilidade de desconsideração sem intervenção judicial não nos parecem apropriados. De outro lado, a sequência de procedimentos definidos a partir do § 1º do art. 2º em diante nos parecem conferir uma segurança jurídica desejável ao contribuinte em sua relação com o Fisco após a desconsideração, desde que o início do processo conte com intervenção da Justiça. (...)
>
> A emenda nº 5 também prevê "prévia manifestação da Justiça do Trabalho", o que nos parece mais adequado que "decisão judicial". De fato, a exigência de decisão judicial pode ser interpretada como decisão transitada em julgado, o que poderá requerer um período excessivamente longo para se executar a fiscalização tributária. Assim, a demanda de uma "manifestação" judicial representa um equilíbrio maior no sentido de conter eventuais ímpetos abusivos da ação do fiscal ao mesmo tempo que evita emperrar o exercício da ação fiscalizatória. Esta busca de um equilíbrio melhor na relação fisco-contribuinte também já estava presente no caput do art. 1º do Projeto nº 133, que utiliza a expressão "decisão judicial autorizadora" em lugar de "decisão judicial". (...)
>
> Não negligenciamos o fato de que há vários casos de pessoas jurídicas que buscam as lacunas da lei para dissimular outro tipo de relação contratual, principalmente de emprego. No entanto, cabe notar que, antes de tudo, também se pode questionar o desenho do arcabouço

---

observados os procedimentos estabelecidos nesta Lei, *vedada a desconsideração da pessoa jurídica prestadora de serviços sem prévia autorização judicial.* (grifo nosso)

tributário brasileiro, que induz este tipo de comportamento. Um sistema tributário ideal deve ser o mais neutro possível, o que deveria implicar não estimular este tipo de arbitragem entre distintas formas de contratação. A indução à simulação, nesse sentido, poderia ser tomada como mais um sintoma da inadequação de nosso sistema tributário. Em especial, a questão central nas dissimulações da relação de emprego são os reconhecidamente elevados encargos trabalhistas vigentes no País. A frequente ocorrência de dissimulações nessas relações deveria ser o mote mais para a implementação de uma reforma que flexibilize de forma significativa esses encargos do que para o endurecimento da fiscalização perante o contribuinte, tanto o dissimulador como o não dissimulador.[504]

Assim sendo, cabe somente à lei determinar quem será o aplicador do direito, nos parecendo que, nesse caso, a outorga da prerrogativa ao Poder Judiciário de aplicar o direito com precedência em relação aos representantes do fisco e aos contribuintes, no caso da avaliação da presença de abuso de direito na constituição de pessoas jurídicas para prestação de serviços intelectuais e personalíssimos, que possam ter como consequência a declaração de uma relação de emprego, parece ser a melhor que realiza o equilíbrio entre os meios e fins[505], como, redundantemente, estabelecido pelo art. 129, da Lei 11.196/05.

Tal solução privilegia os direitos e garantias constitucionalmente atribuídos aos contribuintes, tais como autonomia de vontade, livre iniciativa, liberdade de contratar, legalidade tributária, imprimindo-lhes maior segurança jurídica na estruturação de sua atividade, nos moldes da legislação pertinente

---

[504] Projeto de Lei nº 133, de 2007. Comissão de Desenvolvimento Econômico, Indústria e Comércio. Dispõe sobre o procedimento de desconsideração de pessoa, ato ou negócio jurídico pelas autoridades fiscais competentes, e dá outras providências. Disponível em: < http://www.camara.gov.br/proposicoesWeb/prop_mostrarintegra;jsessionid=558E6A6ED 85867989B2BF9CD90E00066.proposicoesWebExterno1?codteor=453612&filename=Pare cer-CDEICS-20-04-2007>. Acesso em 25. Out. 2018.

[505] DONOSO, Diego Felipe Muñoz. A chamada Emenda 3 – reflexões sobre o real debate jurídico encoberto pelo discurso político – um problema de aplicação do direito à luz dos valores constitucionais. In: ANAN JÚNIOR, Pedro; PEIXOTO, Marcelo Magalhães (coord.). *Prestação de serviços intelectuais por pessoas jurídicas:* aspectos legais, econômicos e tributários. São Paulo: MP, 2008, p. 604.

e frente às novas exigências do mercado, que a despeito de outras razões, visam à economia tributária.

Por fim, se há permissão legal para que os médicos constituam, individualmente, pessoas jurídicas para prestação da sua atividade – EIRELI, de modo a submeterem-se ao regime tributário pertinente e mais favorável, sendo sincero e adequado ao perfil jurídico previsto pela ordem positiva, ou seja, existem efetivamente e o sócio suporta os efeitos decorrentes da sua escolha, respeitando a causa da sua criação, tem-se sua proteção pelo manto da inoponibilidade ao Estado[506], que somente poderá desconsiderar a opção do profissional, em caso de fraude ou simulação, respeitada, se for o caso de análise de uma suposta relação empregatícia, a apreciação judicial.

[506] ANDRADE FILHO, Edmar Oliveira. *Planejamento Tributário*. 2. ed. rev., ampl. e atual. São Paulo: Saraiva, 2016, p. 76.

CONCLUSÕES

O planejamento tributário, considerado nesse estudo como sinônimo da expressão elisão fiscal, pressupõe a atividade lícita na busca e identificação de alternativas que, observados os limites da ordem jurídica, alcancem uma menor carga tributária. Disso decorre que o contribuinte, apoiado na liberdade de iniciativa, autonomia de vontade, legalidade e eficiência econômica, pode adotar condutas, modelando fatos ou elegendo regimes mais favoráveis dentre os vários oferecidos pela legislação, que tornem menos onerosos os seus negócios, sob o ponto de vista fiscal.

Nesse contexto, com respaldo constitucional e legal, exsurge a possibilidade de os profissionais liberais, que desenvolvem atividade de cunho intelectual, constituir uma pessoa jurídica para prestação de seus serviços e submeter-se ao seu regime tributário, em geral, mais favorável.

Esse fenômeno, conhecido como pejotização e considerado, em geral, apenas em uma de suas faces como sendo uma atuação ilícita, recebeu uma noção pejorativa, porquanto pode ser compreendido que a utilização da pessoa jurídica para prestação de serviços intelectuais, porque prestado pessoalmente pelo sócio, visa, tão-somente, desvirtuar a relação empregatícia e promover a indevida economia tributária.

De fato, essa realidade existe, em razão de muitos contratantes, dentre eles hospitais, clínicas e planos de saúde, objetivando a economia de encargos trabalhistas e tributários, terem aproveitado do permissivo legal para impor e exigir dos seus empregados ou pretensos contratados, médicos, que almejassem ocupar uma colocação na empresa, a sua transformação em PJ, afastando, por conseguinte, a aplicação das normas protetivas do direito do trabalho em prejuízo desses trabalhadores. Essa visão, eminentemente, restritiva é tratada como regra em diversos estudos e pauta a atuação da administração para, sob o manto do art. 116, parágrafo único, do CTN, a despeito da sua falta de regulamentação, desconsiderar as pessoas jurídicas e tributar os rendimentos decorrentes dos serviços na pessoa dos sócios.

Ocorre que essa não é a única faceta da pejotização. Por isso, mostra-se necessário e relevante o seu estudo, como demonstrado nessa pesquisa, que a pejotização pode se apresentar como uma alternativa legítima, uma vez que o profissional, pautado na liberdade que lhe é garantida, pode escolher livremente a melhor forma de oferecer seus serviços intelectuais e personalíssimos, movido por razões profissionais ou de economia tributária. Portanto, revelando a existência do outro lado da moeda, defende-se que a constituição de pessoas jurídicas para prestação de serviços intelectuais e personalíssimos, característico da atividade médica, se coaduna com o ordenamento jurídico e deve ser respeitada pela autoridade fiscal, sendo que essa perspectiva merece ser estudada e reconhecida.

A visão de que o profissional liberal, cuja atividade é intelectual, só pode prestar seus serviços como empregado ou autônomo está superada, tanto sob a perspectiva do direito do trabalho, como do direito tributário. O Estado não pode obrigá-lo a participar de uma relação empregatícia ou de trabalho autônomo contra a sua vontade, sob o argumento de lhe conferir a proteção universal dos direitos trabalhistas, inegavelmente fruto de uma conquista social, mas que não pode ser imposta. No fundo, também existe uma motivação a respeito do impacto que a escolha do profissional gera sobre a arrecadação, que é maior sobre os rendimentos dos assalariados e autônomos, situação que contribui para a compreensão preconceituosa da pejotização.

Esse cenário mostrou-se bem retratado no julgamento proferido pela 3ª Turma do Tribunal Regional do Trabalho da 5ª Região no RO 0001466-25.2013.5.05.0611, em que, tendo o Ministério Público do Trabalho pleiteado no âmbito de Ação Civil Pública que o estabelecimento de saúde somente pode contratar médicos na condição de empregados, e não como autônomos ou sociedades médicas, uma vez que as normas trabalhistas não podem ser afastadas pela vontade das partes – visão restritiva –, foi valorizada a vontade do profissional, que no seio do processo, declarou que não desejava se submeter

CONCLUSÕES

a um vínculo empregatício, em detrimento de sua autonomia, prestigiando os princípios da livre iniciativa e da liberdade de contratar.

É inegável que existem novas formas de contratação já praticadas no mercado de trabalho, que têm como objeto os serviços intelectuais, uma vez que esses profissionais, em razão da especialização e do recebimento de rendimentos mais altos, não desejam submeter-se à subordinação, própria da tradicional relação de emprego; ou, desejando manter a autonomia, prestam serviços com pessoalidade ou exclusividade a um só tomador; ou ainda, decidem constituir uma pessoa jurídica para desenvolver sua atividade.

Essa realidade, percebida pelo legislador, é objeto de diversos dispositivos que legitimam a escolha do profissional, resultando na valorização do empreendedorismo e/ou do próprio trabalho humano, em obediência a preceitos constitucionais.

O Código Civil, de 2002, avançando nessa perspectiva, permitiu no art. 966, parágrafo único, a constituição de sociedade para a exploração econômica de serviços típicos de profissões intelectuais, conhecida como sociedade civil ou simples, exceto quando o trabalho intelectual for elemento da empresa. Essa previsão fez com que muitos profissionais liberais, dentre eles os médicos, se associassem para, sob a roupagem de uma pessoa jurídica, obtivessem os benefícios fiscais pertinentes da aplicação de seu regime tributário. Não podiam, sozinhos, explorar sua atividade, como empresário individual, equiparado à pessoa jurídica para fins de tributação do Imposto de Renda, uma vez que o art. 162, § 2º, I, do Decreto 9.580/2018 (correspondente ao art. 150, § 2º, I, do Decreto nº 3.000/99 – Revogado), os excluía desse regime, em razão do serviço ser pessoal.

Por isso, a despeito da possibilidade de constituição de sociedade de natureza civil, as autoridades fiscais, sob a alegação da natureza pessoal dos serviços e da existência de algumas características da relação empregatícia, como habitualidade, exclusividade e remuneração fixa, desprezavam a existência formal da pessoa jurídica legalmente constituída e devidamente registrada nos órgãos competentes para, assentados na aplicação do princípio da capacidade contributiva e solidariedade social, tributar a pessoa física do sócio.

Em decorrência disso, surge o art. 129, da Lei 11.196/05, voltado para a atuação da fiscalização, evidenciando que, para fins fiscais e previdenciários, a prestação de serviços intelectuais, inclusive personalíssimos, por meio de sociedade, ficaria sujeita, tão-somente, à legislação aplicável à pessoa jurídica, submetendo a desconsideração da sua personalidade jurídica à apreciação judicial, o que limitou a atuação da administração pública, de modo a imprimir segurança jurídica à escolha do profissional frente à atuação da administração.

Nesse sentir, a legislação evoluiu ainda mais, quando da edição da Lei 12.441/2011, que incluiu o art. 980-A no CC/02, permitindo que o profissional intelectual possa, sozinho, explorar seus serviços, de natureza civil, por meio da constituição de uma EIRELI, cuja viabilidade, para fins de incidência do regime tributário, próprio das pessoas jurídicas, inclusive foi reconhecida pela Receita Federal, em diversas oportunidades em que foi consultada.

Por fim, a inovação legislativa mais recente, fruto da reforma trabalhista, operada pela Lei 13.467/2017, é a inclusão da figura do autônomo exclusivo, prevista no art. 442-B, da CLT, que permite ao profissional prestar seus serviços de maneira exclusiva e contínua a um só tomador de serviços, sem que essa relação seja considerada como de emprego, afastando a tributação dela pertinente. Esse dispositivo reforça ainda mais a face lícita da pejotização, em que o profissional, especializado que é, não quer ser subordinado, mas quer prestar seus serviços a um só contratante. Essa é uma tendência verificada no mercado de trabalho que guarda relação com o trabalhador parassubordinado e autônomo dependente, estudados na Itália e na Espanha, como uma terceira espécie de trabalhador localizado entre o subordinado e o autônomo. Embora, o Brasil não tenha regulamentado essa espécie de maneira robusta e com essa especificidade, colocando-o com uma espécie de trabalhador autônomo, o fato é que evoluiu no sentido de valorizar a escolha do profissional.

Em razão de todo o arcabouço normativo, defende-se que o médico pode escolher livremente constituir uma EIRELI para prestar seus serviços.

Para tanto, deve observar os requisitos legais para sua criação, como elaboração do ato constitutivo, registro nos órgãos competentes (geralmente, Cartório de Registro de Pessoas Jurídicas; e respectivo CRM), inscrição perante a Receita Federal e órgão competente do Município, bem como obtenção do alvará de funcionamento. Ou seja, a empresa não pode ser criada só no papel ou ser apenas de fachada, sob pena da constatação de sua criação com simulação, fraude à lei ou abuso de direito.

Ademais, o profissional deve analisar os custos trabalhistas e tributários envolvidos, bem como os ônus pertinentes à criação e manutenção de uma pessoa

CONCLUSÕES

jurídica, para verificar se efetivamente sua escolha em prestar os serviços por meio de uma pessoa jurídica lhe proporcionará uma vantagem tributária efetiva. Dessa forma, sob o ponto de vista financeiro, o profissional deve considerar o valor pago a título de contraprestação – que deve ser diferente àquele pago enquanto empregado, porque se for igual não compensará, tendo em vista a perda dos direitos trabalhistas –; os direitos trabalhistas que vai deixar de receber, inclusive, em uma eventual rescisão; e os custos pertinentes à pessoa jurídica, tais como emissão de nota fiscal, contratação de contador, empregados, etc.

A vantagem tributária, relacionada principalmente ao Imposto de Renda, é proporcional ao valor dos rendimentos. Quanto maior o valor recebido, mais significativa a economia tributária.

Restou verificado que não compensa ao profissional, avaliando somente a incidência tributária, atuar como pessoa jurídica e recebendo pró-labore, quando seus rendimentos estiverem na média de R$ 6.000,00 (seis mil reais) (considerando os valores e incidências tributárias em 2018), uma vez que a economia tributária em relação à condição de empregado é inexpressiva, cerca de 2,11% a menos, para abrir mão dos direitos trabalhistas. Na hipótese de receber a média de R$ 12.000,00 (doze mil reais), a economia tributária aumenta para 6,64% em relação à sua tributação como empregado. Se a sua renda atingir R$ 24.000,00 (vinte e quatro mil reais), a redução da carga tributária mostra-se mais relevante, representando uma economia de 8,9%, podendo chegar a 10,13% se não houver o recebimento de pró-labore.

Em todos os casos, o trabalho prestado como autônomo representa o maior custo tributário frente às demais formas de desenvolvimento da atividade, resultando em um impacto negativo do valor líquido recebido ao final pelo profissional, a ser considerado quando for escolher a forma de prestação do seu trabalho.

Dessa forma, restando demonstrada a licitude da atuação do médico, a desconsideração da pessoa jurídica para atingir a sua pessoa, sob o ponto de vista da tributação, somente pode ser realizada pela administração, observados os limites da legislação. O art. 129, da Lei 11.196/05 determinou que a desconsideração da personalidade jurídica da prestadora de serviços intelectuais, constituída mediante abuso de direito (desvio de finalidade ou confusão patrimonial) deve ser submetida à apreciação judicial, não possuindo, a autoridade fiscal, competência para aplicação dessa teoria.

Ocorre que a administração, sob o argumento de que essas pessoas jurídicas foram criadas mediante simulação ou fraude à lei, hipóteses nas quais pode realizar a requalificação da operação, com fulcro no art. 149, VII do CTN, acabam por, indiretamente aplicar a desconsideração da personalidade jurídica da pessoa jurídica e tributar os rendimentos na pessoa do sócio.

A problemática da sua atuação, em prejuízo do profissional, deriva da situação de que, geralmente a identificação de suposta simulação ou fraude, que indica a sua constituição ilegal, está ligada à identificação de requisitos da relação trabalhista e de efeitos econômicos entre a atividade do prestador de serviços e o regime empregatício, negando efeitos ao ato de constituição da pessoa jurídica. Entretanto, a constatação de que a pessoa jurídica, existente formal e materialmente, no plano econômico, foi constituída, mediante abuso de direito para fraudar uma relação trabalhista, cujo vínculo somente pode ser reconhecido pela Justiça do Trabalho, deve ser levada à apreciação do Poder Judiciário, tal como previsto no art. 50, do CC/02, desautorizando o poder tributário, exercido pela administração, de fazê-lo.

A discussão dos limites da atuação da administração ainda está em pauta, tendo em vista a tramitação do PL 113/07, apensados ao PL 536/07 e 888/07 que visam estabelecer os procedimentos de desconsideração da pessoa, ato ou negócios jurídicos pelas autoridades fiscais, tendo sido apresentado Projeto de Lei Substitutivo pela Comissão de Desenvolvimento Econômico, Indústria e Comércio, estabelecendo como requisito para a desconsideração de pessoas jurídicas prestadoras de serviços a autorização judicial prévia.

Assim sendo, a não ser que a pessoa jurídica seja completamente fictícia ou "de papel", o que permitiria a atuação direta da administração, a constatação de outras situações que levam ao questionamento da sua criação deverão ser submetidas à apreciação judicial, como sendo a melhor forma de realizar o equilíbrio na relação fisco-contribuinte, e respeitar os direitos e garantias conferidos aos indivíduos de escolherem a melhor forma de prestar seus serviços e economizar tributos legalmente.

REFERÊNCIAS

ABRAHAM, Marcus. *O Planejamento Tributário e o Direito Privado*. São Paulo: Quartier Latin, 2007.

ABRANTES, José João. "O direito laboral face aos novos modelos de prestação de trabalho". In: *IV Congresso Nacional de Direito do Trabalho*. Coimbra: Almedina, 2002.

AGRA, Alexandre. *Entrevista Reforma Trabalhista: Teletrabalho e autônomo Exclusivo – Bloco 8*. Câmara dos Deputados. 13/08/2018. Disponível em: < http://www2.camara.leg.br/camaranoticias/radio/materias/REPORTAGEM-ESPECIAL/561197-REFORMA-TRABALHISTA-TELETRABALHO-E-AUTONOMO-EXCLUSIVO-BLOCO-8.html>. Acesso em: 29 set. 2018.

AMARAL. Antônio Carlos Rodrigues do. *O empreendedorismo e a justiça fiscal*. Valor Econômico. Caderno Legislação e Tributos. São Paulo. 20/09/2006.

_____; VIGGIANO, Letícia M. F. do Amaral. "Apontamentos sobre a desconsideração da personalidade jurídica e os serviços de natureza intelectual". In: ANAN JÚNIOR, Pedro; PEIXOTO, Marcelo Magalhães (coord.). *Prestação de serviços intelectuais por pessoas jurídicas: aspectos legais, econômicos e tributários*. São Paulo: MP, 2008.

AMARAL, Gustavo da Silva. *Elisão Fiscal e Norma Geral Antielisiva*. Porto Alegre: IOB/Thompson, 2004.

AMARO, Luciano da Silva. "Planejamento tributário e evasão". In: *Planejamento fiscal: teoria e prática*. São Paulo: Dialética, 1995.

_____. *Direito tributário brasileiro*. 15. ed. São Paulo: Saraiva, 2009.

_____. "Desconsideração da pessoa jurídica para fins fiscais". In: *Tributação, justiça e liberdade: em homenagem a Ives Gandra da Silva Martins*. Curitiba: Juruá, 2005.

ANDRADE, José Maria Arruda de.; e BRANCO, Leonardo Ogassawara de Araújo. "O apelo a argumentos extrajurídicos e ao art. 123 do CTN no combate ao planejamento tributário no âmbito do Carf: análise de casos envolvendo JCP e reserva de usufruto". In: *Direito Tributário Atual*, v. 39, p. 433-456, 2018. Disponível em: <http://ibdt.org.br/RDTA/39/o-apelo-a-argumentos-extrajuridicos-e-ao-art-123-do-ctn-no-combate-ao-planejamento-tributario-no-ambito-do-carf-analise-de-casos-envolvendo-jcp-e-reserva-de-usufruto/>. Acesso em: 23 set. 2018.

ANDRADE, Leonardo Aguirra de. *Estruturação Elusiva de Atos e Negócios Jurídicos no Direito Tributário Brasileiro: Limites ao Planejamento Tributário. Dissertação (Mestrado em Direito)* – Faculdade de Direito, Universidade de São Paulo. São Paulo, p. 364. 2014.

ANDRADE FILHO, Edmar Oliveira. *Planejamento Tributário.* 2. ed. rev., ampl. e atual. São Paulo: Saraiva, 2016.

_____. *Imposto de Renda das Empresas.* 7. ed. São Paulo: Atlas, 2010.

_____. "Análise estrutural e teleológica do enunciado do art. 129 da Lei nº 11.196/05". In: ANAN JÚNIOR, Pedro; PEIXOTO, Marcelo Magalhães (coord.). *Prestação de serviços intelectuais por pessoas jurídicas: aspectos legais, econômicos e tributários.* São Paulo: MP, 2008.

_____. *Desconsideração da personalidade jurídica no novo código civil.* 1. ed. São Paulo: MP, 2005.

ANNAN JÚNIOR, Pedro. "Comentários sobre o veto da Emenda 3, que alterava o art. 6º da Lei 10.593/02, e as autuações fiscais das sociedades prestadoras de serviços". In: ANAN JÚNIOR, Pedro; PEIXOTO, Marcelo Magalhães (coord.). *Prestação de serviços intelectuais por pessoas jurídicas: aspectos legais, econômicos e tributários.* São Paulo: MP, 2008.

ASSUMPÇÃO ALVES, Alexandre Ferreira de. *A desconsideração da Personalidade Jurídica à luz do Direito Civil-Constitucional: o descompasso entre as disposições do Código de Defesa do Consumidor e a disregard doctrine.* Tese (Doutorado em Direito). Rio de Janeiro: 2003, p. 142.

ATALIBA, Geraldo. "Progressividade e capacidade contributiva". In: *Princípios constitucionais tributários. Separata da Revista de Direito Tributário.* São Paulo: IDEPE, 1991, p. 50 apud ANDRADE FILHO, Edmar Oliveira. *Planejamento Tributário.* 2. ed. rev., ampl. e atual. São Paulo: Saraiva, 2016.

ATIENZA, Manuel; MANERO, Juan Ruiz. *"Los ilícitos atípicos".* Madrid: Trotta, 2000, p. 33 apud ANDRADE FILHO, Edmar Oliveira. *Planejamento Tributário.* 2. ed. rev., ampl. e atual. São Paulo: Saraiva, 2016.

ÁVILA, Humberto. *Sistema Tributário Nacional.* 5. ed. São Paulo: Saraiva, 2012.

_____. "Ágio com fundamento em rentabilidade futura. Empresas do mesmo grupo. Aquisição mediante conferência em ações. Direito à amortização. Licitude formal e material do planejamento". In: *Revista Dialética de Direito Tributário.* RDDT 205/174. São Paulo: Dialética, 2012.

AZEVEDO, Antônio Junqueira. "Princípios do Novo Direito Contratual e Desregulamentação do Mercado, Direito de Exclusividade nas Relações Contratuais de Fornecimento, Função Social do contrato e Responsabilidade Aquiliana do terceiro que contribui para o inadimplemento contratual". *Revista dos Tribunais.* nº. 750. São Paulo: Revista dos Tribunais, 1998.

_____. *Negócio Jurídico – Existência, validade e Eficácia.* 4. ed. São Paulo: Saraiva, 2002.

BALEEIRO, Aliomar. *Limitações constitucionais ao poder de tributar.* Atualizado por Mizabel Abreu Machado Derzi. 7. ed. Rio de Janeiro: Forense, 1999.

BALERA, Wagner. "Questões previdenciárias das sociedades prestadoras de serviços". In: ANAN JÚNIOR, Pedro; PEIXOTO, Marcelo Magalhães (coord.). *Prestação de serviços intelectuais por pessoas jurídicas: aspectos legais, econômicos e tributários.* São Paulo: MP, 2008.

BARBOSA, Ana Beatriz Nunes; SIQUEIRA, Marcelo Gustavo Silva. "Registro das sociedades em face do Novo Código Civil". In: *Revista de Direito Empresarial IBMEC – Volume 3.* Rio de Janeiro: Lumen Juris, 2004.

REFERÊNCIAS

BARBOSA, Attila Magno e Silva; ORBEM, Juliani Veronezi. "'Pejotização': precarização das relações de trabalho, das relações sociais e das relações humanas". In: *Revista Eletrônica do Curso de Direito da UFSM*. v. 10, n. 2/2015. Disponível em: <https://www.ufsm.br/redevistadireito>. Acesso em: 15 out. 2018.

BARRETO, Aires F. *ISS na Constituição e na Lei*. São Paulo: Dialética, 2003.

BARRETO, Paulo Ayres. *Elisão Tributária: limites normativos*. Tese apresentada ao concurso à livre-docência do Departamento de Direito Econômico e Financeiro – Área de Direito Tributário – da Faculdade de Direito da Universidade de São Paulo. São Paulo, 2008.

BARROS, Alice Monteiro de. *Curso de Direito do Trabalho*. São Paulo: LTr, 2005.

_____. *As relações de trabalho no espetáculo*. São Paulo: LTr, 2003.

_____. "Trabalhadores intelectuais: subordinação jurídica: redimensionamento". In: *Revista de Direito do Trabalho*, v. 30, n. 115. jul./set. 2004, São Paulo, p. 23-42.

BATALHA, Wilson de Souza Campos. "Defeitos dos negócios jurídicos". Rio de Janeiro: forense, 1988, p. 208 apud ANDRADE FILHO, Edmar Oliveira. *Planejamento Tributário*. 2. ed. rev., ampl. e atual. São Paulo: Saraiva, 2016.

BATISTA JÚNIOR, Onofre Alves. *O Planejamento Fiscal e a Interpretação no Direito Tributário*. Belo Horizonte: Mandamentos, 2002.

BECKER, Alfredo Augusto. *Teoria geral do direito tributário*. 3. ed. São Paulo: Lejus, 1998.

BELCHIOR, Deborah Sales; SILVEIRA, Larissa de Castro. "Planejamento Tributário". In: MACHADO, Hugo de Brito (Coord.). In: *Planejamento Tributário*. São Paulo: Malheiros: ICET, 2016.

BETTI, Emílio. "Teoria geral do negócio jurídico". Coimbra: Coimbra, 1969, p. 344 apud ANDRADE FILHO, Edmar Oliveira. *Planejamento Tributário*. 2. ed. rev., ampl. e atual. São Paulo: Saraiva, 2016.

BEVILÁQUA, Clóvis. "Teoria Geral do direito civil". 3. Ed. Rio de Janiro: MJNI, 1966, p. 239 apud ANDRADE FILHO, Edmar Oliveira. In: *Planejamento Tributário*. 2. ed. rev., ampl. e atual. São Paulo: Saraiva, 2016.

BOGO, Luciano Alaor. *Elisão Tributária: licitude e abuso do direito*. Curitiba: Juruá, 2009.

BORBA, José Edwaldo Tavares. *Direito Societário*. 9. ed. Rio de Janeiro: Renovar, 2004.

_____. *Sociedades Simples e Empresárias – Parecer*. ago./2003. Disponível em: <http://www.irtdpjminas.com.br/rtds/sociedade_simples_empresarias_jose_edwaldo.pdf>. Acesso em: 24 out. 2018.

BORGES. José Souto Maior. "Relações Hierárquicas do Contraditório Tributário com outros Princípios Constitucionais". In: BRITO, Edvaldo; ROSAS, Roberto. *Dimensão Jurídica do Tributo: Homenagem ao Professor Dejalma de Campos*, p. 429-439.

BOZZA, Fábio Piovesan. *Planejamento Tributário e Autonomia Privada*. São Paulo: Quartier Latin, 2015.

BULGUERONI, Renata Orsi. *Trabalho autônomo dependente: experiências italiana e espanhola e a realidade brasileira*. Dissertação (Mestrado em Direito) – Faculdade de Direito, Universidade de São Paulo. São Paulo, p. 244. 2011.

_____. "Parassubordinação: origem, elementos, espécies e tutela". In: *Revista de Direito do Trabalho*, ano 34, n. 131, jul.-set./2008.

CAMINHOTO, Rita Diniz. "A livre iniciativa e a autonomia privada no direito tributário: elisão e evasão fiscais e planejamento tributário versus art. 116, parágrafo único, do

CTN". In: MENDONÇA, Maria Lírida Calou de Araújo; MURTA, Antônio Carlos Diniz; GASSEN, Valcir. *Direito Tributário e Financeiro II*. Organização COMPEDI/UFMG/FUMEC/Dom Helder Câmara. Florianópolis: COMPEDI, 2015. Disponível em: <file:///F:/DISSERTAÇÃO%20PLANEJAMENTO%20TRIBUTÁRIO/DISSERTAÇÃO%20-%20CAPÍTULO%20I/LIVRE%20INICIATIVA%20E%20PLANEJAMENTO%20TRIBUTÁRIO%20COMPEDI.pdf>. Acesso em: 07 set. 2018.

CAMPIHO, Sérgio. *O Direito de Empresa à Luz do Código Civil*. 13. ed. Rio de Janeiro: Renovar, 2014.

CAMPOS FILHO, Paulo Barbosa de. *O problema da causa no Código Civil Brasileiro*. São Paulo: Maxlimonad, s.d.

CARPENA, Heloísa. *Abuso de direitos nos contratos de consumo*. Rio de Janeiro: Renovar, 2001.

CARVALHO, Ivo César de Barreto de. *Elisão tributária no ordenamento jurídico brasileiro*. São Paulo: MP Editora, 2007.

_____. Planejamento Tributário. In: MACHADO, Hugo de Brito (Coord.). *Planejamento Tributário*. São Paulo: Malheiros: ICET, 2016.

CARVALHO, Maria Amélia Lira de. *Pejotização e Descaracterização do contrato de emprego: o caso dos médicos em Salvador*. Dissertação (Mestrado em Políticas Sociais e Cidadania) – Universidade Católica de Salvador. Salvador, p. 154. 2010.

CARVALHO, Paulo de Barros. *Direito Tributário: linguagem e método*. 4. ed. São Paulo: Noeses, 2011.

_____. *Curso de Direito Tributário*. 26. ed. São Paulo: Saraiva, 2014.

CARRAZZA, Roque Antônio. *Curso de direito constitucional tributário*. 26. ed. São Paulo: Malheiros Editores, 2011.

CASTELO, Jorge Pinheiro. "Transformações do mercado de trabalho brasileiro – prestação de serviços de natureza intelectual por pessoas jurídicas – aspectos legais, econômicos, trabalhistas e tributários – desconstruindo e construindo o paradigma de pensamento". In: ANAN JÚNIOR, Pedro; PEIXOTO, Marcelo Magalhães (coord.). *Prestação de serviços intelectuais por pessoas jurídicas: aspectos legais, econômicos e tributários*. São Paulo: MP, 2008.

CAVALCANTE, Jouberto Quadros Pessoa; JORGE NETO, Francisco Ferreira. "Aspectos do art. 129, da Lei 11.196. Da terceirização e do Direito do Trabalho". In: *Revista do TRT da 15 Região*, n. 27, jul./dez. de 2005, p. 183. Disponível em: < http://www.trt15.jus.br/escola_da_magistratura/Rev27Art10.pdf>. Acesso em: 29 set. 2018.

CAVALCANTE, Marcos de Oliveira. "Quais as atividades que podem ser exploradas por uma EIRELI (e quais as diferenças entre EIRELI – prestador de serviços – e empregado)". In: ANNAN JÚNIOR. Pedro; PEIXOTO, Marcelo Magalhães (coord.). *Empresa Individual de Responsabilidade Limitada – EIRELI: aspectos econômicos e legais*. São Paulo: MP, 2012.

CINTRA, Carlos César Sousa; MATTOS, Thiago Pierre Linhares. "Planejamento Tributário à luz do direito brasileiro". In: MACHADO, Hugo de Brito (Coord.). *Planejamento Tributário*. São Paulo: Malheiros: ICET, 2016.

COELHO, Fábio Ulhôa. *Curso de Direito Comercial*. Volume 2. São Paulo: Saraiva, 2011.

COÊLHO, Sacha Calmon Navarro. *Curso de Direito Tributário Brasileiro*. 9. ed. rev. e atual. Rio de Janeiro: Forense, 2006.

REFERÊNCIAS

_____. "Os limites atuais do planejamento tributário (apreciação crítica da Lei Complementar 104, de 10.1.2001, que procura introduzir no Brasil a 'interpretação econômica do direito tributário' ou a chamada 'norma geral antielisiva')". In: ROCHA, Valdir de Oliveira (Coord.). *Planejamento Tributário e a Lei Complementar 104*. São Paulo: Dialética, 2001.

_____. "Considerações acerca do planejamento tributário no Brasil". In: MACHADO, Hugo de Brito (Coord.). *Planejamento Tributário*. São Paulo: Malheiros: ICET, 2016.

_____. "Conteúdo e alcance do art. 129 da Lei nº 11.196/2005 norma de natureza interpretativa, dirigida à fiscalização, que não permite a desconsideração de situações jurídicas consolidadas". In: *Revista Dialética de Direito Tributário*, nº 141. São Paulo: Dialética.

_____. "Art. 129: contribuintes da lei 11.196/05". In: *Diário do Nordeste, caderno opinião*, p. 02, 19/02/2006. Disponível em: <http://www.prt7.mpt.gv.br/mpt_na_midia/2006/fevereiro/19_02_06_DN_contribuintes_mp_do_bem.htm>. Acesso em: 25 out. 2018.

COSTA, Regina Helena. *Praticabilidade e Justiça Tributária*: Exequibilidade de Lei Tributária e Direitos do Contribuinte. São Paulo: Malheiros, 2007.

DELGADO, José Augusto. "Os Postulados e os Princípios na Constituição Federal de 1988. Aspectos Conceituais". In: VELLOSO, Carlos Mário da Silva; ROSAS, Roberto e outros (coord.). *Princípios Constitucionais Fundamentais: Estudos em Homenagem ao Professor Ives Gandra da Silva Martins*, p. 621-643.

DELGADO. Maurício Godinho. *Curso de direito do trabalho*. 5. ed. São Paulo: LTr, 2006.

_____. "Sujeitos do Contrato de Trabalho: O Empregado". In: BARROS, Alice Monteiros de (coord.). *Curso de Direito do Trabalho – Estudos em Memória de Célio Goyatá*. v. 1. São Paulo: LTr, 1993.

DE SANTI, Eurico Marcos Diniz. "Planejamento Tributário e Estado de Direito: fraude à Lei, Reconstruindo Conceitos". In: *III Congresso Nacional de Estudos Tributários – Interpretação e Estado de Direito*. São Paulo: Noeses, 2006.

_____. *Kafka: Alienação e deformidades da legalidade, exercício do controle social rumo à cidadania fiscal*. São Paulo: RT/Fiscosoft, 2014.

DINIZ, Maria Helena. *Curso de Direito Civil Brasileiro*. Teoria Geral de Direito Civil Brasileiro. 29. ed. São Paulo: Saraiva, 2012.

DONOSO, Diego Felipe Muñoz. "A chamada Emenda 3 – reflexões sobre o real debate jurídico encoberto pelo discurso político – um problema de aplicação do direito à luz dos valores constitucionais". In: ANAN JÚNIOR, Pedro; PEIXOTO, Marcelo Magalhães (coord.). *Prestação de serviços intelectuais por pessoas jurídicas: aspectos legais, econômicos e tributários*. São Paulo: MP, 2008.

DÓRIA, Antônio Roberto Sampaio. Elisão e Evasão Fiscal. 2. ed. São Paulo: José Buskatsky, 1977 apud ANDRADE, Leonardo Aguirra de. *Estruturação Elusiva de Atos e Negócios Jurídicos no Direito Tributário Brasileiro: Limites ao Planejamento Tributário. Dissertação (Mestrado em Direito)* – Faculdade de Direito, Universidade de São Paulo. São Paulo, p. 364. 2014.

DORNELLES, Francisco. "Novas perspectivas para os empreendedores brasileiros". In: ANNAN JÚNIOR. Pedro; PEIXOTO, Marcelo Magalhães (coord.). *Empresa Individual de Responsabilidade Limitada – EIRELI: aspectos econômicos e legais*. São Paulo: MP, 2012.

DRUCK, Graça; THÉBAUD-MONY, Annie. "Terceirização: A erosão dos direitos dos trabalhadores na França e no Brasil". In: DRUCK, Graça; FRANCO, Tânia (org.). *A perda da razão social do trabalho, terceirização e precarização*. São Paulo: Boitempo, 2007.

FABRETTI, Láudio Camargo. *Código Tributário Nacional Comentado*. 5. ed. rev. e atual. São Paulo: Atlas, 2005.

FALCÃO, Amílcar de Araújo. *Fato gerador da obrigação tributária*. 7. ed. São Paulo: Noeses, 2013.

FERNANDES, Antônio Monteiro. *Direito do Trabalho*. 13. ed. Coimbra: Almedina, 2006.

FERRAGUT, Maria Rita. *Presunções no Direito Tributário*. São Paulo: Dialética, 2001.

_____. "Evasão fiscal: o parágrafo único do art. 116 do CTN e os limites de sua aplicação". *Revista Dialética de Direito Tributário*/RDDT 67/117-124. São Paulo: Dialética, 2001.

FERRARA, Francesco. "A simulação dos negócios jurídicos". Campinas: Red Livros, 1999, p. 51 apud ANDRADE FILHO, Edmar Oliveira. *Planejamento Tributário*. 2. ed. rev., ampl. e atual. São Paulo: Saraiva, 2016.

FOSSATI, Gustavo. *Planejamento tributário e interpretação econômica*. Porto Alegre: Livraria do Advogado, 2006.

FREITAS, Cláudio Victor de Castro. "A parassubordinação, o contrato de trabalho a projeto e o direito brasileiro – uma análise das novas relações de trabalho sob uma ótica globalizada". In: *LTr: Revista de Legislação do Trabalho*, v. 73, nº. 10, outubro de 2009, São Paulo.

GAGLIANO. Pablo Stolze; PAMPLONA FILHO. Rodolfo. *Novo Curso de Direito Civil*. 14. ed. São Paulo: Saraiva, 2012.

GASSNER, Wolfgang. "*Interpretation und Anwendung der Steuergesetze. Kritische Analyse der wirtchaftlichen Betrachtungsweise dês Steuerrechts*". Wien: Anton Orac, 1972, p. 53 apud SCHOUERI, Luís Eduardo. *Direito Tributário*. 5. ed. São Paulo: Saraiva, 2015.

GERMANO, Lívia de Carli. *Planejamento tributário e limites para a desconsideração dos negócios jurídicos*. São Paulo: Saraiva, 2013.

GODOI, Marciano Seabra de. Planejamento Tributário. In: MACHADO, Hugo de Brito (Coord.). *Planejamento Tributário*. São Paulo: Malheiros: ICET, 2016.

_____. "A volta do *in dubio pro contribuinte*: avanço ou retrocesso?" In: ROCHA, Valdir de Oliveira (org.). *Grandes Questões Atuais do Direito Tributário*. vol. 17. São Paulo: Dialética, 2013, p. 181-197.

GONÇALVES, Carlos Roberto. *Direito Civil Brasileiro – Parte Geral*, vol. I. São Paulo: Saraiva, 2003.

GRECO, Marco Aurélio. *Planejamento tributário*. 2. ed. São Paulo: Dialética, 2008.

_____. Do poder à função In: FERRAZ, Roberto (Coord.). **Princípios e Limites da Tributação 2** – *Os Princípios da Ordem Econômica e a Tributação*. São Paulo: Quartier Latin, 2009, p. 165-176.

GUTIERREZ, Miguel Delgado. *Planejamento Tributário: Elisão e Evasão Fiscal*. 1. ed. São Paulo: Quartier Latin, 2006.

HARTZ, Wilhelm. "Interpretação da lei tributária: conteúdo e limites do critério econômico". São Paulo: Resenha Tributária, 1993, p. 100 apud ANDRADE FILHO, Edmar Oliveira. *Planejamento Tributário*. 2. ed. rev., ampl. e atual. São Paulo: Saraiva, 2016.

REFERÊNCIAS

HUCK, Hermes Marcelo. "Evasão e elisão no direito tributário internacional". In: *Planejamento fiscal: teoria e prática*, v. 2, São Paulo: Dialética, 1998.

_____. *Evasão e Elisão: Rotas Nacionais e Internacionais*. São Paulo: Saraiva, 1997.

JOSSERAND, Louis. *"De l'Esprit dês Droits et de leur Relativité – Théoriedite de l'Abus dês Droits"*. Paris: *Daloz*, 1927, p. 341 apud ANDRADE, Leonardo Aguirra de. *Estruturação Elusiva de Atos e Negócios Jurídicos no Direito Tributário Brasileiro: Limites ao Planejamento Tributário*. Dissertação (Mestrado em Direito) – Faculdade de Direito, Universidade de São Paulo. São Paulo, p. 364. 2014.

LAPATZA, José Juan Ferrero. *Direito tributário: teoria geral do tributo*. Barueri: Manole; Espanha: Marcial Pons, 2007.

LEHNER, Moris. "Consideração econômica e tributária conforme a capacidade contributiva. Sobre a possibilidade de uma interpretação teleológica de normas com finalidades arrecadatórias". In: SCHOUERI, Luís Eduardo; ZILVETI, Fernando Aurélio (Coords.). *Direito Tributário. Estudos em homenagem a Brandão Machado*. São Paulo: Dialética, 1998, p. 148 apud TORRES, Ricardo Lobo. **Planejamento tributário**: elisão abusiva e evasão fiscal. 2. ed. Rio de Janeiro: Elsevier, 2013.

LEMOS, Alexandre Marques Andrade. *Tributação da Atividade de Saúde*. 1. ed. Salvador: Open Treinamentos Empresariais e Editora, 2012.

LIMA, Francisco Meton Marques de. "A 'pejutização' do contrato de trabalho – retorno ao princípio da autonomia da vontade – Lei nº 11.196/05". In: *Revista LTr*. Vol. 71, nº 06, jun./2007, p. 689-699.

LOPES FILHO, Juraci Mourão. "O planejamento tributário no âmbito dos direitos e garantias fundamentais dos contribuintes". In: MACHADO, Hugo de Brito (Coord.). *Planejamento Tributário*. São Paulo: Malheiros: ICET, 2016.

MACHADO, Hugo de Brito. *"Os princípios jurídicos na tributação na Constituição de 1988"*. 4. ed. São Paulo: Dialética, 2001.

_____. "Introdução ao planejamento tributário". In: *Planejamento fiscal: teoria e prática*. São Paulo: Dialética, 1995.

_____. *Crimes contra a ordem tributária*. São Paulo: Atlas, 2008.

_____. "Planejamento Tributário". In: MACHADO, Hugo de Brito (Coord.). *Planejamento Tributário*. São Paulo: Malheiros: ICET, 2016.

_____. *Introdução ao Planejamento Tributário*. São Paulo: Malheiros Editores, 2014.

MACHADO SEGUNDO, Hugo de Brito. *Código Tributário Nacional*. 5. ed. São Paulo: Atlas, 2015.

MAEDA, Fabíola Miotto. *Prestação de Serviço por meio de pessoa jurídica: dignidade e fraude nas relações de trabalho*. Dissertação (Mestrado em Direito) – Faculdade de Direito, Universidade de São Paulo. São Paulo, p. 149. 2014.

MAIOR, Jorge Luiz Souto. "A supersubordinação – invertendo a lógica do jogo". In: *Revista do Tribunal Regional do Trabalho da 8ª Região*, v. 41, n. 81, suplemento especial comemorativo, julho-dezembro de 2008, Belém.

MAMEDE, Gladston. *Manual de Direito Empresarial*. 8. ed. São Paulo: Atlas, 2013.

_____. *Empresa e atuação empresarial*. 7. ed. São Paulo: Atlas, 2013.

MANNRICH, Nelson. "Distinções entre relações de emprego e contratos de prestação de serviços. Contratos atípicos no Direito Brasileiro e no Direito Comparado". In: ANAN

PLANEJAMENTO TRIBUTÁRIO

JÚNIOR, Pedro; PEIXOTO, Marcelo Magalhães (coord.). *Prestação de serviços intelectuais por pessoas jurídicas: aspectos legais, econômicos e tributários*. São Paulo: MP, 2008.

_____. "Contratação de serviços intelectuais por meio de pessoa jurídica: mitos e realidade". In: *Revista do Advogado*, ano XXVI, n. 86, julho de 2006.

_____. "Inderrogabilidade da norma trabalhista e indisponibilidade de direitos: algumas reflexões". In: *Revista da Academia Nacional de Direito do Trabalho – O direito do Trabalho e a Crise Econômica e outros Estudos*, ano XVII, n. 17, LTr, 2009.

MARCONDES, Sylvio. "Questões de direito mercantil". 1. ed. São Paulo: Saraiva, 1977, p. 11 apud ANDRADE FILHO, Edmar Oliveira. "Análise estrutural e teleológica do enunciado do art. 129 da Lei nº 11.196/05". In: ANAN JÚNIOR, Pedro; PEIXOTO, Marcelo Magalhães (coord.). *Prestação de serviços intelectuais por pessoas jurídicas: aspectos legais, econômicos e tributários*. São Paulo: MP, 2008.

MARINS, James. *Elisão Tributária e sua Regulação*. São Paulo: Dialética, 2002.

MARTINEZ, Pedro Romano. *Direito do Trabalho*. 4. ed. Coimbra: Almedina, 2007.

_____. "Exigências de um novo direito do trabalho". In: MARTINS, Ives Gandra da Silva; CAMPOS, Diogo Leite de (coord.) *O direito contemporâneo em Portugal e no Brasil*. São Paulo: Saraiva, 2004.

MARTINS, Ives Gandra da Silva. "Norma antielisão tributária e o princípio da legalidade à luz da segurança jurídica". In: *Revista Dialética de Direito Tributário*, n. 119. São Paulo: Dialética, 2005.

_____. "A liberdade de criar empresa de profissionais e a norma antielisão". In: ANAN JÚNIOR, Pedro; PEIXOTO, Marcelo Magalhães (coord.). *Prestação de serviços intelectuais por pessoas jurídicas: aspectos legais, econômicos e tributários*. São Paulo: MP, 2008.

_____. "Lei 12.441 de 11.07.2011". In: ANNAN JÚNIOR. Pedro; PEIXOTO, Marcelo Magalhães (coord.). *Empresa Individual de Responsabilidade Limitada – EIRELI: aspectos econômicos e legais*. São Paulo: MP, 2012.

MARTINS, Pedro Baptista. "O abuso do direito e o ato ilícito". 3. ed. Rio de Janeiro: Forense, 1997, p. 123-124 apud ANDRADE, Leonardo Aguirra de. *Estruturação Elusiva de Atos e Negócios Jurídicos no Direito Tributário Brasileiro: Limites ao Planejamento Tributário*. Dissertação (Mestrado em Direito) – Faculdade de Direito, Universidade de São Paulo. São Paulo, p. 364. 2014.

MARTINS, Sérgio Pinto. *Direito do Trabalho*. 18. ed. São Paulo: Atlas, 2003.

MELLO, Celso Antônio Bandeira de. *Conteúdo Jurídico do Princípio da Igualdade*. 3. ed. São Paulo: Malheiros, 1993.

MELO, Nehemias Domingos de. *Responsabilidade Civil por Erro Médico: doutrina e jurisprudência*. 3. ed. São Paulo: Atlas, 2014.

MIRAGEM, Bruno. *Abuso de Direito*. Rio de Janeiro: Forense, 2009.

MONTEIRO, Manoel Ignácio Torres; SOUZA, Glaucia Macedo de. "Empresa Individual de Responsabilidade Limitada – aspectos gerais". In: ANNAN JÚNIOR. Pedro; PEIXOTO, Marcelo Magalhães (coord.). *Empresa Individual de Responsabilidade Limitada – EIRELI: aspectos econômicos e legais*. São Paulo: MP, 2012.

MOREIRA ALVES, José Carlos. *O Direito*. Introdução e Teoria Geral. 13. ed. Coimbra: Almedina, 2005.

REFERÊNCIAS

MOREIRA, Carlos Roberto Barbosa. "Pessoas Jurídicas, Prestação de Serviços de natureza personalíssima e dissimulação de contrato de trabalho". In: ANAN JÚNIOR, Pedro; PEIXOTO, Marcelo Magalhães (coord.). *Prestação de serviços intelectuais por pessoas jurídicas: aspectos legais, econômicos e tributários.* São Paulo: MP, 2008.

NABAIS, José Casalta. *O dever fundamental de pagar impostos.* Coimbra: Almedina, 2004.

NASCIMENTO, Amauri Mascaro. *Curso do direito do trabalho: história e teoria geral do direito do trabalho: relações individuais e coletivas do trabalho.* 24. ed. revista, atualizada e ampliada. São Paulo: Saraiva, 2009.

NAWIASKY, Hans. *Cuestiones fundamentales de derecho tributário.* Madrid: IEF, 1982, p. 53 apud ANDRADE FILHO, Edmar Oliveira. "Planejamento Tributário". 2. ed. rev., ampl. e atual. São Paulo: Saraiva, 2016.

NERY JÚNIOR, Nelson; ANDRADE NERY, Rosa Maria. *Código Civil anotado e legislação extravagante.* 2. ed. São Paulo: RT, 2003.

NETO, Inácio de Carvalho. *Abuso de Direito.* 5. ed. Curitiba: Juruá, 2009.

NOBRE, César Augusto Di Natale. *A terceirização como planejamento tributário.* São Paulo: Verbatim, 2011.

OIT. *R198 Recomendação relativa à relação de emprego nº 198,* de 15 de junho de 2006. Disponível em: <https://www.ilo.org/dyn/normlex/es/f?p=NORMLEXPUB:55:0::NO::P55_TYPE,P55_LANG,P55_DOCUMENT,P55_NODE:REC,es,R198,%2FDocument>. Acesso em: 29 set. 2018.

OLIVEIRA, Ricardo Mariz de. In: Martins, Ives Gandra da Silva (Coord.). "Caderno de Pesquisas Tributárias. Vol. 13. Elisão e Evasão Fiscal". São Paulo: Resenha Tributária, 1988, p. 155 apud ANDRADE, Leonardo Aguirra de. *Estruturação Elusiva de Atos e Negócios Jurídicos no Direito Tributário Brasileiro: Limites ao Planejamento Tributário.* Dissertação (Mestrado em Direito) – Faculdade de Direito, Universidade de São Paulo. São Paulo, p. 364. 2014.

PASQUALIN, Roberto. "A contratação de pessoa física com jurídica". In: *Revista de Direito Trabalhista,* ano 12, nº 02, fev./2006.

PASTORE, José. "A disciplina da terceirização". In: ANAN JÚNIOR, Pedro; PEIXOTO, Marcelo Magalhães (coord.). *Prestação de serviços intelectuais por pessoas jurídicas: aspectos legais, econômicos e tributários.* São Paulo: MP, 2008.

PAULSEN, Leandro; DIAS, Lucas Martins. "Tributação das Sociedades Médicas". In: HARET, Florence; MENDES, Guilherme Adolfo (coord.). *Tributação na Saúde.* Ribeirão Preto: Altai, 2013.

PEREIRA, Caio Mário da Silva. *Instituições de Direito Civil.* Volume I. Rio de Janeiro: Forense, 2005.

PEREIRA, Leone. *Pejotização: o trabalho como pessoa jurídica.* São Paulo: Saraiva, 2013.

PERULLI, Adalberto. *Lavoro Autonomo e dipendenza economica, oggi.* In: *Rivista Giuridica Del lavoro e della Previdenza Sociale,* anno LIV, 2003, n. 2, aprille-giugno, 2003, p. 222-223 apud MAEDA, Fabíola Miotto. *Prestação de Serviço por meio de pessoa jurídica: dignidade e fraude nas relações de trabalho.* Dissertação (Mestrado em Direito) – Faculdade de Direito, Universidade de São Paulo. São Paulo, p. 149. 2014.

PROSCURCIN, Pedro. *O trabalho na reestruturação produtiva – análise jurídica dos impactos no posto de trabalho.* São Paulo: LTr, 2001.

PLANEJAMENTO TRIBUTÁRIO

QUEIROZ, Luís Cesar Souza de. "Limites do Planejamento Tributário". In: SCHOUERI, Luís Eduardo (Coord.). *Direito Tributário: Homenagem a Paulo de Barros Carvalho*. São Paulo: Quartier, 2008, p. 736-779.

QUEIROZ, Mary Elbe. "O planejamento tributário: procedimentos lícitos, o abuso, a fraude e a simulação". In: GRUPENMACHER; CAVALCANTE; RIBEIRO; QUEIROZ (org.). *Novos horizontes da tributação: um diálogo luso-brasileiro. Cadernos IDEFF Internacional*. Coimbra: Almedina, 2012.

RAMALHO, Maria do Rosário Palma. "Ainda a crise do direito laboral: a erosão da relação de trabalho típica e o futuro do direito do trabalho". In: *Estudos de Direito do Trabalho*, vol. I. Coimbra: Almedina, 2003.

_____. *Da autonomia dogmática do Direito do Trabalho*. Coimbra: Almedina, 2001.

RAMOS FILHO, Wilson. *Direito capitalista do trabalho: história, mitos e perspectivas no Brasil*. São Paulo: LTr, 2012.

REALE, Miguel. "Estados de filosofia e ciência do direito". São Paulo: Saraiva, 1978, p. 80 apud ANDRADE FILHO, Edmar Oliveira. *Planejamento Tributário*. 2. ed. rev., ampl. e atual. São Paulo: Saraiva, 2016.

RIBEIRO, Ricardo Lodi. *Justiça, Interpretação e Elisão Tributária*. Rio de Janeiro: Lumen Juris, 2003.

_____. "A natureza interpretativa do art. 129 da Lei 11.196/2005 e o combate à elisão abusiva na prestação de serviços de natureza científica, artística e cultural". In: ANAN JÚNIOR, Pedro; PEIXOTO, Marcelo Magalhães (coord.). *Prestação de serviços intelectuais por pessoas jurídicas: aspectos legais, econômicos e tributários*. São Paulo: MP, 2008.

_____. "O abuso de direito no planejamento fiscal e a cláusula geral antielisiva". In: CARVALHO, Fábio Augusto Junqueira de; MURGEL, Maria Inês (Coords.). *(Mini) Reforma Tributária: Reflexões sobre a Lei 10.637/2002 (Antiga Medida Provisória 66)*. Belo Horizonte: Mandamentos, 2003.

ROBORTELLA, Luiz Carlos Amorim. "A reconstrução do conceito de subordinação". In: MANNRICH, Nelson et. al. *Atualidades do direito do trabalho: Anais da Academia Nacional de Direito do Trabalho*. São Paulo: LTr, 2012.

_____; PERES, Antônio Galvão. "Novas tendências do mercado de trabalho: Crise do trabalho subordinado, crescimento do trabalho autônomo e de pessoas jurídicas". In: ANAN JÚNIOR, Pedro; PEIXOTO, Marcelo Magalhães (coord.). *Prestação de serviços intelectuais por pessoas jurídicas: aspectos legais, econômicos e tributários*. São Paulo: MP, 2008.

RODRIGUES, Sílvio. *Direito Civil*. Volume I. 34. ed. São Paulo: Saraiva, 2002.

ROLIM, João Dácio. *Normas Antielisivas Tributárias*. São Paulo: Dialética, 2001.

ROMITA, Airon Sayão. "A crise do critério da subordinação jurídica – necessidade de proteção a trabalhadores autônomos e parassubordinados". In: *Revista de Direito do Trabalho*, ano 31, nº 117, janeiro-março de 2005, São Paulo.

ROTHMANN, Gerd Willi; PCIELLO, Gaetano. "Caderno de Pesquisas Tributárias". Volume 13. Elisão e Evasão Fiscal. Coordenador Ives Gandra da Silva Martins. São Paulo: Editora Resenha Tributária, 1988, p. 393-422 apud ANDRADE, Leonardo Aguirra de. *Estruturação Elusiva de Atos e Negócios Jurídicos no Direito Tributário Brasileiro: Limites ao Planejamento Tributário*. Dissertação (Mestrado em Direito) – Faculdade de Direito, Universidade de São Paulo. São Paulo, p. 364. 2014.

REFERÊNCIAS

SACHIETTO, Cláudio. "O Dever de Solidariedade no Direito Tributário: o Ordenamento Italiano" In: GRECO, Marco Aurélio; GODOI, Marciano SEABRA de. (Coord.). *Solidariedade Social e Tributação*. São Paulo: Dialética, 2005, p. 9-52.

SALOMO, Jorge Lages. "A nova realidade da prestação de serviço". In: *Questões controvertidas no novo Código Civil*. São Paulo: Método, 2003.

SCHOUERI, Luís Eduardo. "Planejamento tributário – Elisão e evasão fiscal – Simulação – Abuso de forma – Interpretação econômica – Negócio jurídico indireto – Norma antileisiva". In: AMARAL, Antônio Carlos Rodrigues do (Coord.). *Curso de direito tributário*. São Paulo: Celso Bastos Editor, 2002, p. 287-300.

_____. *Normas Tributárias Indutoras e de Intervenção Econômica*. Rio de Janeiro: Forense, 2005.

_____. *Direito Tributário*. 5. ed. São Paulo: Saraiva, 2015.

_____. *Planejamento tributário: limites à norma antiabuso*. Direito Tributário Atual, v. 24, 2010.

SILVA, Homero Batista Mateus da. *Curso de direito do trabalho aplicado*. Vol. I: Parte Geral. Rio de Janeiro: Elsevier, 2009.

SILVA, Luiz de Pinho Pedreira. "Um novo critério de aplicação do direito do trabalho: a parassubordinação". In: *Revista de Direito do Trabalho*, ano 27, nº. 103, julho-setembro de 2001, São Paulo.

SILVA, Otávio Pinto e. *Subordinação, autonomia e parassubordinação nas relações de trabalho*. São Paulo: LTr, 2004.

SILVEIRA, Rodrigo Maitto da; GRISI FILHO, Celso Cláudio de Hildebrand e. "Critérios, objetivos e limites da atuação do fisco em relação à desconsideração de atos, negócios e personalidade jurídica". In: ANAN JÚNIOR, Pedro; PEIXOTO, Marcelo Magalhães (coord.). *Prestação de serviços intelectuais por pessoas jurídicas: aspectos legais, econômicos e tributários*. São Paulo: MP, 2008.

SOUZA, Rubens Gomes de. "Compêndio de legislação tributária". Rio de Janeiro: Financeiras, 1960. apud COÊLHO, Sacha Calmon Navarro. *Teoria da Evasão e da Elisão em Matéria Tributária. Planejamento Fiscal – Teoria e Prática*. São Paulo: Dialética, 1998.

SUSSEKIND, Arnaldo. "Da relação de trabalho". In: *Revista LTr*, vol. 74, n. 03, março de 2010.

_____. et. al. *Instituições de Direito do Trabalho*. Volume I. 22. ed. atual. São Paulo: LTr, 2005.

SZTAJN, Rachel. *Teoria jurídica da empresa. Atividade empresária e mercados*. 2. ed. São Paulo: Atlas, 2010.

TAVARES, André Ramos. "Liberdade econômica e tributação: O caso da Emenda 3 e a fraude à Constituição". In: ANAN JÚNIOR, Pedro; PEIXOTO, Marcelo Magalhães (coord.). *Prestação de serviços intelectuais por pessoas jurídicas: aspectos legais, econômicos e tributários*. São Paulo: MP, 2008.

TEPEDINO, Gustavo. "Sociedade prestadora de serviços intelectuais: qualificação das atividades privadas no âmbito do direito tributário". In: ANAN JÚNIOR, Pedro; PEIXOTO, Marcelo Magalhães (coord.). *Prestação de serviços intelectuais por pessoas jurídicas: aspectos legais, econômicos e tributários*. São Paulo: MP, 2008.

TIPKE, Klaus. "Princípio de igualdade e ideia de sistema no Direito Tributário". In: MACHADO, Brandão (coord.). Direito Tributário. *Estudos em homenagem ao professor Ruy Barbosa Nogueira*. São Paulo: Saraiva, 2005, p. 407-439 apud SCHOUERI, Luís Eduardo. *Direito Tributário*. 5. ed. São Paulo: Saraiva, 2015.

TOMÉ, Fabiana Del Padre. *A Prova no Direito Tributário*. São Paulo: Noeses, 2005.

TÔRRES, Heleno Taveira. *Direito tributário e direito privado: autonomia privada, simulação, elusão tributária*. São Paulo: Revista dos Tribunais, 2003.

_____. "Limites do planejamento tributário e a norma brasileira antissimulação (LC104/01)". In: *Grandes questões atuais do direito tributário*. Dialética, v. 5.

_____. "Limites ao planejamento tributário – Normas antielusivas (gerais e preventivas) – A norma geral de desconsideração de atos ou negócios jurídicos no Direito Brasileiro". In: *Tributação e Antielisão*. Livro 3. 1. ed. Curitiba: Juruá, 2010.

TORRES, Ricardo Lobo. *Curso de Direito Financeiro e Tributário*. 11. ed. Rio de Janeiro: Renovar, 2004.

_____. *Planejamento tributário: elisão abusiva e evasão fiscal*. 2. ed. Rio de Janeiro: Elsevier, 2013.

_____. "Norma Geral Antielisão". In: MACHADO, Hugo de Brito (Coord.). *Planejamento Tributário*. São Paulo: Malheiros: ICET, 2016.

TROIANELLI, Gabriel Lacerda. "O parágrafo único do artigo 116 do Código Tributário Nacional como limitador do poder da Administração". In: ROCHA, Valdir de Oliveira (coord.). *O Planejamento Tributário e a Lei Complementar 104*. São Paulo: Dialética, 2001.

TUDISCO, Flávio. "A Causa do Negócio Jurídico, a Prevalência da Substância sobre a Forma e o Direito Tributário Brasileiro". In: *Direito Tributário Atual*, v. 22, 2008, p. 207-218.

VELLOSO, André Pitten. *Constituição Tributária Interpretada*. São Paulo: Atlas, 2007.

VIANA, Márcio Túlio. "Trabalhadores parassubordinados: Deslizando para fora do Direito". In: RENAULT, Luiz Otávio Linhares et. al. *Parassubordinação: em homenagem ao Professor Márcio túlio Viana*. São Paulo: LTr, 2011.

VILANOVA, Lourival. *Causalidade e relação no direito*. 4. ed. São Paulo: Saraiva, 2000.

VILHENA, Paulo Emílio Ribeiro de. *Relação de emprego: estrutura legal e supostos*. 3. ed. São Paulo: LTr, 2005.

XAVIER, Alberto. *Tipicidade da tributação, simulação e norma antielisiva*. São Paulo: Dialética, 2001.

_____. *Os Princípios da Legalidade e da Tipicidade da Tributação*. São Paulo: RT, 1978.

_____. "A evasão fiscal legítima: o negócio jurídico indireto em direito fiscal". In: *Revista de Direito Público*, ano VI, n. 23, p. 251, jan./mar. 1973 apud NISHIOKA, Alexandre Naoki. *Planejamento Fiscal e Elusão Tributária na constituição e gestão de sociedades: os limites da requalificação dos atos e negócios jurídicos pela Administração*. Tese (Doutorado em Direito) – Faculdade de Direito, Universidade de São Paulo. São Paulo, p. 225. 2010.

WEISS, Manfred. *The evolution of the concept of subordination: the German experience*. In: *Revista Evocati*, nº. 21, São Paulo, 2007 apud PASTORE, José. "A disciplina da terceirização". In: ANAN JÚNIOR, Pedro; PEIXOTO, Marcelo Magalhães (coord.). *Prestação de serviços intelectuais por pessoas jurídicas: aspectos legais, econômicos e tributários*. São Paulo: MP, 2008.

REFERÊNCIAS

YAMASHITA, Douglas. *Elisão e Evasão de Tributos – Planejamento Tributário à luz do Abuso do Direito e da Fraude à Lei*. São Paulo: Lex, 2005.

_____. "Desconsideração da personalidade jurídica abusiva em direito tributário e previdenciário à luz do art. 129 da Lei 11.196/05". In: *Revista Dialética de Direito Tributário, nº. 127.* São Paulo: Dialética, 2006.